▲ 2018年7月31日，公司董事长史传坤同志就公司在"新三板"挂牌相关事宜在北京接受新华社记者采访

▲ 2018年7月31日，公司完成全国中小企业股份转让系统注册并在北京证券交易所挂牌交易，史传坤董事长同部分员工在北京证券交易所合影留念

▲ 2011年1月，在新春团拜会上，公司领导向专家献花祝贺新年

▲ 2009年1月，公司2009年度工作总结表彰暨第四届技术座谈会在公司南阳基地召开

▲ 公司专业技术人员同专家一起到项目现场勘验，并就油气处理、集输及环保等事项进行现场交流

▲ 2021年10月8日，公司"重大专项"部署动员会在公司总部召开，史传坤董事长等领导出席并亲自为项目组授旗

▲ 公司专业技术人员正在对油气回收现场数据进行采集及分析研究

▲ 2019 年 5 月 24 日，史传坤总经理一行 4 人赴焦作参加了公司与河南理工大学联合实验室签约和揭牌仪式

▲ 2021 年 5 月 7 日，公司董事长史传坤同志到河南金丹乳酸科技股份有限公司考察学习

▲ 2022 年 6 月 30 日，河南省创投机构一行 4 人到公司考察并进行交流

▲ 2012年9月27日，由公司承担、原国家安全生产监督管理总局组织的油气田勘探开发项目安全预评价专家评审会在郑州召开

▲ 安全评价及安全技术服务分公司连续3年获得公司"先进集体"荣誉称号，图为分公司代表在2021年总结表彰会上的合影

▲ 环保技术分公司获得公司 2021 年"四大会战先进集体"荣誉称号，图为分公司参会代表的合影

▲ 2010 年"三八"国际妇女节到来之际，公司领导向女工送花祝贺节日

▲ 2020 年 2 月 13 日，公司对奋战在新冠肺炎防疫一线的同志们进行慰问，并向主管部门捐赠 10 万元现金和一批防疫急需物资

▲ 2009年1月16日，在新春团拜会上，员工与专家一起唱《我们走在大路上》，使晚会进入高潮

▲ 2017年1月23日，在公司迎新春联欢晚会上，员工自编自演小品《达标后的喜悦》

▲ 2022年3月4日，公司党支部组织党员到被中共中央授予"全国先进基层党组织"称号的郑州圆方集团学习、考察与交流

▲ 2019年4月，在郑东新区商都路党工委的领导下，公司高管及党支委成员，认真进行对照标准，开展批评与自我批评，从政治合格、纪律合格、品德合格、发挥作用合格等方面进行民主评议

跨越

一个国有改制中小型企业的"专精特新"发展之路

史传坤　李英豪　陈军伟 ◎ 编著

企业管理出版社
ENTERPRISE MANAGEMENT PUBLISHING HOUSE

图书在版编目（CIP）数据

跨越：一个国有改制中小型企业的"专精特新"发展之路 / 史传坤，李英豪，陈军伟编著 .— 北京：企业管理出版社，2022.9

ISBN 978-7-5164-2676-0

Ⅰ.①跨… Ⅱ.①史… ②李… ③陈… Ⅲ.①国有企业 – 高技术企业 – 中小企业 – 企业管理 – 研究 – 河南 Ⅳ.① F279.244.4

中国版本图书馆 CIP 数据核字（2022）第 145497 号

书　　名：	跨越：一个国有改制中小型企业的"专精特新"发展之路
书　　号：	ISBN 978-7-5164-2676-0
作　　者：	史传坤　李英豪　陈军伟
策划编辑：	赵喜勤
责任编辑：	赵喜勤
出版发行：	企业管理出版社
经　　销：	新华书店
地　　址：	北京市海淀区紫竹院南路 17 号　　邮编：100048
网　　址：	http://www.emph.cn　　电子信箱：zhaoxq13@163.com
电　　话：	编辑部（010）68420309　　发行部（010）68701816
印　　刷：	河北宝昌佳彩印刷有限公司
版　　次：	2022 年 11 月第 1 版
印　　次：	2022 年 11 月第 1 次印刷
开　　本：	710mm×1000mm　　1/16
印　　张：	17 印张
字　　数：	250 千字
定　　价：	88.00 元

版权所有　翻印必究·印装有误　负责调换

序

突如其来的新冠肺炎疫情肆虐全球，给人类生命和健康带来极大危害的同时，也使全球经济遭遇重创。在严峻的疫情与复杂的外部环境双重影响下，中国企业、特别是中小企业受到的冲击很大，不少企业因经营出现问题而艰难度日。在人们寄希望于疫情尽快过去的时候，河南油田工程科技股份有限公司（以下简称油田科技）没有静默，更没有等待，而是在积极作为，努力追求企业发展与社会、环境的协调统一，实现逆势上行。回首过往，启发颇多。

具备百折不挠的性格。公司主要从事石油天然气勘探开发研发与技术服务，业务涵盖安全生产、环境保护及其信息化、数字化、智能化，是石油石化行业综合性技术研发与技术服务单位，客户分布在全国多地。新冠肺炎疫情导致经营活动受限，公司困难重重，造成的影响随时可能动摇我们的目标和决心。然而公司如期完成了既定任务目标，实现持续成长。其实，这一切并不意外，从重组、改制到创业发展一路走来说明了一切，不畏艰难、百折不挠是油田科技的性格。

始终清楚所面对的问题。企业发展到一定程度总是要面对"为什么成立、如何成功、如何持续成功"三个问题。油田科技的发展历程及奋斗实践表明，准确把握以上三个问题在不同发展阶段的递进关系是企业持续发展的关键。只有牢记"为什么成立"，才能够帮助企业成功度过初创时的迷茫期；只有掌握了"如何成功"的方法，才能够帮助企业快速成长壮大，进入企业发展的辉煌期；只有破解"如何持续成功"的密码，才能够帮助企业不断做强，实现基业长青。

重视企业发展环境管理。众所周知，环境对企业的影响是巨大的。十多年来，油田科技在环境管理方面坚持外抓发展机遇、内抓资源整合。大量实践表明：如果没有适合企业发展的政策环境，企业将无法立足；如果没有企业发展必需的市场环境，企业将很难生存；如果没有适配企业业务的内部条件，企业将无法正常运行。因此，对于一个经营者来讲，最大的职责是培育与整合企业适应环境的能力，使企业内部条件与外部环境相匹配。

本书以企业发展的环境为出发点，围绕企业"为什么成立、如何成功、如何持续成功"三个问题，从宏观环境、微观环境、企业管理能力三个维度，构建了覆盖企业全生命周期的企业环境管理架构，并以油田科技的发展历程为脚本，结合企业探索实践，重点阐述了在我国当前的经济社会环境下，从环境的视角对企业管理所进行的思考，以期为中小企业向"专精特新"发展提供借鉴。

2022 年 7 月 1 日

目 录

第一章 概述 ··· 1
第一节 基本概念 ··· 1
第二节 从企业环境说起 ····································· 2
第三节 企业经营环境管理 ·································· 4
第四节 企业环境管理实践 ·································· 11

第二章 艰难改制 ·· 17
第一节 重组路不平坦 ······································· 17
第二节 窘境中求生存 ······································· 20
第三节 为发展谋改制 ······································· 26
第四节 "大讨论"达共识 ··································· 33
第五节 读书更新观念 ······································· 37
第六节 自立规矩，示范引领 ······························ 44

第三章 负重前行 ·· 49
第一节 迎难而上造"营盘" ································ 49
第二节 投入重金做培训 ···································· 53
第三节 守牢底线防风险 ···································· 57
第四节 "新冠"突袭显担当 ······························· 64
第五节 抓好党建促发展 ···································· 71

第四章　业务聚焦

　　第一节　专业要求"一专多能" ……………………………… 77
　　第二节　业务"主辅互补" …………………………………… 80
　　第三节　资质建设"集约化" ………………………………… 84
　　第四节　凭质量深入"红海"市场 …………………………… 89
　　第五节　靠技术开拓"蓝海"业务 …………………………… 95
　　第六节　"师徒帮带"育人模式 ……………………………… 100
　　第七节　办好技术交流座谈会 ………………………………… 104

第五章　创新管理

　　第一节　体制创新营造和谐生态 ……………………………… 109
　　第二节　围绕经营做管理 ……………………………………… 114
　　第三节　"三维"计划创新模型 ……………………………… 126
　　第四节　对标国际抓质量 ……………………………………… 132
　　第五节　OMP 平台助推管理升级 …………………………… 139
　　第六节　破解人事管理八大难题 ……………………………… 142
　　第七节　"全要素"绩效考核 ………………………………… 152
　　第八节　创新薪酬管理 ………………………………………… 157

第六章　人才工程

　　第一节　人才及人才规划 ……………………………………… 165
　　第二节　人才标准及人才选拔 ………………………………… 169
　　第三节　人才培养与人才使用 ………………………………… 174
　　第四节　人才考核与人才激励 ………………………………… 179

第七章　研发征程

　　第一节　开启研发征程 ………………………………………… 183
　　第二节　研发基地建设 ………………………………………… 187

第三节　研发平台化建设 ·· 189
　　第四节　对标"高新"做研发 ···································· 194
　　第五节　锚定"专精特新"推研发 ······························ 197
　　第六节　对外合作促研发 ·· 201

第八章　企业文化 ·· 205
　　第一节　文化导入 ·· 205
　　第二节　企业文化传播 ··· 212
　　第三节　企业文化再造 ··· 215
　　第四节　企业文化发展 ··· 219

第九章　愿景管理 ·· 227
　　第一节　愿景需要管理 ··· 227
　　第二节　发展催生新愿景 ·· 227
　　第三节　愿景规划 ·· 230
　　第四节　发展举措 ·· 233
　　第五节　劳动创造未来 ··· 236

附录 ·· 239
　　附录A　机构重组时间节点 ······································ 239
　　附录B　公司改制路线 ··· 240
　　附录C　公司大事记 ·· 241
　　附录D　绩效考核与薪酬管理（摘要）························· 244
　　附录E　看板管理成果简介 ······································ 245
　　附录F　科研项目管理办法（摘要）··························· 247

参考资料 ··· 251
后记 ·· 253

第一章 概 述

第一节 基本概念

一、"油田科技"

"油田科技"是河南油田工程科技股份有限公司的简称。油田科技主要从事石油天然气勘探开发技术研发及技术服务,业务涵盖安全生产、环境保护及其信息化、智能化、数字化,以及工程设计、安全评价、消防评估、环境影响评价、工程咨询、环保检测、环境监测等领域,是石油石化行业的综合性研发及技术服务单位。

二、"专精特新"

"专精特新"特指具有"专业化、精细化、特色化、新颖化"特征,而且规模符合国家《中小企业划型标准规定》(工信部联企业〔2011〕300号)的中小型企业。近年来,国家推出一系列政策举措,加大培育"专精特新"企业的力度。2022年,国家明确了"专精特新"企业培育目标,提出培育国家级"小巨人"企业3000家左右,带动培育省级"专精特新"中小企业5万家左右。

三、"企业环境"

"企业环境"在这里特指企业经营环境,即与企业生产经营有关的所有要素的总和,一般可以分为外部环境和内部环境两大类。企业外部环境是影响企业生存和发展的各种外部因素的总和；企业内部环境又称为企业的"内部条件"，是企业内部物质和文化要素的总和。

四、"环境管理"

"环境管理"在这里特指企业经营环境管理或企业环境管理，区别于绿色、环境保护等概念。

五、"企业宏观环境"

"企业宏观环境"在这里特指对企业经营活动造成影响的要素总和，包括法律及政策环境（行政许可等）、行业经济及技术环境（标准与准则）等。

六、"企业微观环境"

"企业微观环境"也称"企业内部条件"，特指企业的设备及设施、人才及队伍、技术及产品，以及企业管理和企业文化等。

七、"企业硬环境"

"企业硬环境"在这里特指有形的各类硬件设施，包括企业厂房（含实验室）、办公楼、生产设备（设施）等。

八、"企业软环境"

"企业软环境"在这里特指不以物质形态存在的影响企业经营活动要素的总和，包括人才素质、技术及资金、品牌、企业文化、企业管理、业绩及信誉。

第二节　从企业环境说起

回望过去，油田科技向"专精特新"不断迈进并实现成功的历程，是一次践行企业环境管理的生动实践。油田科技深耕技术服务领域，以决策者为核心，通过企业环境管理，将一个濒临绝境的企业成功改制并实现一次又一次的跨越式发展。这种对企业环境管理的探索，是企业的宝贵财富，支撑企业不断成功向前。

企业就如同人一样，需要面对环境。只有在健康的环境中，企业才能像人一样可以呼吸，可以思考，可以发挥主观能动性，可以创造价值。油田科技的企业环境管理实践，充分显示了企业环境对于企业发展的重要作用，深刻阐释了企业"为什么成立、如何成功、如何持续成功"三个问题。以企业环境为核心，以企业持续成功为目标，贯穿企业全生命周期的企业环境管理，既是一种新的环境管理理念，也是一种新的管理模式，具有极强的示范意义。

一、环境孕育企业

改革开放以后，我国鼓励多种形式的生产经营，一批具有开拓精神的企业家迅速抓住政策机遇，纷纷"下海"经商，在市场经济优胜劣汰的规则之下，掀起了我国民营企业发展的热潮。时至今日，民营企业的发展仍然与国家宏观政策息息相关。企业的核心任务是实现市场需求和供给的有效匹配，并在供需平衡中实现利润最大化。这也是西方经济学的核心要义——让市场发挥资源配置的决定性作用。当然，为避免出现经济下滑甚至萧条，确保经济社会正常运转，市场作为"看不见的手"，也要受到政府"看得见的手"的宏观调控。

我国已经逐步建立了社会主义市场经济体制，使市场在资源配置中起决定性作用。党的十八届三中全会明确了全面深化改革的大框架，党的十九大明确提出中国特色社会主义进入了新时代，国家大力推进各类改革，为民营企业生产经营创造良好的政策环境，激发民营企业的市场活力，促使其在经济社会发展中发挥巨大作用。在中国特色社会主义新时代发展背景下，回顾我国企业的发展历程，参考国外知名企业的发展经验，可以归纳出一个企业管理的基本规律——没有管理不好的企业，只有不适应环境的企业，企业的生死存亡既有环境的因素，也有企业自身管理的因素，但首要的是环境因素。

企业环境管理不仅是对企业外部环境的管理，更是对企业内部条件的管理，且在外部环境相对固定的情况下，更多的是对企业内部条件的管理。在企业内部条件的管理中，要通过优化组织结构和资源配置，促进企业员工与企业同频共振，以期最终实现企业外部环境、内部条件、企业员工三者之间的和谐统一。

二、环境决定企业

海纳百川，有容乃大。环境不仅决定了企业能否成功，还决定了企业能否持续存在，也是企业能否高质量地持续存在的决定性因素。

环境决定了企业能否成功。企业成功的关键因素是什么？这是所有企业创始人和经营管理者最关心的问题，他们也在千方百计寻找答案。成功的企业家有着各自的成功秘诀和对成功因素的总结，而失败的企业却千篇一律，基本上都是被时代所淘汰、被市场所淘汰、被自己所淘汰，总结起来就是在不适宜扩张的时候逆风而上，扩大投资，没有做好企业"过冬"的准备；在市场需求变化的大潮中故步自封，没有做好企业"转型"的准备；在红利释放的市场中行事懒散、固执己见、反应迟钝，没有做好抢抓机遇的准备；等等。

实现基业长青是企业生产经营的终极目标。然而，实践中企业在经历辉煌阶段后，走向衰落的也不少。深度分析失败案例就会发现，这些企业失败的原因都与对环境的不适应有关。企业失败既是市场优胜劣汰的结果，也是企业内部条件恶化裂变的结果。而那些基业长青的企业，无一不是不断研究外部环境、优化内部条件、科学配置各类资源、形成核心竞争能力的结果。

第三节　企业经营环境管理

企业经营环境对企业发展至关重要。要实现科学的企业经营环境管理，不仅需要对企业环境进行深入分析，更需要在分析企业环境的基础上明确企业环境管理的方向和重点，制定企业环境管理的战略和对策，推动企业不断调整、优化和完善内部条件，为企业发展成功提供资源保障。

一、企业环境构成要素

1. 宏观环境要素

宏观环境是企业首先需要适应的环境。对于单个企业来讲，宏观环境在一定时期是稳定的；对于企业整体来讲，对于宏观环境，需要研究分析并在此基础上不断适应。按照对企业的不同影响，从企业环境管理的角度可将企业宏观环境分为政策环境、行业环境和竞争环境。

政策环境是企业成立的依据，决定了企业的成立是否符合国家经济发展政策导向、是否契合产业政策导向、是否符合国家各类监管政策，决定了企业初创阶段的成败。对于一些夕阳产业、限制类产业，企业成立的同时可能也就是失败的开始。政策环境是企业赖以生存和发展的土壤，同时也为企业经营发展划定了严格的政策界线，无论企业处在哪个阶段，只要其行为与政策相悖，便会尝到越界所带来的严重后果。

行业环境决定了企业进入某个行业的时机，有些行业在初期具有较高的收益，在进入稳定期后往往平均收益水平会有所下降；有些行业在政策、资本等要素的裹挟下，催生出万千企业涌入的极致现象，不断把行业"泡沫"吹得越来越大，但潮水退去后终将会把"裸泳者"留在沙滩，难以解脱；有些行业因为某些革命性技术的出现，发生了颠覆性的变革，推动行业进入发展的快车道，造成行业内的企业盲目乐观，误以为进入了行业就掌握了核心技术，但最终在行业中被边缘化，成为行业的"弃儿"。没有完全好的行业，只有不断进步的企业。行业环境处在不断变化中，对行业现状的分析可以为企业做战略决策提供支撑，而对行业未来的研判则关乎企业的生死，直接决定了企业的发展方向，是企业多元化发展的逻辑起点，也是企业专精某领域的现实选择依据，不同的方向决定了企业未来的发展之路。

激烈的竞争环境，对于初创型企业来讲不是一件好事情，尤其是在"红海"市场，企业决定进入的那一刻就要明确目标客群，找到细分领域，避免陷入无休止的价格战之中。对于成熟期的企业来讲，要保持自身的竞争优势，必须不断创新，通过解决市场"痛点"，挖掘市场需求，不断激发企业向上发展的活力。当意识到竞争已经白热化或者向恶性竞争转化时，聪明的企业要学会及时调整战略，毕竟长期成功才是目标，笑到最后才笑得最甜。

2. 内部条件要素

企业内部条件（企业微观环境）是企业管理的重点，是企业在既定的宏观环境下以目标为导向所打造的生产经营能力。企业内部条件可分为硬件要素和软件要素两方面：硬件要素包括办公场地、生产科研设备及配套设施等；软件要素包括人才、技术、资本、管理等。

（1）硬件要素。工欲善其事，必先利其器。硬件是企业生产经营的基础条件，影响着企业产出效率。缺乏必要的硬件支撑，企业必然难以立足，更谈不上发展。现实中，企业的硬件要素不仅是企业发展的必要支撑，同时也成为企业生产经营的一部分，构成了一般企业的重要投资领域，具有双重的经济效益。企业的硬件要素不是一成不变的，需要根据企业的发展阶段、发展重心不断地优化。企业要积极引入科技手段，不断强化系统平台建设，使企业发展真正有硬支撑。

（2）软件要素。如果说企业硬件要素是"表"，那么企业软件要素就是"里"。人才是企业软件要素的第一要素，也是企业生产经营的前提条件，尤其是对优秀人才的获取能力，往往是企业成功的关键。通过培育和引进一批优秀人才，可以使企业的战略愿景充分落地实施。技术是关键要素，任何行业和企业都不可能脱离技术而存在，技术已经成为企业发展的重要动力。资本是重要要素，若是缺乏资本，则企业无法成立，生产经营无法正常开展，重要项目无法开工，技术研发无法进行。资本是企业发展的助推器，也是各类要素得以发挥作用的催化剂，是企业生产经营的核心保障。

3. 衍生要素

在企业硬件要素和软件要素的基础上，可进一步衍生出企业成功发展的其他关键要素。这些要素虽然是在企业软硬条件和实力的基础上产生的，但又有所不同。如果把前两种要素视为影响企业发展的基础要素，那么由此衍生的战略、创新、文化、品牌等要素，会影响企业基础要素的作用效果。

（1）企业战略。企业宏观环境要素是相对稳定的，需要深入分析和研究。

对企业宏观环境要素的分析研究，最终的成果体现在企业的战略选择上，决定了企业的发展方向，间接影响企业的各项具体行动，对企业成立、发展、成功、持续成功具有全局性、根本性的影响。

（2）创新能力。创新是企业内部条件优化的关键抓手。企业的生产经营、人才培育与引进，以及办公环境的优化等，都需要通过创新来实现。缺乏创新能力是企业走向平庸，最终失败的关键原因。一旦企业停止创新，也就意味着企业发展的内生动力消散，难以解决现实问题，更无法迎接未来的挑战。

（3）企业文化。如果说创新是激发企业动力的源泉，那么文化是企业保持动力的关键，企业的各项战略、决策、行动等一旦形成文化，就开启了自我发展、良性进化的大门。在现实中，很多拥有一流基础条件要素的企业最终走向了失败，主要是因为缺乏持续发展的文化支撑，在遇到困难、瓶颈或外部干扰时，牵一发而动全身，最终一蹶不振。

（4）发展品牌。缺乏成功的文化基因，企业就无法实现短期的成功。而在短期成功的基础上，如果无法形成引领企业发展的品牌，企业就难以持续成功。企业文化是凝聚企业生产力的基础要素，是激发企业发展活力的关键。企业的品牌是促使企业文化持续发挥作用，应对未来宏观环境变化的关键。企业在产品经营或者市场竞争中形成了品牌，就拥有了无形的竞争优势。即便企业遇到困难暂时陷入发展低谷，也会在品牌战略的指引下迅速走出低谷。企业的品牌既可以是某个领域（如技术标准方面），也可以是某个产品，还可以是企业家本人。企业拥有的品牌实力越强，其对未来环境变化所形成的风险的抵抗能力就越强，支撑企业持续成功的动力也就越足。

二、不同阶段的企业环境管理

1. 初创阶段

企业能够成立，是基于对宏观环境的分析判断，以及对自身实力的把握。其中，对企业宏观环境的判断起到了主要作用，判断未来可产生效益是企业成立的决定性条件。然而，仅根据对宏观环境的判断便产生了要成立企业的想法，但是缺乏必要的内部条件，这些想法也只能成为镜中花、水中月，无法真正落地实施。企业内部条件并不是在企业成立初期就能够全部集中到位的,一般是某一个或某几个要素显现"雏形",但还不够坚实,为了避免错失机遇,只能边干边优化,机不可失,时不再来。

在企业初创阶段,企业宏观环境要素的作用大于企业内部条件的作用。作为企业决策者,需要把更多的精力用到对宏观环境要素的分析上,抢抓机遇,卡住风口。

2. 成功阶段

当企业已经成功走过了初创期进入发展的成熟期,逐渐适应了宏观环境,内部条件经过优化配置也达到了企业发展的要求时,企业宏观环境要素的影响就体现在具体的企业战略上,企业内部条件要素的优化就成为经营管理的重点。此时企业要不断地优化内部条件要素,逐步匹配宏观环境,最终使企业内部条件要素与宏观环境所决定的战略决策保持一致,为实现企业战略目标提供保障。

3. 持续成功阶段

当企业进入持续成功阶段时,由于企业存在的时间周期拉长,所以需要面对更多的宏观环境变化,也需要不断调整企业内部条件要素。一旦企业内部条件要素跟不上,或者是有些方面与宏观环境相脱节,就会严重影响企业的发展。在这个阶段,企业开始进入内部条件与宏观环境变化动态适配的时期,很多企业把这个阶段称为"二次创业"阶段。

在持续成功阶段,企业的宏观环境要素和内部条件要素在作用上处在同等地位,宏观环境要素先于内部条件要素发生变化。作为企业的决策者,需要把精力均分在宏观环境的分析判断和内部条件的优化匹配上,既需要深刻全面地研究宏观环境,也需要优化内部条件要素的配置。

总之,在企业发展的不同阶段,根据具体情况对企业宏观环境和内部条件两方面的工作重心进行调整,是企业生产经营和环境管理的前提。作为企业的决策者,要时刻保持对宏观环境的高度敏感性,以及对内部条件的不断优化能力。只有这样,才能促使企业从成立走向成功,从成功走向持续成功,最终顺利步入"专精特新"发展之路。

三、企业环境与"专精特新"

2019年8月26日召开的中央财经委员会第五次会议提出,要发挥企业家精神和工匠精神,培育一批"专精特新"中小企业。专业化、精细化、特色化、新颖化是"专精特新"中小企业的基本特征。根据企业环境管理的思路,要推动企业实现"专精特新"发展,就要持续优化企业内部条件要素,统筹战略、创新、文化、品牌四个方面,不断推动企业做优做强。

1. 明确发展战略目标

在"专精特新"发展之路上,企业的发展目标已经非常明确,即成为具有专业化、精细化、特色化、新颖化(简称"四化")特征的企业,同时还要具备较强的盈利能力和创新能力,具备持续成功的内在动力。从企业环境的视角来看,企业发展战略目标的确定至少应包括正确且超前的宏观环境判断、典型的"四化"发展特征、支撑发展的盈利能力、持续成功的内在动力。

要时刻保持对宏观环境的敏感性,善于从宏观环境分析中判断发展方向,从宏观环境的变化之中抓住发展机遇。在宏观环境有利于发展时不盲目投机;在宏观环境不利于发展时敢于断臂自救。当由于决策者自身能力限制或者其他因素影响,无法对宏观环境进行科学判断时,要善于借助外部力量寻求指导帮扶。

要把专业化、精细化、特色化、新颖化融入企业的发展文化,抓住某一个专业领域进行战略聚焦,坚持企业"一盘棋",要有"咬定青山不放松"的韧劲和"任尔东西南北风"的定力,紧抓专业化,注重精细化,实现特色化,聚焦新颖化,推动硬件要素的迭代升级,提高软件要素的支撑保障能力,打造"专精特新"文化,培育"专精特新"品牌。

要成为"专精特新"企业,需要具有内部发展的不竭动力,这些动力的来源短期靠创新,长期靠文化,远期靠品牌。如果把企业的成功发展分为三个层次,可以是创新型、文化型和品牌型。创新型企业靠管理驱动,管理得当方可创新;文化型企业靠自发力量驱动,企业文化是内在动力;品牌型企业靠市场驱动,唯有价值超越一切。

企业如果没有进入创新发展阶段，需要加强内部管理，获得创新动力，提升创新能力；如果没有形成企业文化，需要重视文化培育，提升文化认同，获得内生动力；如果没有打造出自己的品牌，需要强化品牌建设，提升市场认可度，获得市场动力。

2. 优化企业内部条件

优化企业内部条件的重点在于，根据企业发展的不同阶段，围绕补齐、提升、培优、卓越，激发内部条件活力，提升内部要素的作用效果，增强支撑保障。

企业内部条件各要素在某个阶段不一定会同时配齐，这不应该也不能成为阻碍企业发展的障碍。但如果这些基础要素一直处在缺失状态，对企业发展的影响则是致命的。补齐微观要素包含两层含义：一方面，在整体上各要素要逐步配齐，缺一不可；另一方面，在每个具体要素上，要逐步完善，不断优化。

企业的微观环境要素不仅需要配齐，而且需要不断地提升、培优和凝聚。因为环境是不断变化的，现在看似先进的内部条件要素随着时间的推移会逐渐落后。

3. 提升企业创新能力

没有创新就没有成功。创新的具体内容包罗万象，但归根结底在于解决问题的能力，尤其是解决复杂痛点问题的能力。理论是联系实际推演出的原理，没有一种理论是万能的，基于理论学习和经验积累的思维也具有一定的局限性，没有人能够准确把握企业发展的各个方面。当理论与现实不一致时，当传统思维面对新形势时，就需要创新来解决问题。"专精特新"企业，更要努力提升创新能力，以解决好现实问题。企业决策者要保持开放创新的思维，不拘泥于模式，不过度迷信经验，不偏安一隅，避免陷入"思维陷阱"。

4. 培育先进企业文化

企业缺少先进的文化就无法形成发展动力，无力推动企业由创新型向品牌型迈进。先进企业文化的培育需要长期的努力，如将短期的创新行为固化为长期的创新习惯,将短期的拼搏劲头固化为长期的拼搏精神,将短期的创造业绩固化为长期的创造价值,诸如此类。这些将短期的好行为延伸培育为长期的意识,将某个行为升华为某个习惯的过程,就是先进企业文化培育和形成的过程。"专精特新"企业要把文化培育作为常态化的工作,不断地引导,持续地培育。一旦形成了先进企业文化,企业就具备了从短期成功迈向持续成功的条件。

5. 打造企业发展品牌

企业没有品牌则难以持续成功,也不可能成功应对宏观环境的变化。现实中,一些企业把全部精力放在短期盈利方面,忽视对品牌的培育。认真地加以分析研究就能发现,这些企业的发展往往是不可持续的。如果说创新依托于要素,文化依托于员工,那么品牌则是依托于企业整体。企业一旦形成自己的品牌,企业的优势和核心竞争力将大幅提升。"专精特新"企业要把品牌思维贯穿于企业发展的各个环节中,让品牌思维成为企业应对宏观环境变化,实现持续成功的核心密码。

第四节 企业环境管理实践

在国家推进国有企业改革的过程中,油田科技抓住机遇改制而立,并克服内部条件要素的不足,通过强大的企业环境管理能力逐渐站稳脚跟,最终跻身"专精特新"企业行列。

一、油田科技的环境管理

油田科技的发展基本遵循了企业环境管理的逻辑要求,从宏观环境的变化中诞生,在宏观环境分析中做出战略选择,从完善内部条件起步,在企业经营环境中优化成长,并及时调整战略目标,适应公司宏观环境的需要。

1. 从宏观环境中诞生

油田科技在国有企业改革的大背景下成立,在成立的过程中经历了由被动到主动的过程,是国有企业改制的一个缩影。改制后也经历了观念转变、生存危机等一系列波折，逐渐达成共识，明确了经营边界和战略选择，最终站稳脚跟。总体来看，油田科技的发展实际上经历了对宏观环境的判断和适应两个阶段。

20世纪90年代，国有企业改制是大势所趋，深刻影响着市场格局。在改制之初，油田科技人基本是被动接受，在经营管理方面将主要精力放在了对环境的适应上。改制前公司尚未真正成为市场主体，企业的生产经营在宏观环境变化中飘忽不定，人心涣散，大家对未来前景缺乏信心。这时的企业亟待有人主动分析研判宏观环境变化，重新制定战略举措，对业务进行科学定位并明确企业未来发展路线。

自2005年新的领导团队成立开始，油田科技由被动接受宏观环境转变为主动适应宏观环境，从观念、战略、组织、目标、行动等各方面对企业生产经营管理进行重塑，由此奠定了企业改制初期的基本格局，为后续发展打下了坚实的根基。在主动适应宏观环境的过程中，通过凝聚人心，提升信心，解决了企业初期"要不要干、干成什么样、该怎么干"等导向性问题，最终为企业发展提供了行动指南。

2. 从完善内部条件起步

在分析研判宏观环境的基础上，油田科技高度重视内部条件的优化。通过建设办公场所，解决了企业发展面临的办公环境问题；通过强化培训与文化导入，集聚推动员工素质提升。加大科研开发力度，注重质量管理，不断积累资本；通过创新运营机制，最大限度地降低外部环境变化带来的冲击，保障了生产经营稳健运行。从2005年新的领导团队成立至2009年新办公场所建成，四年间油田科技不断改善内部条件，从配齐要素到提升要素，彻底激发了企业员工生产经营的积极性，唤醒了企业发展活力，为企业的跨越式发展奠定了基础。

3. 在环境中优化成长

在适应宏观环境的背景下，通过逐步理顺微观要素，油田科技逐步走向发展正轨。在此基础上，聚焦企业环境管理的战略、创新、文化、品牌四大衍生要素，进一步构筑了企业强大的发展动力，使企业成功越过创新发展阶段，进入文化发展阶段。

无论是企业的业务布局，还是管理创新；无论是企业的人才管理，还是研发征程，基本遵循了定目标、强创新、筑文化的路径，并在此过程中不断凝聚发展动力。难能可贵的是，企业决策层在每一次决策中总是研判在前、决策在后、反思同步，每一步决策都稳扎稳打又恰到好处，有力推动了企业不断向前发展。

从油田科技领导层的历次讲话中不难发现，企业的决策者总是怀有大格局，从复杂的宏观环境中寻找机遇，从现实内部条件中寻求创新，从企业经营环境管理能力提升中构建企业文化。正是这种格局、研判、创新为企业培育和谐文化提供了土壤，最终使企业顺利走过创新发展阶段，驶向文化发展阶段，形成了应对宏观环境变化的能力。

二、油田科技的跨越之路

从2006年公司改制至今，油田科技在企业环境管理实践中成功实现了四次跨越，分别推进了企业改制、办公环境改善、视野拓展与挂牌上市。每次跨越均起始于宏观环境变化，终于内部条件优化，由此形成循环式的发展上升。在不断跨越的过程中，铸就了企业发展动力，形成了企业发展文化。

2006年12月，油田科技实现所在单位由国有向民营的转变，理顺了企业管理体制机制，使企业具备了发展基础。虽然无法判断仍然沿袭原来的体制机制能否实现长足发展，但可以肯定的是，一定不会像如今发展得这样快。体制唤醒了员工的主人翁意识，机制激发了管理效能，为企业大刀阔斧的改革清除了障碍。选择改制，是当时的决策层对宏观环境分析研判的结果，现在的实践表明当时决策层的判断是十分正确的。

2009年9月，油田科技完成改制后的第一个办公基地建成，大大改善了企业的办公环境，为企业发展注入了活力，由此带来的改变是全方位的。这是企业决策层根据当时的现实情况，对企业内部条件，尤其是硬件进行的重要优化。从硬件要素改善入手，进一步释放了软件要素的活力，为人才引进和培养、技术创新和经营效率提升提供了条件。

2016年1月，油田科技在郑东新区购置办公场地，这是企业决策层充分评估宏观发展环境，在企业内部条件具备适应能力的基础上做出的重大战略决策，进一步开拓了企业发展视野，扩大了企业发展空间。而且借助地理位置优势，更加容易吸引人才和聚集资源要素，推动企业内部条件的进一步优化升级。公司2009年建设基地和2016年办公场地搬迁，找准了内部条件的切入口，以"硬"带"软"，彻底激发了员工干事创业的积极性，充分释放了企业发展活力，在企业内部条件的不断优化提升中，形成了企业发展的不竭动力。

2018年8月，公司股票在"新三板"正式挂牌，并于2021年5月被全国股转公司升级为"创新层"。这是企业基于经营环境管理能力的提升做出的重要战略部署，因为公开上市意味着企业的信息公开透明和对经营管理要求的提升。至此，企业成功跨过创新发展阶段，进入文化发展阶段，实现了初步的成功。

自2020年起，油田科技顺应国家发展战略要求，进一步聚焦"专精特新"发展战略，进入新一轮的发展阶段。面对市场发展机遇，公司领导层审时度势，通过内部创新与并购科技型企业，纵深解决业务堵点问题，打入延伸市场领域。可以预见，在未来的发展中，我们将在先进企业文化的基础上快速培育企业品牌，最终打造企业独特的竞争优势。

三、企业环境管理的启示

纵观油田科技的发展历程，其通向"专精特新"发展道路的做法和经验，至少对初创企业有很多值得借鉴的地方。

1. 不断提升企业经营环境管理能力

对处于特定时期的企业来讲，宏观环境是相对稳定的，企业的内部条件要素在成立之初同样是既定的，企业之间的经营管理差异集中体现在对企业环境的管理能力方面。优秀的企业决策者，更善于发现企业环境管理中的问题和短板，并采取果断的措施加以解决，同时深刻地明白市场经营不进则退，只有勇于正视问题，增强创新能力，提升经营环境管理能力，才能在激烈的市场竞争中开疆拓土，取得佳绩。

2. 科学分析企业宏观环境

科学分析企业宏观环境是做出战略决策的前提，它关乎企业的发展方向，事关企业决策的成败。对于正处在初创阶段的企业而言，决策者不仅要重视企业的经营管理，更要分析研判宏观环境形势，从宏观环境中找寻发展机遇，为企业科学决策提供支撑。

3. 积极优化企业内部条件

优化企业内部条件要善于抓住重点和关键，要敢于决策，避免优柔寡断。在硬件条件和软件条件改善中，要注重发挥硬件条件优化的先导作用，以此促进软件条件的优化。通过引进高端人才，强化技术研发，依靠资本助力，不断壮大企业实力。

4. 重视企业文化和品牌的作用

油田科技的发展历程基本是从创新经营出发，通过打造先进的企业文化激发企业持续发展的动力，最终初步实现企业内部条件与宏观环境的互洽。然后随着宏观环境的变化适时调整战略，确保企业稳健纵深发展。这一点值得借鉴。文化与品牌看似虚幻，实则作用巨大，如果忽视企业文化在企业长期发展中的作用，忽视品牌的培育，最终在宏观环境变化时企业往往无力应对。

5. 强化企业环境管理，科学调整战略决策

油田科技密切关注宏观环境的动态变化，始终坚持对国家政策及行业管理的动态跟踪与研究，做出科学研判并及时响应。这对战略选择的影响巨大，公司发展史上几次大的战略选择和战略调整与宏观环境变化密切相关。

油田科技加强企业环境管理的具体措施如图1-1所示。

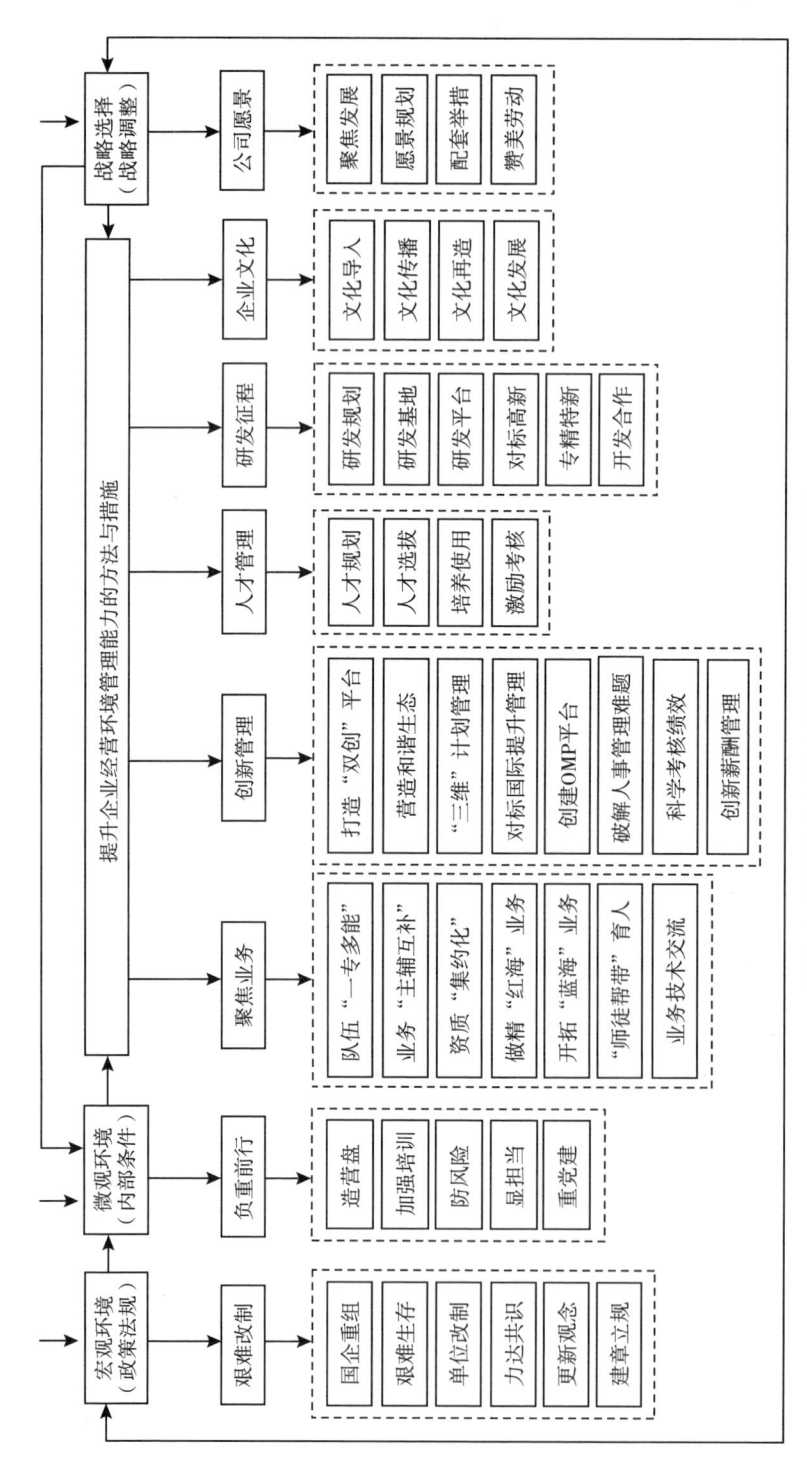

图 1-1 油田科技加强企业经营环境管理的措施

第二章 艰难改制

改制是油田科技的首次跨越。油田科技通过改制，深刻分析了企业发展的宏观环境，激活了企业的发展动力，明确了企业的发展方向，增强了企业的发展信心，凝聚了发展共识，为企业微观环境的优化提供了坚实基础。

第一节 重组路不平坦

这里的"重组"，是指中国石油化工集团河南油田分公司（以下简称河南油田）依据国有资产监督管理委员会（以下简称国资委）及中国石油化工集团（以下简称中石化）的部署和要求，对单位内部的专业化重组，对油气田企业内部劳动力、技术、管理等要素进行重新配置，构建新的生产经营模式，目的是突出主业，使企业保持较强的竞争优势。

一、历史背景

因油气田勘探开发的特点及历史原因等，我国的油气田企业承担了大量的社会职能：负责对居民的供水、供电、通信、供气、供暖及物业服务等；大多生产单位设有农场，负责种粮、种菜、种树，有的还负责养猪、养鱼等；承办教育，设有托儿所、小学、中学；设有总医院、医院、卫生所等医疗机构；设有公安消防、防疫等机构。将"河南油田黄页"与"南阳市黄页"进行比较时，你会发现油气田企业基地功能齐全，其规模堪比一座城市。作为油气田企业的职工，工作和生活在这样的环境中，自然有一种优越感，甚至自豪感。

然而，资源型的油气田企业普遍存在着负担较重、劳动生产效率低等问题。随着市场化改革的推进，油气田企业的产品越来越国际化，必须要点面并举参与国际化竞争。为适应国民经济发展需要，国家一直在持续推行改革，逐步剥离油气田企业的社会职能，使其能够轻装上阵。

二、重组之路

1993年12月，河南油田咨询中心（以下简称咨询中心）成立，其隶属于河南油田机关，主要服务于油田内部投资管理，属于非职能处室，人们常称之为机关"拖斗"。其主要业务是项目可行性研究报告编制及评估、建设项目后评估和专题调研等。由于工作任务及运营管理相对宽松，咨询中心过着无忧无虑的"幸福"生活。

1999年10月，中石化《整体重组改制后管理体制和机构设置方案》出台，打破了原有的平静。该方案要求按照"专业化、市场化、社会化、现代化"的原则，重点剥离上市公司的非主营业务，推进以"加强科研服务"为核心的重组。参加此次重组的河南油田共有16个单位，为了加强科研技术服务能力，咨询中心被从河南油田机关剥离，并入河南油田石油工程技术研究院。

2000年8月8日，河南油田石油工程技术研究院（以下简称工程院）成立大会召开，咨询中心正式成为工程院的下属机构，名称为工程咨询中心，下设工程咨询一部、二部和综合办公室3个部门，并于当天完成从河南石油勘探局机关综合楼到工程院综合楼的搬迁。

新机构主要由两部分人员构成：一是原咨询中心的十多位员工；二是河南石油职工大学的十多位教职工。员工队伍壮大后，与之前相比更具专业化、年轻化。工程咨询中心上下满怀信心，员工经常开玩笑地说："我们由机关干部、大学教授一下子变成了工程院'院士'。"

重组后，工程院被纳入中石化上市板块，在当时为业界最看好的单位，俗称"主业"。

三、面临困局

重组后，工程院对工程咨询中心给予了很多关怀与帮扶，实施了很多有利于新机构发展的政策,如对单位的经营活动实施支持、指导和不干预政策。主要包括三个方面。

一是完成河南油田安排的日常工作后,工程咨询中心可以取得按定员、定额定时发放的基本工资。

二是办公、交通差旅等日常运行费用和奖金[①]由工程咨询中心对外创收解决。

三是鼓励对外创收,实施多劳多得、上不封顶、下给兜底的激励政策。

在局、院(处)两级机构的指导下,新组建的工程咨询中心十分努力,做了很多工作,采取了多种举措,如在员工培训、资质建设、外部市场拓展等方面都取得了进展。尽管如此,工程咨询中心经营状况仍然欠佳,入不敷出。据有关资料显示,2004年前后,3年劳务收入不足400万元,扣除成本,实际净亏损260万元,经营情况令人担忧。

对于这样的经营结果,工程院领导部门很不满意,勘探局相关业务部门也有意见。不仅员工绩效受到影响,而且直接影响到单位的生存。对于一个长期亏损的辅助性单位,其存在的意义受到了许多质疑,有人提出"以亏养人",也有人建议"解散机构"。

困境中的工程咨询中心管理基础薄弱,协同共享机制尚未建立,员工普遍缺乏归属感和成就感,导致员工流失严重。在不到1年的时间里,先后有14名专业技术人员离开单位另谋职业。2005年12月之前,约有一半以上的员工对单位的未来持担忧态度,普遍认为单位并入工程院是暂时的,将来会自生自灭。

四、感触与思考

用今天的视角看过去,首先,工程院给工程咨询中心的政策的确很诱人;其次,工程咨询中心当时的经营绩效较差是事实;最后,当时正值改革

[①] 这里是指绩效工资。起初,只要能正常上班的,均可按月、按岗(职)位定额同工资一同发放,实属固定工资的一部分。随着改革的深入推进,考核力度加大,不同岗位、不同贡献者之间的奖金数额差距逐步拉大,奖金真正的激励功能才得以发挥。

轰轰烈烈、一波接一波推进之时，中石化及河南油田绝对不会允许一个长期亏损的单位存在。因此，处于窘境中的工程咨询中心成为改革的对象在所难免。

归根结底，问题还是出在体制上，体制问题需要通过改革来解决。所谓"不破不立"，河南油田一定会为立而破，以讲效率、讲效益为核心的改革必将到来。

第二节　窘境中求生存

河南油田及工程院的历任领导对工程咨询中心寄予厚望，在业务上给予了一定的关注和指导。窘境中的工程咨询中心为何会走到这一步？具体原因是什么？未来该如何发展？员工都期待着这些问题能早日有个结果。

一、现状分析

在工程咨询中心完成重组之后，干部职工都很珍视这份事业，各项业务都在轰轰烈烈地开展。然而，结果并非像人们期待的那样一帆风顺，各种各样的问题逐步浮出水面。在诸多问题当中，真正影响单位生存和发展的关键还是体制和机制上的障碍。

1. 体制成为单位生存的重大问题

按行业类别划分，工程咨询属于服务业，随着政府行政审批制度改革的不断深化，行政许可事项申报单位需要具有独立法人资格。不具备这个条件导致的后果有两个：一是原有工程咨询资质及后期新申请的安全评价资质无法正常延续，面临资质到期失效的风险；二是如果拓展新的业务，无法申请资质，则会阻碍单位的发展。

2. 专业能力及技术管理成为影响单位绩效的主要因素

单位重组后，一方面河南油田业务萎缩，项目越来越少，无法养活自己，淡季时无项目可干；另一方面，即使有项目时，因队伍多元化，专业能力受限，无法保证项目质量，导致工作效率低，项目合同或单位委托[①]极少，客户及委托部门有意见。员工专业能力和新机构的技术管理能力成为影响单位绩效的主要因素。

3. 机制缺失是对外创收的最大障碍

重组后，河南油田及工程院的相关领导部门给予工程咨询中心指导和帮助，原工程咨询中心的领导班子同样做出了努力，终于在2003年底取得了安全评价资质，为对外创收奠定了基础。对外创收迈出的第一步是南阳地区的加油站安全评价项目。大家刚开始有过短暂的兴奋，之后突然发现现实与想象有落差。

一是项目承接难。如对于国有大型加油站项目，客户要求签订服务合同，在当时的情况下，不具有独立法人资格的工程咨询中心签订的项目合同客户不予认可，所以无法承接大型国有企业加油站项目。

二是项目开展难。如小型加油站分散，多为个体经营，安全技术条件往往不达标，日常管理也不规范，评价中发现的问题较多，提出的整改措施很难落实，对加油站做出"合格"结论很难，"不合格"结论可能导致合同款无法回收，项目风险较大。

三是项目经营难。对外创收的第一桶金是加油站安全评价项目。一个小型加油站项目的合同额一般在3000～5000元，按照油气田企业当时的运行方式，首先要配齐相关专业人员，带专用交通工具进现场开展工作，有的项目需要多次进入，有时候需要住宿，差旅费及交通费较高，与能简则简、能省则省的地方评价机构相比没有任何优势可言。按照这种管理模式，一部分项目维持盈亏平衡都很难，想获利更难。

二、队伍亟待整合

工程咨询中心重组后，新团队人心涣散，工作懈怠，缺乏凝聚力，犹如

[①] 工程咨询中心作为河南油田的内部单位，重组前期，工作上通过单位之间下达的《委托书》开展业务，《委托书》写明了业主单位、项目类型、完成时间及要求；随着改革的深化，《委托书》逐步由《项目合同》取代，项目合同化管理，增加了项目合同额和违约责任等信息，开展项目的压力也随之增大。

一盘散沙，带好这个团队是一项艰巨的工作。员工队伍出现这种状况的原因有三方面。

一是重组后的团队迟迟没能拿出像样的业绩，没有获得自己期望的利益，员工普遍缺少成就感、价值感、参与感。

二是员工素质整体水平较高，但因员工构成多元化，队伍融合需要一个过程。重组初期，队伍内小团体现象严重，同事间争斗、拆台的事时有发生。部分员工纵有千般才华、万般抱负，也缺少施展才华的环境和舞台。

三是单位改革没有新举措，与周边单位形成反差。个人发展前景不明朗，员工总是感觉在原地踏步，看不到新的前途和希望。

三、新帅上任

2005年10月，河南油田及党委组织部门，按照中石化集团"专业化、年轻化和市场化"的干部管理要求，统筹布局，从长远考虑，对工程院工程咨询中心领导班子进行充实与调整，时任油田规划计划处副处长的史传坤同志被任命为工程院党委委员兼河南油田工程咨询中心主任，全面负责工程咨询中心的工作。

新主任到任后，新班子的发展思路、经营与管理理念备受关注，大家将目光聚焦在新来的主任身上。

四、管理理念

1. 用心做事才能不负众望

大家好，非常高兴能够加入这个大家庭，我很爱这份工作，相信我能做好这份工作。经过努力，我已通过国家人事部组织的注册咨询工程师（投资）和注册安全工程师职业资格考试，并取得相应资格证书，接下来准备尽快取得安全评价师职业资格。希望我能和大家一起在这个平台上发挥所长，共创未来……咨询中心未来的发展，既要考虑当前，更要着眼未来，不能故步自封，更不能因循守旧，否则没有前途可言。面对困难，我们需要奋发勇为，开拓创新，做出成绩，否则将有负于我们的事业，有负于我们的平台，有负于河南油田党委，有负于大家，也有负于我自己。

——摘自史传坤主任在 2005 年与原领导班子见面会上的谈话

2. 在挑战与困境中寻求发展机遇

几天来，我一方面做工作交接，一方面开展调查研究。在调研过程中，我发现工程咨询中心有一支高素质的专业技术队伍，这是工程咨询中心发展的基础。但不可否认，工程咨询中心也面临着很多困难和问题，其中最棘手的有资质与业务建设问题、机构及队伍建设问题、制度与管理问题、办公环境及设施配套问题、交通及员工福利问题等。每一类问题解决起来都有难度，而且耗时费力，需要付出艰辛的努力。希望工程咨询中心的每位负责同志踏实履职，用系统思维统筹当前，思考未来，在认真厘清所有问题的基础上，勇于担当，主动作为，要抓重点、解难点，按照急事急办、要事先办制订出详细工作计划……我将整理出工程咨询中心目前存在的问题和下一步的工作思路；在认真研究国家政策和行业政策规定的同时，结合工程咨询中心的实际情况，提出工程咨询中心当前的改革措施和未来三年的发展目标，向上级领导系统做一次工作汇报，争取获得支持和帮助。

我深信，挑战与机遇并存，困难与希望同在。尽管困难很多，但困难中蕴藏着机遇，克服困难的同时，要把握发展机遇。

——摘自史传坤主任在 2005 年 11 月职工大会上的谈话

3. 用愿景和目标聚拢人心

一个单位、一个人如果缺少了愿景和目标，就好似失去了灵魂和精神，将会丧失奋斗和努力的方向与动力。当前，我们最缺的就是单位发展愿景，没有一个明确的奋斗目标。所以，要聚拢人心、盘活整个团队，就必须给团队确立一个清晰的、适宜的、惠及全体员工的发展愿景和工作目标。

研究制定工作目标时我们必须重视目标实现的可行性，目标不能假大空。难度过大的目标容易让团队丧失斗志，长此以往，会破坏团队氛围与企业文化；过低的目标无法激励员工。另外，目标不宜太多，那样不利于形成合力。制定目标时要讲科学，要注重过程，遵循 PDCA 管理逻辑，善始善终。要以提高执行力、降低风险为目的，将目标进行分解。

——摘自史传坤主任在 2006 年 1 月单位发展务虚会上的讲话

4. 凡事抓主要矛盾、抓问题的主要方面，困难就能迎刃而解

在分析公司当前存在的困难和问题时，要形成良好的思维习惯，既要看到问题的主要矛盾，又要看到问题的次要矛盾；在认识某一种矛盾时，既要看到矛盾的主要方面，又要看到矛盾的次要方面，例如单位目前缺人、缺资质，影响业务发展，似乎是主要矛盾，其实不然，真正的主要矛盾是体制问题，是缺少独立法人资格的问题。独立法人资格问题解决后，缺人、缺资质的问题将迎刃而解。在认识某一个矛盾时，要着重把握矛盾的主要方面。例如在资质建设中，主要是人和物的达标情况；在知识类的服务业务（评估、评价）中，人是矛盾的主要方面；在检测、检验类的服务业务中，物的因素是矛盾的主要方面。看问题、办事情，既要全面，又要善于抓住重点和主流，只有这样，才能事半功倍。

——摘自史传坤主任在 2006 年 2 月春节收心会上的谈话

5. 敬业程度与解决问题的效率成正比

今年，公司要启动两项工程，一是为企业改制做准备，促进公司制度建设的"管理工程"；二是以资质筹备带动队伍建设的"饭碗工程"。不少人一听说这两项工作，便产生了畏难情绪。我认为世上没有克服不了的困难，之所以这个困难没有得到克服，要么是你没有足够努力，工作没有做到位；要么是时机还没有成熟，暂时没有找到解决的办法。世上的困难就像一把锁，总有开启它的钥匙。面对困难是退却还是直面，两种境界折射出两种不同的职业素养和敬业精神，我们每一位同志必须敬业，特别是工程咨询中心的分管领导。因为敬业程度与解决问题的效率成正比。

——摘自史传坤主任在 2006 年 5 月班子例会上的谈话

五、希望之火

人们不仅关注新官上任后说什么，更关注新官上任后做什么和如何做。"新官上任三把火"，工程咨询中心新领导班子组成后也点了"三把火"。

1. **确立了单位改革发展战略及目标**

当时单位发展前景不明朗，员工信心严重不足，工程咨询中心面临关键的抉择，迫切需要一个发展战略规划做指引。为了形成单位的战略规划，新领导班子从研究产业、行业政策入手，先后多次召开务虚会和研讨会，达成广泛共识，形成单位有史以来的第一部规划，即《2007—2009年工程咨询中心改革发展规划》（以下简称《规划》）。《规划》明确了工程咨询中心的发展思路，认为参加国有企业改制是单位生存发展的唯一出路，同时提出改制是极其敏感的事，需要形成广泛共识。将该《规划》汇报给上级领导后，获得了上级领导及管理部门的高度认可。该《规划》不仅厘清了发展思路，还明确了机构改革的方向和目标，并适时做出承诺，给改制员工以极大的鼓舞。

2. **招兵买马，创收脱困**

单位重组时就存在缺员问题，特别是缺少拥有现场实际工作经验的人才。为此，经河南油田批准，工程咨询中心组织了油田范围内的专业技术人员招聘，及时补上专业短板。回顾当时，班子成员起初对那次招聘信心不足，没有抱太大的希望，但报名人数及人员构成使单位上下备受鼓舞。与此同时，工程咨询中心积极开展外部市场开拓工作，先后在省内其他油田取得突破。

3. **通过资质建设促进业务发展**

从2006年起，上级领导考虑到国有企业改制的特殊性，多次出面协调，单位独立法人问题在获得相关部门许可后终于得到解决。在资质建设方面，单位立即安排部署了三件事。

（1）恢复过期失效的安全评价机构资质。从2005年起，史传坤主任带领相关人员往返于河南油田、郑州及北京三地，持续两年多，终于在2007年11月12日重新取得了安全评价机构资质。

（2）成功引进多位环境影响评价工程师，筹备申请建设项目环境影响评价资质的相关事宜，为后期建设项目环境影响评价资质的顺利取得打下基础。

（3）筹划并启动了工程设计资质建设，2006年引进关键专业持证人员3名，为2010年工程设计资质获批奠定了基础。

当时的"三把火"的确击中了要害，也点燃了职工的信心与希望之火。

六、感触与思考

1. 心中有目标，发展才有方向

单位领导班子心中有目标，包括长远目标和近期目标。美国管理大师彼得·德鲁克认为，并不是有了工作才有目标，而是相反，有了目标才能确定每个人的工作。回顾过去，工程咨询中心发展到今天，就是一个制定目标、实现目标、完善修订目标的持续循环的过程。

2. 系统性思维铸就善作善成

新领导班子习惯用系统分析方法去思考问题、解决问题，是单位经营的一大特点。领导层始终将"培养行业一流队伍，打造行业一流公司"作为目标，进行系统化布局，从研究系统、要素、环境三者之间的关系入手，并通过整合优化人、财、物、管理等要素，使复杂问题简单化，使系统逐步完善。系统性思维还体现在主要领导在审定文件时，在目标、要素、方法、过程及效果的把握上，总能高效率提出完善意见。

3. 民主决策增强员工的主人翁意识

公司首个"六大制度体系"的形成，凝聚了领导班子成员的心血，也承载了广大员工的期待。在制度实行前，用在审核、征求意见和审定表决上的时间长达半年之久，几易其稿，最终形成广泛共识，体现了管理制度的严肃性和权威性。"六大制度体系"的形成过程是公司民主管理的重要成果之一。不少员工认为，新领导班子改变了我们的固有认知，作为执行者，他们以前很少参与制度（办法）的制定，现在主人翁意识不断增强。实践证明，广泛凝聚共识对增强单位的凝聚力、领导力、执行力和提升企业核心竞争力起到了非常重要的作用。

第三节　为发展谋改制

提起改制，很多人会问单位为何要改制、如何改制、改制主要解决哪些问题、不改制行不行等问题。

一、改制是国家政策

单位的大多年轻员工对公司改制并不理解。改制，首先是国家政策，是社会主义市场经济发展的要求。其次，改制不同于重组，改制涉及所有制改革，主要内容是打破旧的经济体制下以所有制为核心的企业制度，建立新的符合市场经济规律的以产权为核心的现代企业制度。

所谓中石化"国有企业改制"，是指国有独资及国有控股企业（不含上市公司）改制为国有资本控股、相对控股、参股和不设置国有资本的公司制企业，即改变原有国有企业的体制和经营方式，以便适应社会主义市场经济的发展要求。改革的工作重点是将全资国有企业转变为拥有多元投资主体的公司。有资料显示，直到2021年年底，我国国有企业公司制改革才基本完成。

二、改制为发展

1. 改制是生存所需

工程咨询中心成立的初衷，是为河南油田上下游各产业提供技术服务。工程咨询中心是行业内成立较早的咨询机构之一，曾多次在行业专业会议上做过经验交流，具有一定的知名度。

进入21世纪后，石油行业普遍不景气，油田投资建设规模大幅萎缩，投资工作量锐减，与投资工作量直接相关的工程咨询业务受到极大影响。河南油田力求降低成本费用，作为辅助单位的工程咨询中心自然成了改革的对象之一，其定员规模及业务现状已引起勘探局相关部门的重点关注，存在裁员或解散风险。

按照河南油田通行的做法，将机构既有人员安排到油田生产一线、补充缺员的可能性非常大，单位解散[①]或将不可避免。这样一来，大概率会出现年轻人另谋出路、年长者提前退休的结果。这样的结果现有员工很难接受。

如何避免这种结局？从国内、行业内及河南油田内部已完成改制的企业的发展现状看，改制虽然存在一定风险，但有可能成为单位走出困境、获得

[①] 河南油田工程技术研究院下属单位曾经有过因经营不善而解散的先例。

新生的最佳选择。

2. 改制是发展所需

所有人都不希望单位解散,但如果要保留在这个行业,让工程咨询及安全评价业务继续开展下去,仅依靠河南油田的业务已不现实。因此,走出河南油田,参与市场竞争就成为唯一的选择。要获得社会化、市场化业务,必备条件是拥有相应的政府行政许可,并取得相应的执业资质,而申请行政许可的必要条件是具备独立法人资格。显然,工程咨询中心只有通过改制才能获取企业独立法人资格,在此基础上才能申请相应资质,有了资质才能开展相应的业务,有了业务才有发展的可能。这一点是公认的。

三、改制前的风波

根据国家国有企业改制分流的要求,河南油田向中石化提交了工程咨询中心改制分流的方案。2006年12月,中石化下发《关于河南油田工程技术研究院工程咨询中心改制分流实施方案的批复》(石化股份油〔2006〕490号),工程咨询中心改制工作正式启动。

改制是工程咨询中心所有员工人生中的一次重大抉择,因为其要求员工与国有母体单位工程院"协解",同中石化"买断",离开"乘凉树",放下"铁饭碗",丢弃"大锅饭"。不少员工及其亲属压力很大,有的甚至难以接受。因为他们习惯了无忧无虑的工作和生活方式,对改制后单位自己找活、自己挣钱花、自己养活自己的模式信心不足,顾虑重重,唯恐影响家庭生活。改制后"大国企"的优越感将全部消失,不少员工将参加改制视为"下海"经商,情绪低落,认为安安稳稳的"好日子"到头了,特别是员工亲属和朋友的不理解、不支持,甚至抵触,导致改制阻力巨大,单位发展前景不明朗,结果无法预期。

改制筹备进入关键时期,有个别单位看中了我们的员工,在拟参加改制的员工中物色人员,致使原本不平静的员工队伍更加人心浮动,消极情绪弥漫,不少员工投亲托友,千方百计寻找出路。在这期间,先后有多人对外联系,或继续从教,或读研究生,或留院工作,或调入河南油田其他单位,或调出河南油田，也有个别员工为缺少人脉而苦恼不已。在这一敏感时期，员工队伍涣散，对单位冲击非常之大，严重影响到单位的成功改制，并引起了河南油田的高度重视。

时任工程咨询中心主任史传坤同志，在领导班子例会上对班子成员提出了明确要求，他说："改制已上路，改前确有诸多的困难和问题需要解决，工程咨询中心又处于河南油田机关改革的前沿，众目睽睽之下，没有退路。如何将改制进行到底，将公司带入持续健康发展轨道，是班子成员的政治责任，更是政治考验；是发展所需，更是使命所在；是政治担当，更是员工期盼。"

四、危机化解

关键时刻，工程咨询中心针对改制前员工队伍涣散的状况，召开了改制动员会，时任咨询中心主任史传坤就企业改制的基本知识、国家政策、行业改革发展政策、中石化的要求、河南油田的具体措施等进行了系统阐述，对"改"与"不改"进行了分析比较，对改制后的发展进行了展望，并现身说法谈了自己的感受。

他说："对于公司改制，大家有很多担心和顾虑，我想谈几点看法，供大家参考。改制是自愿的，任何人不能强迫大家。我作为国有企业年轻的副处长，无论是职务、环境还是待遇，应该说非常不错了，我完全可以不参加改制。如果在国有企业干下去，应该说前途是光明的，至少目前不比大家差，应该说顾虑最多的是我。实话讲，我是农村出来的孩子，与大家一样，上有老，下有小，也迫切需要无忧无虑的安稳生活。但是，首先单位改制是行业要求，也是公司发展的需要，我认为'改'比'不改'好，'早改'比'晚改'好。其实，我们已经错失两次机会[1]，这次不应再犹豫不决了。其次，我相信我们的能力，只要大家共同努力，自己养活自己没有任何问题，我给同志们做个承诺，我心中有个目标，改制三年，员工工资水平至少比目前翻一

---

[1] 之前，中石化已经完成两批国有企业改制，本次（2006年）单位改制属于第三批，从改制补贴及优惠政策看，一次不及一次。据主管部门负责同志讲，以后中石化国有企业改制还将继续，相关优惠政策将逐步被取消。

番。"以上感人肺腑之言，引起参加改制的职工的强烈反响。

在改制前，单位一方面稳定队伍，一方面积极争取改制政策优惠和政策保护。河南油田及中石化的领导，对油田改制企业的发展非常关注并给予关怀，多次强调并发文进行明确：对改制企业设置三年保护期，保护期内母体企业在相同条件下，优先使用改制企业的产品和服务，改制企业努力为母体企业的生产经营提供更多、更好的服务。另外，中石化各级领导对参加改制的员工的社保缴费等问题进行了妥善安排，解除了改制人员的后顾之忧。据了解，河南油田其他单位的多名员工，到工程咨询中心申请参与改制，虽然因人员冻结，申请者未能如愿，但该现象足以表明改制危机已经化解。

五、顺利签订《协解书》

在2006年12月28日的签约会上，面对工程院领导，时任工程咨询中心主任史传坤同志第一个在《协解书》上签了自己的名字，成为公司参加改制的第一人。紧随其后的是副职及骨干人员，在不到10分钟的时间里，实现全员自愿签约，顺利完成工程咨询中心改制的关键一步，为下一步各项工作的开展打下基础。

史传坤主任在《协解书》签订结束后发表了简短的谈话："万事不易，善作善行，栉风沐雨，砥砺前行，我们要以披荆斩棘的执着，一往无前的勇气，求真务实的行动，始终将责任根植于心、体现于行，把改制进行到底，将发展放到首位，与员工同行，与事业同在，为员工谋福利，为国家做贡献，请组织放心，请领导放心，我们将按照《公司法》要求，科学构建公司制度体系，规范运作业务。"

签订《协解书》只是改制的第一步，后续工作任务很重，程序性作业很多，且政策性极强。其中首届股东大会召开、首任董事、公司领导产生及后续的机构创建等一系列工作需要如期展开。为了规范操作，单位在一些关键环节邀请母公司及中介机构现场监督。由史传坤同志担任河南油田工程咨询有限公司首任领导，他在股东大会上发表了题为"牢记使命重托，永远同员工及股东在一起"的讲话：

首先要感谢各位股东和员工的信任。我们都要记住，在新的公司里，国有企业的老做法不能照搬，作为公司的董事、监事及中高层管理者，从员工和股东投票给我们的那一天起，我们的工作已深深打上了带有股东和员工殷切希望的烙印。我们的职位和权力不是我们个人的事，我们的行为举止和一切努力，绝不是为了一己私利与满足权力的欲望，只有将自身成长和进步、自身的权力和利益与公司的要求紧密结合在一起，与广大股东、员工的利益结合在一起，才能无愧于大家的信任和期待，才能无愧于职位和权力。每个人都有自身的利益，个人利益是神圣不可侵犯的。但我们的利益不是孤立的，是与公司紧密联系在一起的，是与大家的利益有机融合在一起的。唯有如此，我们所得的利益才受之无愧，才会长久，才会心安理得。

六、感触与思考

企业改制，对员工而言是大事，参加改制的员工都有很多收获和感触。

1. 不破不立，破就是改革

有位知名企业家曾说过一句话：鸡蛋，如果从外面打破，那就是食物，如果从内部打破那就是生命。现在再回过头来看，如果不改制，单位裁员或解散，员工自谋职业，单位的大多数员工都有可能成为改革的受害者；改制后，员工变成股东，真正成为公司的主人，同时，单位也从改制过程中获得了新生，成为一个充满活力的新组织。

2. 真正的错误是害怕犯错误

单位大多数老同志参加了改制，由全民所有制职工变为民营企业员工。在当时，国有企业改制对职工来说就是天大的事，他们大多数人通过高考走出农村，追求的是一份安稳的工作和稳定生活，面对如此重大的选择时唯恐出什么差错，特别小心谨慎。公司有位名校毕业的老员工说，他读大学唯一目的是将来有个"商品粮"户口，能吃上"商品粮"[①]。再问问其他人，大都有类似的想法，这些说明了什么？留在体制内，职场稳定，收入稳定，无资金

[①] 在这里，"商品粮"特指政府按计划向城镇居民（拥有城市户口）统一供应的成品粮，凭粮票或粮本购粮。在当时，"商品粮"户口的确令农村户口的人羡慕不已。

链中断风险。因此，将参加改制视为人生的重大选择，一点也不过分。但是现在回头看过去，其实改制算不了什么，国家给予工龄补贴，过渡期给予帮助，有专业技能、人年轻，通过自己的劳动养活自己会有什么风险？大不了再换个单位，就这么简单。这不由得让人想起美国著名管理学家吉宁的一句名言：真正的错误是害怕犯错误。

3. 学会放弃，才能争取

美国电话电报公司前总经理卡贝曾经说过：放弃是创新的钥匙。在未学会放弃之前，你将很难懂得什么是争取。国有大型油田企业是多少人羡慕的单位，我们曾经为此自豪过，也自满过，最终我们还是离开了这棵参天大树，走上了一条利国、利民、利己的改制之路，为自己争取到一个能更好地发挥专业特长的平台。如果没有当时的放弃，也就没有今天的争取。有一天，董事长史传坤开玩笑地问一位员工："听说你怕改制后没饭吃，现在我帮你再回去如何？"这位员工斩钉截铁地笑着说："这可不行！""再回去"是玩笑话，绝无可能，但被问员工的回答却代表了当时多数人的心境。

4. 勇于直面问题是成功的开始

史传坤同志在来公司之前，他的好友就提醒他：要管好这个单位可没那么容易。的确，单位面临的困难与问题很多，有些是外部的，有些是内部的；有些是人的主观因素所致，有些是物的客观因素造成的。美国著名企业家阿什说过：承认问题是解决问题的第一步，你越是躲着问题，问题越会揪住你不放。面对困难，公司领导团队没有退缩，而是积极应对，始终着眼于公司的未来，不断将公司放在市场坐标上看差距，依据标准找不足，敢想敢干，勇往直前，把很多看似不可能的事情硬是干成了，而且干得很精彩，令人欣慰和鼓舞。

5. 常怀感恩之心

企业改制之初，母体单位给予市场同等优先等诸多"扶上马送一程"的优惠政策，保障了改制企业稳健起步。无论是中石化集团还是母体单位河南油田，对改制企业都是非常关心爱护的。与其他改制企业一样，我们同样怀着感恩之心。时间是宽容的，也是公平的，我们珍视过往，用实实在在的行动赢得了广大业主的信任，也赢回了母体单位欣慰的微笑。

第四节 "大讨论"达共识

一、背景材料

改制以来，经过广大员工坚持不懈的努力，公司资质建设第一阶段目标顺利实现，队伍的专业技术结构更趋合理，专家队伍支持体系基本形成，公司业务技术水平明显提升，业务市场迅猛扩展，公司与员工收入显著增长，各项规划目标正逐步实现。值此之际，公司内部出现了三种倾向。

一是部分员工萌生了小富即安的想法，不思进取，缺少继续努力的动力和方向，艰苦创业的工作作风被淡化，缺少谋取长远发展的考量，这与公司的规划发展目标格格不入。

二是工作不注重效率，做事不讲究效益，不少人今天的事情等到明天做，少部分人明天的事情今天做，出现"一头热一头凉"的情况。为了谋求开新局，领导成员的工作任务比较多，而其他部分岗位的事情却比较少，反差极大，负面效应也很明显。

三是极个别人思想浮躁，对新创建的公司要求高，对自己要求低，看这不顺眼，看那不对，甚至牢骚满腹。虽然这种人数量极少，但在公司内部造成的影响极坏。

思想是行动的先导。面对这种情况，公司没走寻常路，没有进行说教，也没有加大管理筹码，更没有点名批评，而是通过设立专题，组织全体员工开展"大讨论"。

二、基本理念

1. 企业要发展，广泛共识是关键

从大型国有企业出来的人都知道，企业每推行一项改革，必须以大多数人的拥护为前提，为赢得广泛支持，常常会提前设立专门议题，开展专项讨

论。那么公司开展这次"大讨论"至少有三个方面的作用：首先是推介改革发展战略意图，贯彻落实公司发展的既定方针；其次是集思广益，厘清发展思路，统一思想，破解发展难题；最后是为完善企业发展改革方案出谋划策，把脉开方。

——摘自公司领导在2009年年会小组讨论会上的发言

2. 创新管理，事半功倍

当前的一些措施和办法还属于常规手段，难以取得突破性效果。在日常管理工作中，有一种不正常现象：当工作出了问题，我们马上会想到是不是制度、办法、流程出了问题，于是组织力量修订制度、完善办法、更新工作流程。但是制度办法修订完成后不组织宣传贯彻，再好的制度办法也难以入心入脑，实际问题仍然得不到解决。如此反复，不仅管理没有见成效，反而造成制度办法多、版本多，让员工无所适从的新问题。我们不能因循守旧，管理必须创新。国有企业有很多好的做法我们可以借鉴，如在实施重大改革或推行重要举措之前，经常开展专项讨论。

——摘自公司分管领导在2010年管理制度汇编宣介会上的讲话

3. 适时补齐思想短板，有利于轻装上阵

当前公司抓业务措施过硬，抓思想建设措施偏软的现象十分突出。在公司范围内开展发展思路与思想建设"大讨论"，可以集广大员工的智慧，丰富公司发展的思路与措施；可以激发广大员工共谋发展的热情，增强公司实现跨越式发展的信心和勇气；可以排除干扰，树立正气，筑牢公司持续健康发展的思想基础。

——摘自总经理在2011年年会上的工作报告

4. 要学会用欣赏的眼光看待事物

世上没有完美无缺的事物，即使是金子，也没有完全纯正的，"金无足赤"说的就是这个意思。因此，我们每个人都必须不断地学习新知识，跟上新形势，适应新时代，培育积极的心态。积极的心态是生命的阳光和雨露，它能让心灵成为一只雄鹰；消极的心态是生命的慢性杀手，使人受制于自我设置的某种阴影。公司存在这样那样的不足，需要大家共同努力去改变，也

要给领导成员时间，时间可以改变一切；要尽量避免"鸡蛋里面挑骨头"的思维劣根性，树立积极向上的心态，学会练就一双充满阳光的慧眼，让工作始终沐浴着希望和美好。

——摘自分管领导在2012年年终考评会上的讲话

三、主要做法

打破常规，创新管理，公司安排召开了"发展思路与思想建设大讨论"，由党支部牵头，全员参加。

（1）讨论内容：公司有无与发展不协调的思想，其表现、产生根源、具体危害是什么，以及如何改进；如何做到个人利益与公司利益的和谐统一；如何将公司现有业务培育成公司品牌；应该选择哪些业务作为公司新的增值与发展领域；对照个人职业规划目标要求，还存在哪些具体差距以及下一步的目标与措施；等等。

（2）讨论方法：员工思考问题，提出促进公司跨越式发展的意见与建议；集思广益，丰富和完善公司发展思路与措施；业务建设与思想建设"两手抓"，常态化；对好的建议和意见进行分类整理，对建议人表扬奖励。

四、工作效果

本次"大讨论"持续了两个多月，员工个人的精神状态发生了诸多变化，单位取得了多项成果。

（1）员工的发展意识、大局意识、团结意识增强；不和谐的声音明显弱化，谈发展的声音明显增强；产生不良行为的土壤没了，正能量氛围越来越浓。

（2）员工关于公司发展和思想作风建设存在问题的分析与建议，被归类整理并印刷成册，然后进行研讨交流。

（3）根据"大讨论"形成的共识，领导层对公司未来三年的发展思路和工作部署方案进行了优化和完善。

五、感触与思考

1. "大讨论"是自我反省、自我完善的过程

在本次"大讨论"活动中,公司一位技术专家型员工深情地讲道:"本以为这次大讨论活动就是走走过场、做个样子、写写稿子就行了,没想到规模大、范围广、层次深,是一次自我加压、自我完善、自我提高的过程,是我受教育最深的一次活动。我一直对自己现在的情况很满意,觉得我远比没有参加改制的同学要好得多,无须再奋斗了……"在工作中,员工一旦出现安于现状的思想,必将故步自封,缺少创新精神,将会制约公司的发展。通过"大讨论"解放思想,就是要摆脱传统思想观念的束缚,冲破不合时宜、阻碍发展的各种意识牢笼,让全体员工卸下因循守旧、不思进取的思想枷锁。

2. "大讨论"是深化改革,优化管理的前奏

这次"大讨论"是解放思想的过程,也是吐故纳新的过程,更是推陈出新的过程。每个员工都对自己的思想进行了剖析扬弃,有利于达成新的广泛共识。所以"大讨论"也是形成共识的过程。每天都面对重复的工作,员工在思想上容易出现麻痹大意,这时不解放思想,不注重研究新问题,就不能解决工作中遇到的新难题,就不能提高创新能力,就不能适应公司更好更快发展的需要,出局将在所难免。这次"大讨论"后,依据形成的共识,公司对两级领导成员及其分工进行了调整,对个别岗位进行优化与整合。事后有人总结说"大讨论"是公司深化改革的前奏。

3. "大讨论"有助于远离思维劣根性

有一则故事讲的是一位老师走进了教室,他先拿出一张画有一个小黑点的白纸,问他的学生:"同学们,你们看到了什么?"同学们齐声回答:"一个黑点。"老师教导说:"同学们,难道你们没有看到这是张白纸吗?如果总是将眼光集中在黑点上,黑点就会越来越大。"这个故事告诉我们,所谓思维的劣根性,就是人的眼光总是盯着阴暗面和短处,而忽视了光明面和长处;体现在行为上,总是拼命地限制短处,而不去思考如何充分地发扬长处。这种思维上的劣根性必然导致牢骚满腹，其结果不仅使自己的心情充满着郁闷，而且坏情绪还会在人群中传递，感染其他人，使更多的人顿时感觉眼前乌云密布，大有"黑云压城城欲摧"之势。一个新单位一定有很多困难和问题需要通过努力解决，这时十分需要凝聚和彰显正能量。因此，我们一定要远离这种思维的劣根性，正确地感知公司的一切。这样，我们的工作和生活才会晴空万里，艳阳高照。

第五节　读书更新观念

一、高管谈读书

读书，是一种对人有益的行为。有人为寻求知识而读书，从书中获得启迪和教育；有人为寻求技能而读书，使自己更为优秀。公司要根据实际情况，不定期向员工推荐新书，开展多种形式的读书交流活动，这样做的目的有三个：一是传递新理念，更新旧观念；二是统一思想，协调发展步伐；三是传导压力，鞭策落后。公司要利用党支部这个平台，开展多种形式的读书活动，统一购进书籍，组织大家在规定的时间内读完并写出体会，举行读书交流大会。对于优秀的论文，公司推荐发表；对于优秀的政工类文章，向上级党组织媒体推荐。公司推荐的图书是公司组织人员精心遴选的，不能搁置一边，更不能翻翻目录、看看前言便作罢，一定要讲求实际效果。后期公司要陆续推出一系列图书，供大家学习。

——摘自总经理在2009年3月员工大会上的讲话

二、懂得了《你在为谁工作》

公司改制初期，诸多问题逐渐显现出来，个别情况还比较严重，制约着公司的健康发展，总体可概括为以下三个方面：一是一些员工参加改制后没有及时转换角色，没有把工作看作自身成长发展的机会，习惯于等、靠、要；二是个别同志总认为"我是改制员工、我是老员工、我是原始股东，谁也不能把我怎么样",于是消极怠工,不思进取;三是有些同志认为公司推行的"四个一"要求好像与自己无关,总是我行我素,工作敷衍了事,客户意见较大,公司大会小会批评以及约谈,均不见效果。

2007年11月,公司领导向全体员工推荐《你在为谁工作》一书,该书是世界500强企业推崇的员工培训教材,它从"为什么要努力工作""你珍惜目前的工作机会了吗""敬业,最完美的工作态度""绝不拖延,立即行动""从优秀到卓越"等方面阐述了作为一名优秀员工应具备的基本素质。公司要求每个人写出读后感,并进行交流。2008年3月,总计11万字的《〈你在为谁工作〉读后感》精印成册,供员工之间学习交流。

从《〈你在为谁工作〉读后感》可以看出员工心态的变化。

1. **树立正确的从业理念**

员工甲写道:《你在为谁工作》的作者陈凯元讲述了一个浅显但常人却不易悟得的道理,一个富于哲理的理念,细细想来,发人深省,那就是树立正确的从业理念和保持良好的心态。正确的工作理念是转变观念的基础,也是工作的动力。在此基础上,员工才会有合乎实际的心态,从而才会以正常的心理对待工作、对待同事、对待人生。

2. **心态调整,面貌焕新**

员工乙写道:我一口气读完《你在为谁工作》,消除了思想观念上的困惑,心里豁然开朗,心态自然也就产生了重新调整、定位,过去的一些不平衡和不理解悄然逝去,一种新的心理面貌焕然而至,工作热情油然而生。我认为,公司举办的读书活动无疑是最有意义的教育活动,我一定要常读书、读好书。

3. **珍惜工作机会,体会工作乐趣**

员工丙写道:人生大多数时间在工作单位度过。工作的意义绝不能简单地停留在获取生活开支上,也非不得已而为之。假若如此,人生的乐趣荡然无存,人生的意义也就黯淡无光。毕竟,钱财绝不是人生追求的唯一目标。我要正确看待工作的意义,珍惜工作的机会,体会工作的乐趣,在工作中得到满足,进而体会人生的意义。

4. 敬业、努力是实现自我价值的必由之路

员工丁提道：在工作中提升能力，也在工作中施展能力，如此循环往复，可实现螺旋式上升。当感受到自我提高、自我实现的乐趣和满足时，对工作的爱就会深埋心底，也就会抛弃小的得失和恩怨，迸发出对工作的激情，把自己的潜能发挥出来。因此，敬业进取、不懈努力是实现理想和提升自我的必由之路。

5. 事情比别人做得好，机会才能比别人多

员工戊认为：今天工作不努力，明天努力找工作。爱岗敬业是本分，工作从一点一滴做起，全神贯注，厚积薄发，视工作为事业。只有把自己的事做得比别人更好，机会才会比别人更多。

三、失误《没有任何借口》

改制前后，公司统一安排的工作经常得不到落实，计划指标完不成的现象时有发生，严重影响了公司的整体工作部署。每到期末考核，大家总是大讲客观原因，大谈内外部环境因素，有的的确是客观原因所致，但更多的则是工作组织与管理方面的问题，具有主观原因。2009年9月，公司领导在员工大会上说："面对问题，如果不去从自身找原因，总是找各种借口，我们将一事无成，停止寻找借口，脚踏实地做工作，我们的事业将会成功；如果公司默认并接受种种借口，将会产生一系列问题，就会产生从抱怨、推诿、卸责、拖延到失败的恶性循环；如果找借口已经成了一种习惯，这种习惯将更加危险，这种具有劣根性的思想倾向不仅对公司发展不利，还将影响先进企业文化的形成，必须加以纠正。"为此，公司推荐了第二本全员阅读的图书——《没有任何借口》，要求员工读完后对照自己谈感受、找问题、定措施。

《没有任何借口》是一本关于美国西点军校传授给每一位新生的第一个理念的书，它阐述的是一种自我负责的精神。只有对自我负责的人，才能对工作、对家庭、对社会负责。"没有任何借口"的理念可细化为自我责任、目标、服从、正直、宽容、自尊等品质，而每一种品质都是迈向成功的一级台

阶。该书作者在西点军校做学生时，就领悟到"没有任何借口"的精神力量。其实公司员工读了这本书后变化更大，遇事喜欢找借口的人没有了；面对问题从自身查原因并提出下一步措施的人多了；推脱责任的人少了，积极作为、主动承担责任而受到赞扬的人多了。

四、凡事《细节决定成败》

对于企业来讲，细节就是创新，细节就是机遇，细节就是财富，细节就是决定成败的关键。因此，企业只有从"大处着眼，小处着手"，才能适应精细化管理要求，打造企业品牌，实现可持续发展。企业若不重视细节，小则出现质量问题，大则导致企业亏损甚至衰落、倒闭，可谓"蝼蚁之穴，溃千里之堤"。对于个人来讲，细节虽小，却能体现素质，可以决胜职场，关乎个人成败得失。从点滴做起，精益求精，方能成就人生伟业，避免"一趾之疾，丧七尺之躯"。

史传坤董事长曾经提道："作为下属而言，注重细节是确保执行力的基本前提；作为上级而言，考虑问题要缜密，安排布置工作也要注意细节。无论你是董事、监事、中高层管理者，还是普通员工，关注细节都应该成为一项基本要求。"

为此，公司向员工推荐了《细节决定成败》一书。本书论述了"细节"在企业管理中的重要性。它告诉我们，在现实工作中，做大事的人是少数，多数人在多数情况下只能做一些具体的事、琐碎的事、单调的事。但是，这些正是成就大事不可或缺的基础。

读完《细节决定成败》后，"关注细节，做好小事，成就大事"在公司蔚然成风。如公司技术管理部门为进一步提升项目报告质量，以国家标准、行业标准及公司制度办法为基础，从细节入手，对研究报告中常出现的问题进行归纳整理，形成了《技术文档编写基础》，内容包括语法及常见错误、标点符号运用及常见错误、数字的使用及常见错误、物理量单位及注意事项、石油天然气专业用语及常见错误等，共十章三十六节。

五、想《成功，从优秀员工做起》

为在公司形成积极向上的工作氛围，公司向全体员工推荐了《成功，从优秀员工做起》这本书，就读书要求专门下发了《通知》，强调2009年对公司来说是极不平凡的一年，同时也是公司塑造品牌，实现跨越式发展的一年。各项工作的成败关乎公司能否顺利跨入行业一流。一流公司需要一流的技术、一流的员工队伍。为统一认识、凝心聚力、共谋发展，全面实现公司2009年的各项任务目标，经公司经营领导成员研究，从即日起在公司范围内深入开展阅读《成功，从优秀员工做起》的学习活动。

《通知》要求员工要树立正确的从业观，在公司发展思路和发展方向上达到高度统一；对照优秀员工标准找差距，制定措施，使自己尽快成为业务上的行家里手。读书活动以个人自学为主，分管领导组织学习为辅。2009年11月，每位员工根据学习和认识情况写出了"如何成为优秀员工"的心得体会。当年12月，公司将员工的读书心得体会结集成册并印刷，供内部员工相互学习和借鉴。

六、谋发展，学《华为研发》

改制初期，由于研发底子薄、技术基础弱，公司于2009年确立了"产学研"一体化发展战略。为给"产学研"加油，2010年10月，公司向中层及以上管理人员推荐了第四本书——《华为研发》。该书详细介绍了华为如何从一个小企业成长为一个国际性的大公司。

1. 华为的成功之道

分管研发的公司领导读完《华为研发》后，将华为的成功经验概括为三个方面：

一是重视研发投入。华为一贯坚持投入大量资金进行产品研发，即使是在资金最困难的情况下，也要把大部分的资金投入在研发上面。

二是重视科研人才。首先是高薪，华为的工资待遇普遍较高，技术人才的待遇更高，这样才能吸引并留住人才。其次是研发平台建设，最初很多华为人是高校教师或科研院所的研究人员，到华为后如鱼得水地搞研发。最后，华为的人才观是不分辈分，只分能力，有能力就是人才。

三是重视管理。华为引进很多MBA人才，曾专门从IBM请人指导企业的管理。事需要人来干，人才要是管理不好，将直接影响到公司的生存与发展。

2. 读《华为研发》催生两项成果

（1）对《研发管理办法》进行修订。没有有效的管理就没有有效的研发。公司组织力量，借鉴华为经验，结合公司实际，从研发投入、项目管理及成果激励等方面对《研发管理办法》进行了修订。

（2）编制《2010—2012年研发计划》。研读《华为研发》，使公司全员大受启发，大家认真思考公司研发事项，研究部署了公司第二个三年发展规划，编制完成《2010—2012年研发计划》。

七、正在读的书

为推动发展改革和创新管理，2022年公司精心筛选并推荐了《华为管理变革》《海尔转型：人人都是CEO》《经营方略》三本书，读书活动正在进行中，与之相关的读书交流活动也将如期展开。

（1）《华为管理变革》。该书披露华为改革未公开细节，完整呈现华为波澜壮阔的变革史，展示了华为变革理念创新、变革节奏控制、领导者的变革谋略，这些逐步铸就了华为在全球范围内的成功。读这本书，有利于公司员工开阔眼界，增长知识。

（2）《海尔转型：人人都是CEO》。该书主要聚焦于海尔"人单合一"[①]共创共赢管理模式。有人将本书的核心总结为：我的用户我创造，我的增值我分享。也就是说，员工有权根据市场的变化自主决策，有权根据为用户创造的价值自己决定收入，该模式实现了人人都是CEO。阅读这本书，可为公司适应多元化发展的需要打下思想理论基础。

---

① "人单合一"双赢管理模式是海尔创始人张瑞敏在海尔内部推动的具有震撼性的一次组织变革。这次变革已经在全球范围内引起了学术界和企业界的广泛关注。

（3）《经营方略》。该书记录了国有企业改革的艰难历程，解析了整合优化、央企市营、格子化管控等企业创新思想，以及资本运营、联合重组、文化融合等经典实战案例，对于公司制定企业发展战略、强化企业治理、推进企业团队及文化建设具有很强的指导意义。

八、感触与思考

1. 转变观念才能破解发展难题

改制时我们都来自国有企业，服务的对象也是国有企业，工作习惯与工作环境依旧，公司内传统的思想观念与改制后的市场化要求不符。十几年一路走来，公司的沟沟坎坎确实不少，但最困难、最劳神、最痛苦的还是思想观念的转变。任何困难都是能够克服的，企业的进步也是在克服困难后取得的。但公司员工的思想观念问题，才是企业要解决的首要问题。通过多读书、读好书，学习新知识，可以更新观念，破解发展新难题。

2. 正确的观念决定良好的结果

读书可改变认知，认知可更新观念。公司董事长史传坤在2020年3月的例会上讲过：其实，任何一种观念，都不是一朝一夕形成的，观念的改变，更是一个长期的过程，我们大多是在国有企业工作了10多年的人，很多观念和认知都带有高浓度的"大国有"味道，但如今公司面临的市场经营情况已完全不同于以往，要适应市场需要，必须从现在开始，加强学习，持续更新观念，用全新的、饱满的精神状态参与到公司的经营管理和全面改革工作中来。常言道，观念决定心态，心态决定行为，行为决定习惯，习惯决定人生。我们深信，树立正确的观念，将会有良好的结果。

3. 让读书成为新常态

作为一个知识服务型企业，我们对知识的需求无疑很大。获取知识的途径虽然很多，但与送外培训相比，读书的时间可以灵活安排，不会影响工作，阅读内容可根据需要选择，效果较好，而且花费较低，因此开展读书活动是明智的选择。为了满足员工个性化、多元化的读书需求，公司及时上调了书报费标准，确保了读书活动的开展，并使读书活动成为新常态。

第六节　自立规矩，示范引领

领导为员工立规矩司空见惯，但领导主动给自己立规矩，并公开接受员工监督的却不多见。公司领导层自立规矩，示范引领带队伍被传为佳话。

一、背景材料

以前，公司员工队伍主要由机关工作人员、教师及生产一线的专业技术人员组成，岗位类型及工作安排呈现多元化的特点。机关工作人员按部就班；学校教师根据授课安排灵活掌握工作进度；生产一线的专业人员以任务工作量为目标灵活作业。但改制以后的工作模式与原来相比差别很大，有些员工不太适应，呈现出一种涣散状态，主要表现如下：

第一，个别员工组织纪律观念不强，迟到早退现象时有发生，拖拖拉拉的作风严重影响公司形象。

第二，工作中遇见问题不去积极想办法解决，误认为领导就是解决问题的，经常将问题原原本本上交，工作缺少思路，总是不能按计划、按要求如期完成工作任务。

第三，个别员工之间存在不团结问题，互不信任、相互拆台，在利益面前争、在困难面前躲。

第四，个别员工乐于夸夸其谈，高谈阔论，工作马虎，不善于调查研究，对项目或工作上的事一问三不知，提交的材料经常出现低级的逻辑性错误。

为打造一个优秀的团队，公司领导层没有选择用生硬的方式进行管控，而是首先给自己立规矩，通过约法三章，给员工做出示范，并让员工全过程、全方位实施监督，取得了明显的引领效果。

二、信条与理念

1. 要自律才有自由，要民主也要尊重集中

公司发展得好与坏，领导团队是决定因素。正确的路线方针确定之后，干部就是决定政策实施效果的主要因素。带好队伍是领导团队的职责，没有

差的员工，只有差的领导团队。今天我们要重申工作纪律，对于当面不说、背后乱说，会上不说、会后乱说的同志要予以警示；对于做一天和尚撞一天钟、不思进取的行为要诫勉谈话。仅强调民主、自由不行，要自律才有自由，要民主必须尊重集中。领导团队成员要从严要求自己，率先垂范，给员工做出样子来。

——摘自公司党支部书记在2007年2月党支部会上的讲话

2. 率先垂范，不令而行

领导干部作为引领公司高质量发展的"关键少数"，更要做好解放思想的先行者、组织者和引领者，发挥好示范引领作用。如果自己都做不到的事情，还要求别人做，事实上是很难的。正所谓"其身正，不令而行；其身不正，虽令不从"，自己没有做好，就去要求员工，这样的要求也没有用。如果自己做好了，不用要求，员工也会向我们看齐。个别人想得多、讲得多，做得却不多。多想是好事，多讲也没错，关键要多做才行，"有其言，无其行，君子耻之"说的就是这个意思。从某种意义上来讲，领导团队很多时候就是员工学习的榜样，正如俗语说的"村看村，户看户，群众看的是干部"。你怎么做，你的员工就怎么做。只有通过自己践行从而带动员工，这样的力量才会更大。发挥先进典型的示范引领作用，是领导方法和领导艺术的重要体现。我们都要铭记：率先垂范，不令而行。

——摘自总经理在2007年上半年经营活动分析会上的讲话

3. 空谈误事，实践兴企

很多道理都不难理解，但要悟出其中的智慧却没那么容易。我们听来的东西，看来的东西，只能学到一些概念、一些知识。那些概念、知识进入你的大脑，充其量只能丰富你的知识，增加你的信息量，但它的力量是远远不够的。只有你真正做到了，从而产生了发自内心的体悟，那种力量是非常强大的。一种你曾经学过的评价方法，如果你不去运用，它将永远停留在书本上，毫无用处，最多就是你知道有这种方法。因此，我们要蹲下身子，扎扎实实搞科研。

——摘自董事长在2007年《经营班子自律规定》宣介会上的讲话

4. 领导团队的示范引领效应

我们领导团队中有人埋怨现在的队伍不好带，令不行禁不止、你急他不急、我行我素等。我不这么认为，应该从自身找原因。如果一个人或一个团队的工作很出色，并被广泛推崇，得到大家的认可，久而久之，大家就会自觉效仿并跟随，这就是我们经常讲的"示范引领效应"。大家应从自我做起，尝试从组织一个项目、编写一份报告、做一个PPT汇报材料开始，扎扎实实做事，时间久了你会有新的发现。但前提是，你必须要有真功夫、真本领。

——摘自公司总经理在2007年上半年经营活动分析会上的讲话

5. 领导成员要约束个人的言行

领导团队中每位成员的行为举止事关其本人能否得到尊重，能否树立管理权威，能否得到广大股东、员工的信任。领导成员不能把自己等同于一般的员工和自然人，进入八小时工作时间，你就是一个社会人，作为社会人就要履行社会组织责任，就要受社会组织的制度、规范及程序的约束，要努力把个人的行为举止关进笼子。国家法律法规是如何规定的，公司规章制度是如何规定的，正常的程序是如何规定的，为人处事的方式方法是如何规定的，我们就要怎么做，不可自由放任。

——摘自董事长在2020年与第四届行政领导团队成员交流时的谈话

6. 严禁盲目的自由主义

一切经济行为要遵循法律法规、标准规范和公司规章制度，市场化的行为也要讲究艺术方式，要真正把好事办好，不害人害己。作为一个企业，难免会有一些社会性的行为和方式，但也要遵守"八项规定"，坚决纠治"四风"，严禁盲目的自由主义。公司既要发展，又要遵纪守法，那就靠研究制度和处理问题的智慧。既遵纪守法又能把事情办得圆满，这才是真正高明的管理者和领导者应该具备的能力。

——摘自董事长在2020年与第四届行政领导团队成员交流时的谈话

7. 落实公司的异体监督

异体监督是相对于同体监督而提出来的，是从监督主体上区分的。同体监督更多的是一种系统内部的监督，由上下左右之间及专门监督之间共同形成监督体系，公司的同体监督已非常完善。异体监督即系统外部的客户、政府、同行之间构成的监督体系。落实异体监督关键要注意以下问题。

第一，市场部要做好客户走访，虚心听取客户意见。

第二，要重视"两随机一公开"政府主管部门实施的监督。

第三，要尝试与同行之间保持深入交流。

接受异体监督的核心是打牢基础，不留死角，不惧怕检查；接受异体监督的关键是机构健全，渠道畅通。

——摘自董事长在2020年与第四届行政领导团队成员交流时的谈话

三、自律新规

2007年11月9日，公司的《经营班子自律规定》以红头文件形式发布，在公司上下引起强烈反响。其基本内容包括两大方面。

1. "四个坚持"

坚持分工负责，团结协作，工作补台不拆台；坚持维护公司利益，处处以公司大局为重，个人利益、局部利益服从公司整体利益；坚持处事公平、公正，不搞小团体，不结小帮派；坚持民主集中决策，先民主后集中，下级服从上级。

2. "六个注重"

注重提高管理水平，改善工作方法；注重队伍培养，提升整体素质；注重技术提升，形成配套技术；注重过程调控，提高工作实效；注重学习交流，及时总结得失；注重工作质量，切实巩固市场。

《经营班子自律规定》不仅对领导成员的一言一行进行了有效约束，更为重要的是，明确了公司倡导什么、反对什么，如何提高自我，如何做好本职工作等。现在回头看，现行的制度办法及要求，都体现了这一思想，这不就是公司文化的雏形吗！

四、感触与思考

2006年8月1日，公司作为河南油田石油工程技术研究院的直属单位，由于上半年经营收入结算推迟等原因,工程院上半年考核扣减公司2.8万元兑现奖。对于当时员工不足30人的小单位而言,这可是个不小的数字。

刚刚调整后的领导团队主动承担了全部责任,认为奖金被扣是内部领导不力造成的,于是决定被扣减的2.8万元绩效奖全部直接从领导团队的奖金中扣除,其他职工的奖金正常发放。这虽然算不上什么惊天动地的举措,但广大员工看在眼里,记在心头,看到了领导团队的责任与担当,增强了员工对公司未来的信心。不少员工讲:新领导团队是一个有理想、有作为、有担当的团队。对处于特殊时期的公司来讲,这具有非常重要的意义。

第三章 负重前行

改制使公司具备了独立法人资格，成为市场主体。但是，公司微观环境要素的优化问题仍然十分突出，设备及设施建设、人才及队伍建设、技术及产品研发、企业管理及企业文化建设等方面的改革与发展任务十分繁重。改制后，公司立即从新基地建设入手，采取有效措施，通过广纳人才、开展各类培训和千方百计调动人的主观能动性，使企业微观环境得以持续优化，并形成良性循环，为企业发展打下扎实基础。

第一节 迎难而上造"营盘"

"营盘"即基地。对于公司来讲，基地由办公室、实验室、车间、后勤服务及员工活动场所等组成，是公司赖以生存和发展的物质基础，对公司的发展起着非常重要的支撑作用。

一、公司愿景

工作环境会影响员工的心理状态，而心理状态决定着员工工作的状态，并会直接影响到工作效率和公司绩效。环境同时会影响到员工的身心健康，进而影响队伍的稳定性。因此，创造一个良好的工作环境是提高工作效率的必要前提，是提升公司竞争力的基本条件。在人才招聘过程中，我们经常遇到应聘人员要看看办公场所的要求，有时候应聘者看完后直接走人，没有下文。由此也引发了我们的深入思考。

从前，有人（包括外面的朋友和曾经的同事）不理解，为什么公司将愿景确定为"为员工营造和谐的工作环境，实现与业主共同发展"，现在结合公司的这些实际情况就可以理解了。由此可知，公司高层已经将打造良好的办公环境作为其履职责任，并固化于企业文化，要持续改进。

公司的母体单位河南油田，分为东部与西部两个基地。东部基地的开发进入后期，资源匮乏，但生活设施完善且环境较好；西部基地是新开发区，资源丰富，但生活环境较差。河南油田实行的是"铁打的营盘，流水的兵"的轮换制度。今天，公司建设基地、打造"营盘"，目的是留住内部人才、吸引外部人才。

二、困难与困惑

公司改制后，员工人数增长较快，由改制初期的28人增加到2009年的53人，办公室明显紧张起来。另外，与工程院物资供应部门、运输车队等部门在同栋楼办公，因业务性质差异明显，工作起来相互影响，员工意见较大。

一是晚上加班，大门常常被上锁，员工被困在办公室回不了家。

二是因办公楼线路及配套设施老化，断电、断网、断水现象时有发生。

三是办公楼下的运动场上经常举行拔河比赛、排球比赛，因为没有办法让邻居们静下来，我们只能停下来。

四是会议室数量少、面积小，满足不了会议多、参会人员多的需求。当时，有近50%的会议改在河南油田办公楼或油田宾馆会议室或业主单位召开，非常不方便，工作效率也很低。

五是改制后，公司员工的单身公寓和食堂就餐待遇逐步终结，油田企业固有的福利将全部予以取消，单身及远离基地的员工的生活受到较大影响。处在同一屋檐下的同根生兄弟，却是两种待遇，员工免不了有一点失落，甚至失望。

六是在行政许可事项（资质）申报时，需要提供办公场所房产证明，如果办公场所属非自有产权房，则需要产权单位配合提供租赁合同和产权证明，并对租赁合同进行法律公正。每项资质申报年年都要遇到这个问题。看似简单的事情，做起来非常麻烦，如加盖印章、经办签名等小事，若无勘探局机关协调很难完成。

显然，拥有一个独立的、具有自主产权的办公场所和工作区域，显得特别必要而且十分紧迫。

三、基本理念

1. 办公环境软硬件影响着工作效率和质量

在职场上，如果说办公氛围是工作环境的软件部分，那么办公场所及配套设施等就是工作环境的硬件部分。办公环境的软硬件共同影响着工作效率和产品质量，其中硬件部分的影响非常直接，最终将影响到公司的发展。从成功企业的经验看，没有一个企业不重视办公环境的硬件建设。当然，硬件建设投入较大，而公司现在的底子还非常薄，我认为公司上下应坚定信心，克服困难，千方百计建成公司自己的基地。

我和不少员工一样，非常留恋工程院标准的绿茵场、宽敞明亮的图书馆和长期一起共事的工程院领导和同志们。但是，为了公司的发展，我们必须做出正确抉择。

——摘自分管领导在2007年2月首届技术交流座谈会上的讲话

2. 以人为本，关注员工关切

昨晚公司有三名员工被困在办公室回不了家，这个问题我们已经向主管单位反映。公司改制后面临这样那样的困难，问题很多，这个事件只是其中之一。公司发展过程中遇到的问题都会得到解决。通过这一事件，我们深深感觉到必须尽快解决这些问题，所有工作必须要提速了。因此，大家要认真梳理公司存在的问题和困难，搞好现状调查和政策研究，特别是改制政策研究，制订解决问题的措施与方案，提前做好向主管部门汇报的准备工作。公司领导成员每周一次的碰头会改为每天早晨一次，或随时报告进度和困难，随时协调和研究解决方案。

——摘自分管领导在2008年8月员工大会上的讲话

3. 努力营造良好的工作和生活环境是管理者的使命

员工是企业生存和发展的基础，以人为本，尊重人才，关注员工的关切是企业管理者的必修课，这项作业完成得好与坏，直接关乎公司业绩的高与低。

公司领导团队是这样想的，也是这样做的。新办公基地要统筹部署，要解决好办公问题、员工一日三餐问题、员工加班临时住宿问题等，还要解决员工运动健身场所问题，包括室内、室外两部分，还要处理好全日全时制安保值班问题和室内绿化等问题。要千方百计为员工营造一个良好的工作、生活环境。

——摘自公司总经理在2008年年会上的工作报告

四、措施与效果

首先，公司领导成员按照分工，分头研究政策，分头开展工作。先后向母体单位、油田机关相关部门、局分管领导汇报情况并获得支持。从2007年7月起，在半年多的时间内，经过内部的层层审批，并在地方政府进行方案报批及备案，基地建设过程中涉及的所有问题终于全部得以解决。

其次，通过单位借、股东投、银行贷、客户项目款预支等措施筹措资金，确保了办公场所建设与维护所需资金。

最后，2009年6月，占地3000多平方米，建筑面积2000多平方米的独立办公场所建设完工，并顺利实现整体搬迁。大家梦寐以求的、设施配套的、功能齐全的"小康型"院落呈现在员工面前。

五、感触与思考

1. 种下梧桐树，引来金凤凰

在建设独立办公场所的问题上，的确有人认为，一个改制小单位有个办公室就行了，没有必要大动干戈；公司内部人也有类似想法，他们认为公司刚改制，底子薄，缺资金，搞基本建设不合时宜，应该等公司发展好了，有了积累，再考虑建基地。大家知道，物质条件是公司发展的基础。现阶段连基础都没有就谈发展，是空谈；如果等，那永远等不出属于公司的基地。事在人为，办法很多。通过对外多做业务、多创收；对内精打细算，节约经费，我们硬是将公司第一个功能齐全、简洁适用的办公场所建成投用。

有了梧桐树，就能引来金凤凰。回顾过去，在新办公场所投运后的5年中，我们先后引进人才4批、共26人。目前公司在职的很多技术骨干、业务骨干就是在这一时期引进的。这 5 年也成为公司队伍建设进展最快的时期之一。

2. 重视员工关切，激活发展动能

独立办公场所建成投用，员工的渴望和诉求得到了尊重和满足，有利于构建和谐的团队工作氛围，有利于提高队伍的凝聚力和战斗力，有利于提升工作效率和工作业绩，同时也有利于培养和提高员工对企业的忠诚度。2009 年后，公司经济效益迅速提高，产值（合同额）每年以两位数增长。现在回头来看，企业对员工的关切足够重视，就能激活企业的发展动能。否则，将阻碍企业的发展。

第二节　投入重金做培训

员工在职培训，是提高员工业务素质，帮助他们适应现代企业发展需求的主要途径。其对技术服务型企业，特别是对高新技术企业、科技型中小企业、知识服务型企业尤为重要。

一、员工培训

2007 年 12 月，改制后的第一年，公司颁布实施了创建后的第一部《公司组织制度》，将员工培训列为公司的发展战略加以强调。

由于参加培训会占用员工一定的工作时间，所以被培训人员及所在机构存在积极性不高的问题。另外，因培训投入较大，培训投入单位还要面临因人员流动带来的无效投入风险，内部单位不愿意在员工培训上过多投入。这种倾向也存在于公司高层。

显然，搞好员工在职培训必须正确处理好眼前利益与长远发展的关系，必须通过制度对风险加以管控。

二、培训新理念

1. 要正确认识培训工作的重要性

日本大荣百货公司提出"企业生存的最大课题就是培养人才"，被人们称为"大荣法则"。该法则告诉人们,人才的培养是决定企业生存和发展的命脉,企业的发达,乃人才的发达;人才的繁荣,即企业的繁荣、事业的繁荣。任何一个企业,如果没有人才,一切都无从谈起。在日常工作中,需要对员工培训进行再认识,避免"说起来重要、忙起来不要"的现象发生。知识就是力量,该学的新知识不学,应知道的新技术不懂,工作质量无提升,工作绩效难提高,公司将很难健康、持续地发展。有些培训机会不可多得,如不积极参加,可能以后机会就更少了。

——摘自公司总经理在2009年5月职业资格考前培训动员会上的讲话

2. 健全培训体系,完善培训内容

技术服务型企业是运用专门的知识和经验,通过脑力劳动,依据客户需求,提供专业技术服务的机构。作为个体而言,一定会存在知识短板或专业知识盲区。开展员工培训,就是要补知识短板,扫专业知识盲区。然而,我们的员工培训意识薄弱,培训体系不健全,培训内容单一的问题比较突出。我们两级管理人员要转变观念,从建立健全培训体系入手,丰富培训内容,改变培训现状,提高培训实效,最终实现企业的发展和员工的进步。同时,培训主管部门要从完善制度办法入手规避培训风险,使培训工作顺利开展下去。

——摘自董事长在2007年《公司组织制度》宣介会上的讲话

3. 开展新"五种培训"[①]

作为技术服务机构,公司要与时俱进做好员工培训,相关管理部门要与业务领域充分结合,以问题为导向,以补短板为目的,优化培训方案,提高培训质量和效果。公司在培训组织及资金上予以支持和保障。为此提出新"五种培训"。

第一,新员工入职培训,主要是帮助新员工尽快了解公司的管理和业务流程、制度办法和有关要求。

第二,岗位业务培训,主要是以培养复合型人才为目的,针对业务能力及岗位基本技能进行培训。

[①] 新"五种培训"是在2008年版的基础上,根据公司发展所处阶段,为了适应国际化业务发展要求,首次将学历教育改变为"国际知识和国际惯例"专业培训,引起公司上下广泛关注。

第三，专门技术培训，主要是根据公司业务需要，对某项专门技术、新知识、新标准进行培训，为实现业务拓展和升级提前做准备。

第四，职业资格取证培训，主要是根据资质建设和维护要求进行培训，包括取证和执业继续教育培训。

第五，国际知识与国际惯例培训，主要是为适应与国际接轨要求进行培训，包括出国培训。

——摘自董事长在2020年与第四届董、监、高集体的谈话

4. 超前谋划，提高培训绩效

科学制订培训计划，多方优化培训方案，多层次、多渠道、立体化开展培训工作，使培训工作常态化。以培促学、以学促产，为公司战略有效推进提供政策保障、知识保障和智力保障。为此，在拟定2020年培训计划时，要以公司战略和业务发展为指引，注重质量管控，保证培训效果，要强调系统化培训，避免碎片化低效或无效学习，杜绝培训工作中的浪费行为。

——摘自总经理在2020年年会上的工作报告

5. 提高培训针对性，适时开展专题培训

公司业务市场管理改革后，有一批新人入职。为帮助新人成长，让他们全面深入地了解公司情况及业务特色，及时准确地把握甲方需求，公司决定组织开展市场人员业务能力培训，助力市场人员学业务，全面提升员工驾驭市场工作的基本素质。市场分管领导及市场部依据各区域市场的具体情况，拟订培训内容，制订培训计划，质量与科技管理部严格按照培训计划定期指导、检查、考核学习情况。专题培训针对性强，效果会更好，以后要多开展。

——摘自公司领导在2020年年会上的工作报告

6. 实施"一人一策"精准培育

人才是决定发展的根本因素。什么是人才？简单地讲，业务、技术和管理三方面齐头并进的叫人才。公司根据未来三年的发展规划，通过广泛了解、深入交流、放宽条件、"一人一策"等措施，加大、加快领军人才的引进力度和速度，确保在环保与信息两个领域率先见到成效。力图通过引进人才，快速提升业务、技术和管理水平。作为中小型企业，我们要打破传统集中的工作模式，

充分依托公司驻外单位或机构解决人才的当地化问题。针对不同岗位及需求，开展多种形式的立体化培训活动，特别要重视短、平、快的实用化培训。同时，注重人才梯队建设，提倡在岗位上培养、在工作中成才。选拔任用一批"德才兼备、以德为先"的中青年人才，让"想干事的人有机会，能干事的人有舞台，干成事的人有地位"。我认为，立即开启"一人一策"的精准培育意义重大。

——摘自公司领导在2020年年会上的工作报告

7. 以培促学、以学促产

以公司战略和业务发展为指引，坚持问题导向，以培促学、以学促产，提升培训质量；按照多层次、多渠道、立体化模式开展培训，通过业务锻炼、岗位历练、培训交流，加快人才培养步伐，尽快形成管理和技术人才梯队。通过重用一批、培育一批、筛选一批，尽快形成公司人才选拔、培养培育、历练成长的队伍建设体系，实现人才队伍的程序化管理。

——摘自公司领导在2020年年会上的工作报告

三、培训成果

从2008年起，公司每年编制《员工培训计划》，每年参加包括注册人员继续教育、职业资格考前辅导及新知识、新业务等在内的各类培训约230人次，年培训费用达100万元以上，最高年份达150万元。取得的效果主要有两方面：

第一，截至2022年3月，经公司培训，员工取得相关职业资格证书217个，其中多为公司急需证书，较好地支撑了公司的专业队伍建设及业务资质建设。

第二，业务骨干及专家团队初具规模。经公司系统化的培训与培养，在员工队伍中先后产生国家行业级专家5人、省级专家6人、地市级专家18人。

四、感触与思考

1. 员工培训是企业发展的推进器

作为知识型企业，我们的业务具有技术性和专业性等特征，而高素质的员工是企业生存和持续发展的重要基础。现代社会，知识更新快，对技术服务人员的知识经验要求较高，为实现"培育行业一流队伍，打造行业一流公司"的战略目标，公司从创立那天起，就将专业技能培训、新知识培训、执业能力等"五种培训"列为公司发展、队伍建设的重要战略举措，并以公司管理制度的形式进行了固化和明确，且不惜投入巨资，开展全方位、全员、多学科有计划培训，在全面提升员工队伍的专业素质和业务素质方面取得了明显成效，为公司的持续发展起到重要推进作用。

2. 着力将公司打造成一个学习型组织

美国学习型组织理论创始人彼德·圣吉是当代最杰出的管理大师之一，他认为"企业持续发展的源泉是提高企业的整体竞争优势，提高整体竞争能力"。公司的竞争优势在于员工队伍的业务素质，要有效提升员工队伍的业务素质，不仅要全面做好员工的业务培训，而且要将公司打造成一个真正的学习型组织。

3. 开展精准补短板培训

一个木桶能装多少水，取决于它最短的那块木板，此为"木桶理论"。这是说任何一个组织，可能会面临一个共同的问题，即构成组织的各个部分往往长短不一、优劣不齐，而劣势部分往往决定整个组织的水平。因此，公司下一步要开展有针对性的补短板培训，遵循用好培训资源、创新培训的理念，按照缺啥补啥、追求实效的原则，开展好员工队伍能力和素质培训。

第三节　守牢底线防风险

企业经营都有风险，而中小企业因为规模小、资源有限，经营风险要远远超过大企业。公司作为中小企业大家庭的一员，在经营中不可避免地会遇到这样那样的风险。实现风险的有效管控，首先要做好风险的辨识和分析。

一、风险感知

不同企业，甚至同一企业在不同发展阶段面临的风险也不同。公司在经营过程中存在的风险主要包括：政策风险，如宏观经济调控及产业政策调整对公司现有业务的负面影响；产品研发风险，如技术引进、产品研发与推广应用方面的落差；质量管理风险，如技术、质量、服务方面的管理失误；法律风险，如合同违约、执业行为违规、知识产权侵害等；团队管理风险，如高端人才管理不科学等。我们公司当前最主要的风险包括三方面。

1. 项目质量管理风险

在项目实施过程中，没有依法履行好项目质量和安全管理方面的责任，管理制度和办法不健全，存在质量管理体系缺陷，内部组织结构不合理，工作流程不科学，任务分工及职能划分不恰当，队伍专业配备及管理不达标，人员能力不足和责任心不强等都有可能影响项目质量，因而留下隐患。一旦项目发生安全、环保事故，公司作为第三方服务机构，将负有连带责任，此乃公司最大的风险。轻则罚款、赔偿、停业整顿，重则吊销营业执照，并追究相关人员的刑事责任等。我们必须警钟长鸣，各司其职，扎扎实实做好项目质量管理工作。

2. 企业法律风险

当今是法治社会，法律风险已经成为企业发生频率最高的风险之一。企业在经营过程中，常常遇到一言不合就付诸法律的情况，主要表现为经济纠纷、合同违约、执业行为违规、知识产权侵害、财产损失、人身意外伤害及人事纠纷等。不论是对方的责任还是企业的责任，一旦进入法律程序，给企业所带来的损害就不仅是利益损失，还有社会信誉方面的伤害。其对信誉的伤害往往是长期的、巨大的、致命的。小小的一件事，常常会使企业口碑瞬间清零，而挽回声誉却极其耗时费力。

3. 产品研发管理风险

公司日常工作中常出现的研发问题主要有：选题不精、技术路线不清晰、对市场的潜在需求研究不透彻、对市场变化趋势缺乏预见性、对宏观行业形势的估计过于乐观等。这些问题导致产品研发存在有"投入"无"产出"的风险，会影响公司效益和战略布局，对公司发展造成伤害。所以，公司要高度重视技术研发工作以及研发管理风险。

二、风险管控理念

1. 风险和利益共存说

只有利益没有风险的事不存在,所以要做好风险防范,使风险最小化、利益最大化。公司的每个人,尤其是管理部门,在关注利益的同时必须关注风险及其后果,要充分评估资质(行政许可)、能力和资源等基础性问题,将风险和利益摆在同等重要的地位予以关注,确保公司业绩持续增长。因此,市场人员在订立项目合同时,要开展风险分析,优化项目作业流程。在这方面,其他业务部门要向安全评价业务部门学习,深入开展项目风险分析和项目合同评审,对于不同类别的高风险项目,精准施策,有效管控。任何项目都有风险,关键在于精准管控,绝不能因为存在风险,就觉得这个项目不能做,那个项目不敢做。

——摘自分管领导在2020年4月市场工作座谈会上的讲话

2. 工作严细认真,才能防范风险

公司部分员工风险防范意识不强,重业绩理应予以肯定,但轻风险防范需提请注意,绝不能等风险发生时才想到去补救。其实法律风险是可以事先防范和规避的,当预期与现实结果发生差异而导致企业必须承担责任时,应努力降低损失。要坚决避免有可能引发不可承受的风险的一切经营行为。

今后,管理部门要加强政策研究,健全风险管理体制,从制度建设入手规范管理,使公司风险管控体系化、机制化、常态化。绝不可将我们变为"消防员"的角色,扰乱公司正常的工作秩序。

——摘自公司领导在2015年年会管理部门座谈会上的谈话

3. 遵纪守法、规范经营,才能行稳致远

公司十分重视规范经营和稳健发展。在其他改制企业和地方评价机构进行所谓灵活经营之时,公司始终保持清醒,对外遵纪守法,对内规范经营。即便是市场上的惯例做法,公司也要按财经纪律要求严格规范。借挂牌"新三板"尽职调查之机,公司又对十余年来的发展历程进行了认真回顾与梳理,即便对一些非原则性的问题,我们也认真加以整改。正是得益于规范稳健发

展思想的指导，公司才能够顺利化解一系列风险。

——摘自公司领导团队在 2018 年年会上的工作报告

4. 重大事项必须形成方案，集体决策

在规避经营风险方面，国有企业有个好的做法——凡是重大事项都必须拿出具体方案，进行多方案论证比选后再做决策。有些民营企业也十分重视决策前的文案工作，要求凡事都有方案，未经批复或领导同意的方案，原则上不得推进下一步工作。目前公司存在的问题是：无论多重要的事项，在没有充分论证的情况下就提交决策研究，如果领导层拍板就会造成漏洞和风险，不拍板又担心丧失机遇。如果责任人具有较高职业素养，就应该及时高效地做好方案策划。今后凡公司重大事项，责任人都必须及时沉下心来策划论证方案，没有方案一律不得提交上一级或公司决策层决策。

——摘自公司《内部管理通讯》［2021］第 4 期

5. 规避政策风险，要先从研究政策做起

中国共产党带领 14 亿中国人民实现快速发展，这是一项空前的伟大创举。党的方针政策我们不仅要深入领会，而且要坚决拥护。公司有相当一部分员工政治站位不高，总是从自身主观意识出发，办事凭想当然，不考虑给公司发展带来的风险。我们必须认真研究国家政策，洞察时事，遵规守纪，改变做事方式，把市场和社会化的行为规范到风险可控层面。从小事做起，严控餐费、专家服务费与礼品费（简称"三费"）的管理与审批，避免造成不良社会事件和内部腐败，为净化社会风气做出贡献。

——摘自公司领导在 2019 年年会上的工作报告

6. 维稳排查要同保密工作一并实施常态化管理

行政管理中心要配合公司董事会、监事会和主要领导做好内外风险排查与维稳工作。严格保密管理、档案管理，杜绝各种形式的泄密行为。定期开展保密与维稳宣传教育活动并严格做好检查与考核，在公司范围内形成严肃的保密与维稳意识。永不松懈地做好公司办公场所的安全工作、消防管理工作，全面实施风险管控。

——摘自公司《内部管理通讯》［2021］第 4 期

7. 公司董、监、高是维稳第一责任人

借公司第二届董、监、高换届选举之机，科学划分维稳责任，明确董、监、高及各成员肩负的维稳职责，并成立内、外两支维稳管理队伍。内部严格管理、合规经营、定期评估，打下良好稳健的基础；外部改进工作方式，规避各类社会风险，同时通畅依法维权的社会渠道。通过多措并举，打击匿名诬陷公司的行为，依法果断维权，及时消减其给公司带来的负面影响，呵护好公司的良好形象。从明年起，将公司维稳作为一项主要工作进行谋划，做到岗位有职责、工作有分工、计划有落实、定期有检查、年底有考评。提议新一届董、监、高与两级领导团队每位成员都要签署维护公司利益、保守公司秘密、践行维稳职责的"承诺书"，该"承诺书"与公司人事办法、奖惩办法联动，在公司稳定大局面前要真正做到不想乱、不敢乱、不能乱。通过内外兼修、立体设防，切实防范各种影响公司更好更快发展的不良事件。

——摘自公司领导在第二届董、监、高换届会议上的讲话

8. 企业最顺利的时候，也是最危险的时候

董事、监事及中高层管理者务必养成凡事必须谋划的职业习惯。重要事项还应调查研究、集思广益，做出专门方案。建议大家在做工作计划时，一定要重视风险和不确定性分析，并逐一论证，以确保工作可控且高效推进。目前，我们董事、监事及中高层管理者制订工作计划和工作方案时，缺乏风险分析与管控措施，更多的是按照主观愿望思考问题，没有深入辨识风险与不确定性，没有及时找出应对和化解不同风险的办法。我们做事是否顺利、成功率是否较高与此有着密切的关系，应高度重视。

其实，企业最顺利的时候，也是最危险的时候，作为领导者、管理者，必须形成居安思危的意识，要具备扎扎实实的"应急处突"本领。有了预见性，才能把握宏观大势和事物发展的规律，才能提前准备，避免挫折与失败，才能在复杂的环境中得心应手地处理各种各样的突发事件。

——摘自董事长发表在《提升执行力培训体会》上的文章

9. 要坚定地走自己的路，防止被人恶意"带节奏"

公司发展免不了受到外界干扰，但任何一个单位都不会为了关注个别人

的言行而停止自己的发展。公司发展不能受外界不良信息和事件的影响，更不能被"带节奏"，我们要做好自己的事，并积极应对各种风险与挑战。

——摘自董事长与第四届董、监、高集体的谈话

三、对策与措施

公司将经营风险管控作为一项重要工作严肃对待，具体措施包括三方面。

1. 实施"一路""一带""一岗"策略

（1）公司领导团队成员分工负责，管好自己的"一路"；

（2）中层负责本业务领域，管好"一带"的风险管控；

（3）每个员工切实履行自己的岗位职责，管好自己的"一岗"。

2. 与知名律师事务所合作

公司先后与河南瀛豫律师事务所等单位签约合作，并请律师事务所专业律师来公司授课，通过讲案例对员工进行普法教育。

3. 守法经营，积极应诉和申诉

公司不惹事，但也不怕事。要以事实为依据，以法律为准绳，积极应诉、申诉，维护好公司利益和工作秩序。

四、风险管控成果

第一，有一位员工侵占公司财产的事败露后，公司立即采取措施，在保全财产的同时依法果断起诉，从庭审宣判结果看，较好地维护了公司的利益。对于这事件的处理，充分展示了公司依法保持财产和维持经营秩序的决心，以凌厉的行动回答了"公司不敢起诉"的妄议和谣言。

第二，2018年，公司配合业主纪检部门的调查，本着实事求是的原则，接受谈话、敞开财务，澄清了所有不实指控和诬告。这从另一个角度展示了公司的管理严谨且规范，化解了风险，维护了公司的形象。

第三，2020年，地产开发商迟迟不予办理公司办公场所产权证手续，在多次协商未果的情况下，公司与其他购房者一道依法维权并胜诉。最终除了在裁定期限内办理完房产手续外，还获得了违约金赔偿，维护了公司的合法权益。

第四，多年前的一项业务，因项目负责人工作不严谨，埋下隐患，导致公司有提供虚假报告之嫌，引发重大风险。公司本着实事求是、还原事实的原则，及时组织评估论证、深化标准规范调查研究、补充完善佐证材料，有效化解了潜在风险，使公司免于遭受灾难性后果。

五、感触与思考

1. 防微杜渐，警钟长鸣

在风险管控方面要有高度的敏感性，不能有"无所谓""没关系""等一等"的心态，必须防微杜渐。"墨菲定律"告诉我们，"如果你认为坏事有可能发生，不管这种可能性多么小，它总会发生"。因此，要警钟长鸣并做好两件事。

（1）定期对已有制度、办法及配套文件进行合规性清理，并及时进行合规性更新、更正和调整；

（2）在出台新的制度办法及相关管理文件之前，要认真研究国家相关法律、法规及规定。

2. 要培养应对"黑天鹅"事件的能力

人们总是过度相信经验，而不知道一只黑天鹅的出现就足以颠覆一切。我们必须用大概率思维来应对小概率事件，如"7·20"郑州特大暴雨非常难以预测，属于不寻常的"黑天鹅"事件；再如我们有一个完成得非常好的项目，专家满意，政府认可，谁也不会想到最后却因行业标准升级导致公司成立以来最大的"黑天鹅"事件发生，好在公司应对积极，依据充分，措施得当，才避免了灾难性后果的发生。这些事件也提醒我们要培养应对"黑天鹅"事件的能力。

3. 要严格防范"灰犀牛"事件

"灰犀牛"事件是指太过于常见以至于人们习以为常的风险。"灰犀牛"比"黑天鹅"更可怕，更值得关注，因为其伤害性不大，但侮辱性极强。因此，我们既要防"黑天鹅"，也防"灰犀牛"，处在生产、经营、管理一线的员工，对各类风险苗头不能掉以轻心，更不能听之任之，置若罔闻。

4. 息事宁人要防"羊群效应"

在生产经营过程中，公司曾经遭遇诬告，事情不大，但影响恶劣，牵涉了太多的精力和时间，严重影响了一系列重要事项的谋划和落地。但是，公司始终拒绝妥协、用钱了事的做法，不让不怀好意的人钻空子，避免"模仿效应"[①]和"羊群效应"发生。

第四节 "新冠"突袭显担当

公司立足郑东新区仅三年有余，在各项业务步入正轨、发展势头向好之际，新冠肺炎疫情突袭而至，这不仅打乱了人们的工作和生活节奏，也严重影响到公司的运营与发展。

一、特殊考验

面对新冠肺炎疫情，对一个业务市场分布在全国各地的企业来讲，这既是一场自检，检验公司组织能力、队伍执行力；也是一场苦战，完成各项任务要付出比正常情况下高很多的劳动；更是一场大考，如果业绩大幅度下滑，百余名员工的生计将会受到严重影响。

公司所在地的很多邻居及伙伴悄悄不见了踪影，连原来排队等电梯、排队就餐的现象都没有了。疫情期间，公司面临的困难重重。

一是回家过春节的员工分散在全国多地，当时全国交通不畅，近1/3的员工处在隔离封控区内，在人员动弹不得、解禁遥遥无期的情况下，节后复工遇到难题，公司运营形势一度令人担忧。

二是新冠肺炎疫情发生后，公司百余个在手项目亟待现场勘验、测量，报告亟待专家审核和客户验收；约有50多个项目合同工期已接近尾声，急需到现场确认并进行完工交付等。

---

① 是一种心理机制。在这里指的是人们会有意或无意地效仿、再现与他人类似的行为活动。在日常工作中，经常会遇到这样的案例，如果工作不慎开了不利于管理的先例，后期将很难控制，不利于体系管控。

三是公司部分资质有效期最后期限将至却无法延续，如果不能进行资质审验，如期完成资质换证，已签约的38个安全评价项目、工程设计现场勘验、质量内控审核及专家咨询将无法进行，涉及项目合同额近千万元，公司感觉到了从未有过的压力。

四是因疫情防控需要，政府公务员未能完全到岗履职，很多监管业务停滞，多个重大专项无法按计划如期开展，疫情改变了工作节奏，打乱了公司的安排部署。

五是新冠肺炎疫情期间，项目回款难，流动资金不足的问题严重，直接影响到公司的正常经营，甚至影响到员工及其家庭的正常生活。

综上可见，2020年是公司创立15年来经营压力最大的一年，也是公司上下备受煎熬的一年。

二、抗疫理念

回首过往，公司的抗疫表现可圈可点，上级组织对此也给予了充分肯定。我们是所在区域为数不多的业绩实现正增长的公司，这也彰显了公司的社会责任与担当。

1. 关注员工健康

（1）2020年1月17日起，公司放假，忙碌了一年的大部分员工陆续离开工作岗位。

（2）2020年1月23日起，公司董事长代表领导团队成员，在第一时间通过公司平台发出了问候，在向员工及家属拜年的同时，重点提请大家注意疫情防控，温馨感人。

（3）2020年1月25日，各省市及地方政府陆续出台疫情管控措施后，公司领导第一时间向员工发出问候，并提醒大家要严格遵守所在地政府的防疫规定，有困难及时向公司报告，并通过企业微信平台转发防疫知识。

——根据新冠肺炎疫情期间公司领导在内部信息平台上的推文整理

2. 一手抓防疫，一手抓复工

2020年2月12日（农历正月初八）是正常上班时间，因新冠肺炎疫情持续，郑州市仍未做出复工安排，公司立即着手并启动居家办公模式，在2020年2月18日的网络会议上提出了三条要求：

（1）各分（子）公司、管理部门要编制单位和部门周工作计划，内容包括做什么、谁来做、做到什么程度、谁负责验收、存在的问题和需要公司协调解决的事项；

（2）要关注员工健康，在汇报工作的同时，要报告员工健康状况及存在的困难；

（3）管理部门要时刻关注郑州市防疫及复工安排，备好复工所需防疫器材和用品，落实相关疫情防控措施，并随时做好复工的各项准备工作。

——摘自新冠肺炎疫情期间例会（网络会议）领导讲话的笔录

3. 董事长谈新冠肺炎疫情对公司的不利影响

接下来我简要谈一下公司当前的形势。突发的新冠肺炎疫情对中国、对世界、对人类都是一个巨大冲击，它必然会影响到公司，影响到每一个人的工作和生活。

到目前为止，甲方真正的市场没有完全开放，我们的网上办公也只是提前谋划相关工作，我把它形象地总结为"纸上谈兵"。虽然今年才过去1/4，但是据我们保守预测，考虑疫情影响，今年对我们有效的时间起码已过1/3。1/3是什么概念呢？对甲方和管理者来讲，生产建设的时间已经失去1/3，这1/3又意味着没有投资规模、项目不能完全实现落地。由于基本建设是有周期性的，不可能违背科学的工作节奏和质量要求来赶工期，这就意味着我们的市场容量将同比例减少1/3的规模。

从公司来讲，我们在现有人员和用工形势下，已经失去了1/3的时间；从直接的正向比例关系上来讲，业务上至少会受到1/3的影响。但是我要说的是，传统型业务受到的疫情影响都是一样的，甚至有一些小微企业将会面临倒闭的严峻形势，这从公司所在大楼其他邻居的情况就可以看出来。在这样的大环境下，咨询公司势必会受到影响。我们之所以没有广泛地宣传，就是怕大家一下子转不过弯来，压力太大，丧失斗志。

面对新冠肺炎疫情，作为公司管理者，我们必须要有清醒的头脑，对这个问题要有正确的认识。我觉得还是要始终坚持两点：一是我刚才谈到的认识事物的全面性和深度及境界；二是每一次重大事件的背后都蕴藏着新的发展机遇。这次疫情对社会各方面的冲击是巨大的，但在应对冲击的过程中我们的思维观念、运营机制、管理方式等方面的一系列创新就会呈现出来。

——摘自公司网络办公会《会议纪要》［2020］第3期

4. 利用社会资源为公司服务

疫情可能会持续一段时间，其对公司的影响不可轻视。我们应该怎么办呢？实际上从2月3日开始网上办公后，公司已经着手全面布局，可以说到目前为止，方案布局已经全部到位了。我们采取了哪些措施呢？第一是提前进行市场衔接；第二是研究加速方案，必须按原方案谋划按部就班推进的项目，"纸上谈兵"总比什么都不做要好；第三是开展劳动竞赛；第四是改变工作方式。

在工作量集中的时候，只靠我们这些在职人员，在极短的时间内恐怕很难完成任务，那就要充分利用社会资源，吸纳社会力量来解决业务比较集中的问题。一般事务性工作鼓励充分利用当地专家，包括基础资料的收集，甚至一些问题的核实等。说到基础资料的收集，甲方有关人员比我们搜集得还要到位。要将工作做好，就必须提前进行谋划，灵活转变工作方式。

——摘自公司网络办公会《会议纪要》［2020］第4期

5. 绝对不可让员工置于疫情风险之中

公司宣布一条纪律：不论工作如何紧急、要办的事情多么重要，如果没有防疫预案和措施，不了解甲方当地的疫情防控要求，任何人不得出行，绝对不可以让员工置于疫情风险之中。这是一条铁的纪律，所有人必须严格遵照执行，不得有半点马虎。

——摘自董事长在2020年4月晨（例）会上的谈话记录

6. 超前谋划、缜密运行，最大限度减轻疫情带来的冲击

由于各地疫情管控措施不同，现阶段大家要适应网上办公，超前谋划、缜密运行，最大限度地减轻疫情带来的冲击，为复工后公司迅速实现常

态运营奠定坚实基础。在此期间，我们要重新摸排主要工作，通过多种手段与业主沟通交流。实行视频周例会制度，一如既往地安排、部署、检查各项工作及运行情况。为第一时间复工配足防护用品、排查员工行程、优化出行方案、严控疫区出行，切实做好公司、员工及其家人的疫情防范工作。

——摘自公司周例会《会议纪要》〔2020〕第 9 期

7. 在疫情管控期间搞好业务学习

疫情期间，工作量不足的问题逐步显现，公司要求大家针对业务需要和自身知识短板，开展专业知识学习。如安全评价分公司就成立了 HAZOP 分析、QRA 定量风险评估学习小组，坚持网上学习和交流，学习结束后每个成员都撰写了体会与心得，效果不错，为开展新业务奠定了基础。其他分（子）公司可比照执行。

——摘自公司领导 2020 年 4 月在复工网络办公会议上的讲话

8. 非常时期要有责任与担当

新冠肺炎疫情导致公司业务减少，收入下降，流动资金不足等问题突出。在非常时期，我们要始终坚持以人为本的经营理念，千方百计不让裁员、降薪的事情在公司发生。通过内部消化解决各种困难，如领导团队成员自愿拿出部分工资，对因疫情导致家庭生活有困难的员工进行纾困帮扶。领导团队在大灾面前要有责任和担当，及时解决困难员工的后顾之忧。

——摘自公司领导在 2020 年 4 月复工网络办公会议上的讲话

9. 适应疫情防控常态化，防疫和工作两不误

当前疫情防控形势严峻，同时曙光在前，请各位同志严格遵守政府规定，务必做好自身与家人的疫情防范工作。疫情期间的工作，还是以各市场区域、各分（子）公司、各管理部门为单位，通过转变思维、创新方式，超前谋划、超前沟通、超前跟进、超前锁定，发挥好组织与个体两个方面的主观能动性与创造性。公司也在改进激励与管控方式，力图最大限度地释放创新驱动潜能，真正激发出各级管理者与广大员工的聪明才智，让想干事的人有机会、能干事的人有舞台、真正能干成事的人有地位，真真切切把公司打造成"为公司创业，同时也是在为自己创业"的优质平台。特殊时期，请工会代表公司及时跟进了解每位员工的困难，及时施以组织的援手。越是艰难时刻，越要充分体现公司对自己员工的关爱。疫情防控逐渐常态化，我们既要适应也要谨慎，在困难中锤炼个人斗志，凝聚团队力量，营造蓬勃向上的企业文化氛围。

——摘自董事长 2022 年 1 月 11 日在"企业微信"上的推文

10. 疫情多点散发，注意严格防范

目前国内疫情多点散发，大家出差务必做好政策咨询、路线优化与自身防护，切莫大意！另外，各市场区域和两级领导团队成员安排工作时，不仅要考虑业务本身的不确定性，还必须充分考虑突发疫情的不确定性，利用有利时机率先高效地解决好外部事务，以争取工作的主动性。同时，一定要与公司驻外人员有机协同、相互配合，迅速解决好本部人员不能及时到达现场的问题。

——摘自公司领导 2022 年 3 月 12 日在"企业微信"上的推文

11. 树立扛旗意识，推进跨越式发展

受疫情及国际形势持续影响，国内外宏观经济形势复杂，市场的供给方和需求方在悄悄发生变化，企业经营普遍艰难。但是，公司关爱员工的政策不仅没有动摇，反而还在进一步充实完善。每一位员工都要多体谅公司与各级管理者的不易，爱岗敬业，奋发有为。真正树立起扛旗意识、看齐意识，抓好机遇，维护好大局，共同推进公司跨越式发展。

——摘自董事长 2022 年 5 月 6 日在"企业微信"上的推文

三、措施及效果

1. 准时召开周例会

疫情管控期间，公司采用网络会议方式，每周一上午 8 点 30 分准时召开周例会，总结上周工作、安排下周计划，通报员工的健康状况，协调解决员工工作、生活中遇到的困难。

2. 领导全日全时值班

疫情管控期间，坚持作息时间不变、考勤考核不变，领导全日全时值班。

据不完全统计，居家办公 1 个多月，先后有 50 多个项目完成室内工作；按流程起草、发布文件、方案 20 余项。

3. 公司没有出现裁员、降薪等情况

在疫情管控初期及后期疫情持续频发阶段，公司克服困难，没有降薪、没有裁员，同时还对多名困难员工进行救助，实现员工收入硬稳定、专业队伍硬稳定。

4. 未发生合同违约、员工违章、客户投诉及员工健康等问题

在疫情期间，公司领导团队成员积极作为，勇于担当，冲锋在前，始终坚守在抗疫一线及生产一线，始终保持与项目甲方沟通、与隔离区员工沟通、与业务主管部门沟通，确保了各项工作任务的如期完成。公司也没有发生合同违约、员工违章、客户投诉及员工健康等问题。2020 年新签合同额与 2019 年基本持平，实际收入比 2019 年有所增加，实现逆势增长。

四、感触与思考

公司员工用自己的方式实现了疫情防控与工作两不误，涌现出许多可歌可泣的动人事迹。

疫情管控期间，外出员工为了其他人的健康安全，在做好个人防疫的同时，千方百计避免与他人接触，不论早与晚，总是悄悄在车站或室外等候，待做完核酸检测确认安全后再归队。

在疫情防控进入常态化后，大多数人已经摘掉口罩自由呼吸，而我们的外出员工，为了确保公司大家庭的健康和安全，归队后主动坚持戴好口罩，自觉避免到公共场所聚集。

有的员工在出差途中，突然被告知目的地发生疫情，被迫终止行程，困在途中，吃、住、行受限，常常忍饥挨饿、受寒，在返回单位后却从无怨言。

有的员工为了赶任务，避开人员密集、风险高的白天，常常在夜深人静的时候到办公室撰写报告、处理业务。

2020 年公司逆势而上，不仅彰显了公司的责任与担当，而且凸显了员工的坚毅品质和较强的执行力。有这样一支队伍，公司必将勇往直前。

第五节　抓好党建促发展

作为一个非公企业[①]，公司内党员占了四成以上，这在同类企业中的确不多见。因此，公司从成立起就高度重视党建工作，在设计组织机构时，"党工青妇"一并考虑，且进行了数次机构改革，为较好发挥党组织的战斗堡垒作用提供了组织保证。在上级党委的领导下，公司结合实际，在党建方面进行大胆创新，形成了以党组织建设带动业务建设的良好氛围。

特别是迁入郑州市后，公司积极主动融入所在区域党组织，积极完成上级党委安排的工作，定期向区域党组织汇报党建工作。

一、党建对民营企业也重要

1. 民营企业的利益与国家利益高度一致

在不少人看来，民营企业做好业务，搞好发展就可以了。其实不然，民营经济是社会主义市场经济的重要组成部分，是我国经济实现又好又快发展的重要力量，民营企业的利益与国家利益高度一致。尽管企业是以经济利益为目标的，但不论是国有企业还是民营企业，都要讲政治。中国民营企业的经济活动要受到社会环境制约，离开社会及政治生态去求发展不现实，不讲政治通常做不好事业。经济与政治无法分开，只讲效益不讲社会责任是行不通的。因此，民营企业也要讲政治。

——摘自董事长与第四届行政领导团队成员集体谈话的材料

2. 研究政策法规就是讲政治

企业为了发展，努力去跟踪、学习、研究国家相关政策法规已成为必修课、新常态。如国家产业政策，包括国家倡导什么、限制什么、反对什么，我们都必须十分清楚；业务资质申报，不熟悉政策、规定将无法完成。因此，为做好业务，减少失误，必须研究国家政策法规、标准和规范，通过我们的

[①] 有关资料显示，截至2017年底，我国民营经济创造了60%以上的GDP，缴纳了50%以上的税费，贡献了70%以上的技术创新和新产品开发，提供了80%以上的城镇就业岗位。

细致工作，落实国家政策法规、技术标准（规范）及要求，这就是在讲政治。

——摘自董事长与第四届行政领导团队成员集体谈话的材料

3. 民营企业的社会责任

什么是企业的社会责任？对于公司来讲，我认为至少包括以下四个方面的要求：

（1）首先是遵章守法，诚信经营，为社会、客户提供合格的、优质的产品和服务，并照章纳税；

（2）努力构建和谐的企业内部环境和外部环境，着力构建合作共赢及企业内部和谐的劳资关系，守一方平安；

（3）传承中华文明，培育先进的企业文化，以人为本，增强员工的自信心和自豪感，教育员工爱党、爱国、爱民，弘扬社会主义核心价值观；

（4）带好我们的员工队伍，使每位员工都能成为对公司负责、对家庭负责、对社会负责的有用之人。

——摘自董事长与第四届行政领导团队成员集体谈话的材料

4. 企业"党工青妇"组织是宝贵资源

曾经有人质疑：民营企业搞"党工青妇"组织是不是不务正业？其实不然。以党支部为例，其可以通过上级党委发挥政策优势、人力资源优势和推介平台优势，指导公司开展业务。因此，"党工青妇"组织也是企业发展的宝贵资源。民营企业成立基层党组织、工会、共青团无法照搬国有企业的做法设立专职专岗，但作用不可或缺。把"党工青妇"组织资源转化为企业发展资源，把组织优势转化为发展优势，找准"党工青妇"组织与企业发展的共振点，紧紧围绕公司的经济活动开展针对性较强的、高效的工作，充分发挥如党支部的战斗堡垒作用、工会密切联系群众的作用、共青团的突击队作用、妇女同志的"半边天"作用等十分重要。

——摘自董事长与第四届行政领导团队成员集体谈话的材料

5. 党员要发挥模范带头作用

公司的党员占比在同类企业中是较高的，党员队伍也是公司发展的宝贵资源。因此，对党员的要求也应更高。党员在日常工作中要想在前，做到超前思考、超前准备、超前部署。如果在工作中不注重思考，就不能取得工作主动权，就不会有实质性的进步，甚至还会影响到工作的开展。同时，党员在思想上也要树立好底线思维，保持个人先进性，强化自我修炼，正心明道、防微杜渐，认清什么事情必须做、什么事情可以做、什么事情不能做。共产党员要积极发挥模范带头作用。

——摘自党支部书记在 2016 年 6 月 28 日全体党员会上的讲话

6. 爱党爱国，高风亮节

个体与党和国家密不可分，个人生活、发展的方方面面都需要党和国家创造机遇和条件。妄议甚至是诽谤国事，是思想浅薄、盲目无知的表现。有些人言语上盲目自大，为人上目空一切，看不清自己真实的能力与水平，思想极端到危险的境地，应引起高度警惕。其实，回顾中国历史变革与国家治理的历程，中央集权、地方分权、财政金融、土地所有制等问题 3000 多年来都没有人能绕得开。在当前的国际、国内形势下，社会治理问题更是盘根错节、异常复杂，我们基层党员更应该始终爱党爱国，为国家发展做出力所能及的贡献。

——摘自董事长与第四届行政领导团队成员集体谈话的材料

7. 围绕经营抓党建，抓好党建促发展

当前，公司的发展已进入关键时期，党支部要瞄准发展目标，围绕经营活动抓党建，抓好党建促发展。党建与日常业务工作不能脱节，我们组织党员参加党员培训时，要努力将培训知识、信息与公司发展、公司业务、公司管理及在手项目联系起来学，真正把以往党建工作与生产经营的"两张皮"拧成"一股绳"，形成组织有力量、工作有成效、凝心聚力干事业的党建新格局。我们不少同志都有 20 年以上的党龄，算是老党员了，但不可否认，党建是我们的短板，我们党支部要虚心向党委求教，把公司党建工作做好。

——摘自董事长在 2021 年 6 月商都路党委线上党课后的谈话

二、党建工作

公司的"党工青妇"组织，应如何围绕生产经营开展党建活动，助力公

司实现发展战略目标?

1. 体制保障

公司成立后,党支部、工会、共青团同公司的其他机构一并成立。公司对机构职能进行整体再设计,使其作为重要的管理要素发挥应有的作用。

2. 制度设计

通过制度再设计,2009年《工会工作制度》《党支部工作制度》作为《公司法人制度》的一部分明确定下来,使"党工青妇"组织在参与重大事项决策和日常管理中有了话语权,并在经费上得到了保障,保证了企业党组织能够正常开展活动,实现了党建工作"有人管事""有条件办事"。

3. 确定公司优秀党员标准

除党章规定外,公司确定了优秀党员"四优"标准。

(1)政治素质优:加强政治学习,坚定理想信念,讲党性、重品行、做表率;贯彻科学发展观,践行公司发展文化,积极投身公司发展建设;牢固树立正确的人生观、价值观、世界观。

(2)岗位技能优:积极学习评估、评价、设计、研究、经营管理相关理论、知识和法规、标准,业务技能、管理能力突出,成为推动技术提升、促进公司和谐稳定的骨干力量。

(3)工作业绩优:爱岗敬业,勤奋工作,勇挑重担,带头攻坚克难,工作业绩突出、质量可靠,成为本岗工作的能手、创新创业的模范、提高效益的标兵。

(4)群众评价优:立足岗位,甘于奉献,廉洁从业,践行社会主义荣辱观,树立良好形象;积极服务员工,虚心接受和听取不同意见,帮助同事解决实际困难。

4. 交流共建

为扎实做好公司党建工作,培育一支"平常能够看出来、关键时刻能够站出来、危难关头能够豁出来"的党员队伍,公司党支部与郑东新区先进企业党组织开展联谊共建交流活动,并组织党员到圆方非公有制企业党建学院学习交流。

三、党建成果

1. 融入发展

公司党支部紧紧围绕企业生产经营开展活动，把为企业发展建言献策、为生产任务突击出力、为经营活动牵线搭桥作为党建工作的出发点和落脚点，使党建工作和企业生产经营有机融合。

（1）建言献策。公司党支部积极组织、参与公司合理化建议活动，力争把员工的积极性引导好、保护好、发挥好，保持职工积极向上的工作热情和心态。

（2）支部书记讲党课。2009年3月，党支部书记结合分配中出现的"攀比风"，开展了"比岗位先比能力、比收入先比贡献"的专题讲座，明确了"有为才有位""行胜于言"等问题，组织大家就党员同志如何做开展大讨论。

（3）支部办报纸。《跨越》报纸是公司党支部一手创办的，办报宗旨是：宣传党的方针政策，弘扬正气；报道公司重大项目进展，鼓舞员工斗志。

2. 文化引领

公司积极发挥党组织在思想工作方面的优势、人力资源管理方面的优势、关心爱护党员职工方面的优势，推动形成具有党建元素的特色企业文化。使党建与企业管理、精神文明建设融为一体，进而在促进企业发展、内部劳动关系调整、职工队伍和谐等方面，较好地发挥了党支部的"助推器""稳定器""调节器""润滑剂"作用。

四、感触与思考

民营企业一般存在"重经营、轻党建"的现象，一些人总认为企业生产经营好坏与抓不抓党建没多大关系，而且抓党建还要牵扯精力，所以缺乏开展党建工作的动力。一提起党建，公司总有人认为那是党委要关心的事，民营企业抓党建也不专业。其实企业党建并非高不可及，而是实实在在的、与公司经营活动紧密结合的、非常具体的工作。

1. 用党建引领公司健康发展

公司始终结合工作实际,坚持自我革命,坚持全面建设党支部,力争提高党员素质,用党建引领公司健康发展。

2. 开好民主生活会有利于员工轻装上阵

定期开好民主生活会,运用好批评与自我批评,认真总结、分析、剖析自己,始终保持企业党组织的先进性和战斗力,可促进公司实现跨越式发展。

3. 党建有利于培养、提拔和使用干部

公司会继续坚持发展新党员,始终坚持同等条件下优先从党员队伍中培养、提拔和使用干部。

第四章 业务聚焦

业务聚焦是企业发展的战略重点，也是企业环境管理能力的具体体现。在企业宏观环境既定、微观环境要素到位的前提下，企业环境管理能力的提升是影响企业发展的重中之重，也是企业经营成功的关键。油田科技创新经营管理方式，不断解决员工队伍、市场业务、行政许可、专业技术等方面的难题，在创新中持续提升企业发展能力，激发企业发展动力。

第一节 专业要求"一专多能"

公司业务的特点，决定了公司的专业技术人员在知识结构方面需要"一专多能"。

一、队伍现状

发展初期，公司面临两个突出问题：一是人员不足，二是专业不全。对于新成立的中小企业而言，人员及专业问题应该是共性问题。然而，如果处理不好这两个问题，对公司业务影响极大，直接关系到公司后期的发展。通过大批引进专业技术人员的方法解决问题，肯定不可取，因为单位平台承载能力有限。破解难题最现实的做法就是从内部挖掘潜力，实施专长加全面，即"一专多能"的复合型人才培养策略。

二、基本理念

1. "T"型知识结构缓解缺人缺专业问题

公司包括领导团队成员在内的所有员工都要加强学习，要不断丰富自己的专业知识，培养良好的专业素养，努力使自己的知识结构转为"T"型知识结构，以适应公司发展需要。所谓"一专"，就是要精通一门专业技术，在技术运用上得心应手，目标是逐步达到专家级水平；"多能"就是熟悉公司两个及以上业务，专业目标是掌握相关专业概念、量及算法和基本应用，能够看懂相关技术资料，能够完成部分相关业务等。

——摘自公司领导在2008年年会上的工作报告

2. 着力培养"一专多能"的员工队伍

公司两级领导团队都有一种倾向，一遇到问题，习惯归咎于人才不足。我认为，这是人才观出了问题，是管理的问题。不能指望某个或某几个人才来解决一切问题。大家知道，每个人才都有自己擅长的领域，也有自己不擅长的领域。在他擅长的领域，解决问题的能力就强，表现为人才特性；如果让其解决不擅长的问题，将适得其反。公司要解决人才的问题，培养"一专多能"的员工队伍是一个有效途径。

——摘自公司领导在2011年年会上的工作报告

3. 员工个人要有职业规划

从现在起，包括公司高管在内的每位员工，都要结合公司业务需要和个人专业及业务特长，以提升业务素质和执业能力为目的，以参加全国职业资格考试为手段，以业余自学和脱产培训相结合的方式提升个人职业能力。要编制个人职业规划，由公司技术发展部统筹安排实施。每个人至少选择三个专业作为方向，其中主攻方向有一个。至于报名费、培训费、教材等费用问题，公司给予鼎力支持。

——摘自公司领导在2008年年会小组讨论会上的讲话

4. 邀请专家参与专业技术人员培养

在我们周边，有一批专业造诣深、管理能力强、实践经验丰富、身体健康的退休专业技术人员，可以请他们到公司来，帮助我们培养专业人才、审核方案。这项工作由我亲自来做，技术发展部要做好专家服务工作。

——摘自公司领导在2010年年会上的工作报告

三、主要工作

1. 对职位、岗位序列进行修订

职位、岗位通道在公司人事管理中至关重要。首先要充分考虑到员工的发展需求，其次要做好员工职位评审认定。员工岗位调整的基本流程包括员工个人申请、参评资格认定、综合考核评价、绩效与薪酬委员会审核、考评结果公示等程序。为适应公司发展需要，我们根据技术考评结果，结合职位、岗位设置存在的问题，从有利于技术提升和专业化管理出发，形成公司现行的 25 个职位、37 类岗位、11 个通道级。

2. 主副岗设置

公司依据新的岗位序列和"T"型知识结构培养要求，结合员工所学专业和工作经历，按照一个主岗、两个副岗，其中副岗之一为跨业务领域岗位的配置要求，经综合平衡，对员工技术职位、岗位进行了调整和相应的薪资套改。

3. 主副岗业绩考核

从 2011 年 1 月 1 日起，员工在完成主岗业务的同时，每年至少须完成副岗业务各 1 项，作为年终总评的重要考核指标进行考核。

4. 鼓励优秀员工成才

对于忠于公司、钻研业务、技术优秀、绩效显著、综合表现突出的员工，可打破常规，不受考评期限制，随时提拔重用，并给予相应待遇。

四、取得效果

1. 员工工作和学习的目标更加明确

公司内学技术、钻研业务蔚然成风。个别员工结合副岗，在自己不太熟悉的专业领域投入大量时间和精力；公司借力发力，在加强送外脱产培训的同时，聘请河南油田 6 名全日制专家到公司进行"手把手"帮扶。

2. "一专多能"培养效果显现

在员工队伍中，持双证（具备两种及以上职业资格）的人员占五成以上，最多的持有 6 证，有力地支撑了公司的业务发展。

3. 通过河南油田电视台公开招聘，缓解缺员压力

由于专业技术骨干培养过程较长，为缓解燃眉之急，公司在河南油田电视台发布招聘信息，进行面向油区的首次公开招聘。报名人员近百人，通过面试筛选，有 11 名油田专业技术人员入职公司，他们之前从事石油工程、化工工程和公用工程等业务，在最短的时间内及时补充了专业技术力量，缓解了公司的缺员压力。

五、感触与思考

1. "一专多能"已成为人才引进的标准

作为技术服务型中小企业，公司迫切需要"一专多能"、适应多种专业环境、具有执业能力、富于创新精神和应变能力的复合型人才。所以，将"一专多能"的人才策略作为公司长远战略，意义非常重大。同时，"一专多能"的人才策略已经成为公司引进人才时的基本要求和评价标准。

2. "一专多能"的复合型人才在公司将大有作为

据统计，公司"一专多能"复合型专业技术人员的业绩普遍高于其他员工。因此，其他员工要主动学习，做精主专业，拓展副专业领域，适应公司发展需要；公司要为"一专多能"复合型人才的成长创造更为良好的环境，并从培养、使用、考核等方面，全方位、全过程促进公司的人才队伍建设。

第二节　业务"主辅互补"

传统的行政许可类企业，普遍业务单一，依赖性太强，具有较高的市场风险。公司着力打造"一主多辅"的业务格局，目的是规避经营风险。

一、背景与现状

2016 年迁入郑州市后，公司上下满怀信心，决心将现有业务做精、做专、做出优势，做成行业一流。但在实际工作过程中，事情并非想象的那么简单。

在与客户合作的过程中，我们了解到客户的需求是多方面的，会出现一系列延伸业务，做精单一业务已无法满足客户需求。

2017年前后，随着国家行政许可制度的改革，行政许可事项呈现出很大的不确定性，公司现有资质被弱化，甚至被取消的可能性极大。即使不被取消，行业管理方式也会发生巨大改变。作为依靠资质发展起来的企业，公司不免添了几分风险。在资质建设、业务建设、队伍建设、人才引进等方面一度出现迷茫，公司业务受到一定的影响。在行业管理政策不明朗，办法措施迟迟不能落地的情况下，观望和等待不能解决问题，积极应对才是正道。在这种形势下，公司"一主多辅"的业务布局被提上日程。

二、业务发展观

1. 咨询业务走"传统 + 特色"之路

传统工程咨询业务呈日渐萎缩态势，公司务必高度重视。工程咨询板块在对现有业务进行集成提升（尤其是装备可研、产能后评价、经济评价）、沉淀技术、形成成果、支撑业务创新的同时，要根据行业形势变化及业主的新要求，提升一到两项业务成果，巩固好现有业务；创新咨询理论与方法，依托改革后"综合 + 专业"的专业优势，坚定走好"传统 + 特色"的业务发展之路。

——摘自公司领导在 2017 年年会上的工作报告

2. 安全评价业务形成"一主多辅"的业务布局

坚持行政许可业务与技术服务业务并举的发展思路，大力开展安全管理与安全技术服务业务，充分融合信息化、智能化技术手段以及先进的安全管理理念，形成服务产品与工作方法体系，在确保业务质量的同时，争取创造可推广、可复制价值。对安全评价资质增项，并筹备申请消防评估、消防设施维护、工程监理等资质，形成安全生产技术服务"一专多辅"的业务布局。

——摘自公司领导在 2017 年年会上的工作报告

3. 环保业务形成"环评 + 设计 + 研发 + 现场技术服务"发展模式

行政许可类的环境影响评价等业务要坚持自营为主，但迫切需要提升质量和技术，在队伍、技术和业绩方面为公司发展打下基础。坚持引进人才与聘请专家并举的方式，支撑好业务发展。对于污水产品技术研发、设计、工程承包乃至污水运营总承包等业务，一律通过战略合作方式予以实施，坚决摒弃闭关自守思维，大胆采取合作研发、购买核心技术或重组兼并等开放的形式，争取早日突破业务发展瓶颈，形成自己的拳头产品和技术。

——摘自公司领导在2017年年会上的工作报告

4. 软件信息业务要与公司其他业务融合发展

软件信息业务要贴近安全、环保两大业务板块，按照安全环保信息化、智能化的业务定位，牢牢把握与其他分公司市场和业务一体化的优势，加深业务融合交流、强化顶层设计，密切跟踪技术走势，开发一系列安全环保信息化、智能化产品技术，支撑公司可持续发展。蓝深子公司发展要坚持"三个必须"。

（1）必须突出安全环保业务特色。

（2）必须走产品技术路线。

（3）依托公司其他业务，走与公司其他业务融合发展之路。

——摘自公司领导在2017年年会上的工作报告

5. 要树立"不求所有，但求所用"的业务理念

公司在业务方面有三个问题亟待解决：一是创新意识不强，核心技术缺乏，健康发展乏力，压力和动力不足。国家行业大势已明，公司也早已部署，但员工响应不积极、行动不迅速，"起个大早赶个晚集"，步幅和进度已经落后。有的领域甚至仍梦想着国家的政策红利，多年不听招呼、不愿创新，导致业务断崖式下跌、日薄西山。二是业务组织形式单一粗放，视员工为简单个体，不能激发个体的特长，制约着人才潜能的发挥，连完成基本工作量都显得十分吃力。无论是与行业优秀公司对标，还是与社会上追逐现实利益的公司对标，我们的组织与管理方式都有巨大的改进空间。今年公司竭力倡导的项目经理负责制、业务技术专家制，必须强力推进。三是专家队伍建设流于形式、不成系统、缺乏管理。业务不论多少、项目不论大小、要求不论急缓、专业不论是否短缺、技术不论高低，均局限于自身队伍，会滋生很多矛盾，导致一系列问题。社会上三五个人的公司能干的事，在我们公司都成了困难和问题。解决这些问题的根本在于充分利用社会资源，从根子上培育"不求所有，但求所用"的理念，并用这一理念指导行动。

——摘自董事长 2022 年 3 月 23 日的"企业微信"推文

三、措施及效果

1. 安全生产技术服务业务取得突破

经过实施"一主多辅"发展战略，公司各业务板块都取得了不同程度的进展。其中，安全评价分公司在安全生产技术服务方面进展迅速，已形成以安全评价业务为"主"，以消防评估、消防设施维护、风险评估、安全生产体系建设、第三方现场监督、安全生产标准化评审、企业应急管理咨询等为"辅"的业务格局，"一主多辅"的战略已见到明显效果。

2. 业务建设的"领头羊"效应

安全评价分公司不仅在业务发展上取得较大进展，实现了每年以两位数的增速发展，而且在队伍建设、内控管理、质量控制及业绩效益等方面全面发展，连续三年荣获公司"先进集体"称号。在业务布局上成为公司打造的抗击业务风险能力较强的典范，成为公司业务发展的"领头羊"和"排头兵"。其他业务领域也在快速推进，已陆续见到期待的效果。

四、感触与思考

1. 主辅业务相互关联代价最小

我国著名的公司治理专家周成建曾说："企业的竞争力，不是简单的一种业务模式就可以取得一切，需要从内质上、细化上去挖掘，才有可能保持持续增长和发展。"安全评价分公司"一主多辅"的业务格局，"主"与"辅"之间密切联系，具有技术共享、互为支撑、相互促进、相得益彰的特点，主辅业务间相互关联代价最小。假如安全评价分公司另辟蹊径，开展全新的、非密切相关的跨界业务，效果将大打折扣，能否成功也值得怀疑。这一点要认真总结和借鉴。

2. "一主多辅"可规避政策风险

成功打造"一主多辅"业务格局,可以较好地规避政策风险。如安全评价业务具有显著的周期性特点,一般项目 3~5 年为一个周期,如果业务单一,经营一定会受到严重影响;实施"一主多辅"的业务策略,可以做到东方不亮西方亮,从而有效规避现行政策变化带来的业务和经营风险。

3. 不同业务之间协同发展

"一主多辅"侧重指领域内的业务建设,然而,公司不同业务领域之间的发展需要协同进行,特别是处在产业链上下游的业务要强化协同发展,实现"购车"与"修路"齐头并进。所以,公司要特别注意不同业务之间的协同发展问题。

第三节 资质建设"集约化"

资质是国家实施行业监管的最基本、最常见的手段。在资质建设过程中,充分整合和充分利用现有资源十分重要。公司在政策许可的范围内,通过资质建设资源"集约化"[①] 有益尝试,成功探索出一条支持业务发展的路子。

一、背景材料

1. 资质现状

改制初期,公司发展对资质的依赖性很大。公司业务主要涉及中石化、中石油、中海油("三桶油")的业务项目,三巨头对资质的要求非常严格,资质成为公司参与市场竞争不可或缺的通行证。当时公司的资质现状是"少、小、低",即拥有的资质门类少、专业范围小、资质等级低。公司要发展就必须首先加强资质建设。

2. 最大困难

对于新组建的公司来讲,面临的突出问题是支持资质建设的专业技术人

---

① 特指在公司业务范围内,通过经营要素的提升、量的增加、投入的集中,以及要素组合方式的调整,来增进公司效益和效率的经营方式。

员不足。主要表现在两个方面：

（1）人数充足是"红线"，此乃一项否决条件，必须具备；

（2）符合注册（登记）专业技术人员的专业、工作年限、完成专业业绩及数量是基本"底线"，必须达标。

相关政策对申报佐证材料的要求也非常严格，对证明材料原件实行"零容忍"。从严要求利国、利民，长远来看这也有利于公司发展。但当时公司申请资质的难度可以说非常大。

3. 解决问题的途径

（1）自己培养。自己培养人才周期太长，取得执业资格的时间不确定，且无法控制。自己培养，需要等待，事实证明"等米下锅"也不可行。

（2）人才引进。一是市场上符合要求的人员较少，成功找到符合要求的人很难；二是人员引进投入大，公司负担重；三是技术及业务管理难度大，存在经营风险。

（3）"引进＋培养"。一是打破业务领域之间的专业壁垒，打通人才互用通道，充分利用其他领域的资源，在业务上形成相互支持的格局；二是引进极少数关键专业技术领军人才，确保开展新业务的需要；三是指导、引导员工参加国家职业资格考试，解决公司后期发展对人才的需求。

二、创新理念

1. 资质建设"集约化"理念

现阶段，公司发展急需开拓新市场、开发新业务，开拓新市场需要资质做支撑，而公司资质建设遇到难题，关键是人才问题。为解决人才短缺及资质建设问题，公司需要采取以下四项措施。

一是引进，引进关键专业的关键领军人才，确保资质申请及后期业务的顺利开展。

二是结合公司实际，按照"集约化"管理理念和"一盘棋"思路，统筹规划部署，实现领域之间相互协作，专业队伍互为支撑，考证、用证由公司统一安排。

三是要认真研究资质建设相关政策，吃透相关精神，用好现行政策，少走弯路，提高效率，确保各项操作的合规性，以规避经营与管理风险。

四是尝试人才储备策略，考虑选择专业对口、精力充沛、自愿加入的外单位年轻人员进行专业技术取证培训，培训费用由公司承担，在取得职业资格证书后择机引入。

——摘自公司领导在 2009 年第二届技术交流座谈会上的谈话

2. 执业资格是执业的前提条件

国家落实行政许可改革以来，更加注重个人的职业资格、能力与业绩。员工若不具备所从事主岗的执业资格，很难赢得甲方的高度认可，对自身和公司而言绝对都是个短板。对于缺少职业资格的人员，没有人敢随便做出认可，公司技术考评与职务晋升时也不能不考虑这一前置性因素。为此，公司明确要求员工在规定时间内取得主岗执业资格，并给予了相对优惠的费用政策。希望大家高度重视，顺应国家政策与行业要求，争取满足公司运营和发展的需要，切实加强学习，努力早日取得个人主岗执业资格。不要只顾着讲肤浅的空话、大话，甚至消极话，而要用充分的事实来证明自身的能力与价值！

公司同时鼓励其他岗位的员工考取公司需要的执业资格。在做好岗位工作的同时取得相关职业资格，会提升员工对公司业务的认知、理解和支撑作用，也可有效为自己拓展发展空间。

——摘自董事长 2021 年 6 月 20 日的"企业微信"推文

三、措施及效果

2008 年，公司结合资源现状，在厘清短板的基础上，对公司资质建设进行全面详细的规划部署，并编制了公司中长期资质建设及业务发展规划，同时配套取证管理及考试激励政策。

1. 奖励力度加大，政策效果明显

2008 年，公司起草并发布了《资质管理办法》，之后又发布了《职业资格证书奖励标准》，对通过国家组织的职业资格考试，并取得公司相关专业职业资格证书的员工，按照考试难度及等级，给予最高 80000 元不等的一次性奖

励和按月发放 4000 元不等的技能工资。后期就考试人员的报名费、培训费、教材费及考试相关费用进行明确。该标准出台后，平均每年有近 10 个证书到手，激励效果明显。目前，现有队伍中 80% 以上的员工持证，其中持 4 证及以上的人员占 15%、持 3 证的人员占 20%、持 2 证的人员占 30%。较好地支持了公司的资质建设，保障了公司业务的开展。

另外，参加职业资格考试的员工普遍反映，通过系统学习，专业知识更加系统、全面，执业能力明显提升。

2. "五大"专业资质建设取得较大进展

截至 2021 年年底，公司基本形成了以投资项目全过程、全周期为服务对象，具有公司特色、符合公司实际、业务之间具有内在联系的资质体系，为公司业务发展提供了强有力的支撑和保障。

（1）安全生产类：安全评价、安全生产标准化评审、消防评估、消防设施维护。

（2）工程设计类：环保工程设计（水）、建筑工程设计、电力工程设计（输电、配电）。

（3）环境保护类：环境影响评价、洁净化生产管理。

（4）工程咨询类：规划编制、可行性研究、项目评估（前后评）、项目管理等。

（5）软件及信息化集成类。

3. "十大"业务板块已经形成

（1）安全评价：为企业提供安全评价资质范围内的安全预评价、安全验收评价、安全现状评价、专项安全评价、探井安全现状重大风险评估等服务。

（2）安全技术服务：HSE 管理体系建设与修订、双重预防体系建设、安全评估（危险源辨识与评估、事故后果模拟及影响评估）、应急管理（应急管理体系建设、应急预案编制与修订、应急能力评估、应急培训等）、风险评估（含 HAZOP 分析、QRA 定量风险评价、SIL 评估）、第三方安全监管、安全管家、安全检查、安全培训、安全生产标准化评审。

（3）消防技术服务：消防安全评估、火灾事故技术分析、火灾隐患整改、消防安全管理，以及建筑消防设施维护保养、检测活动。

（4）环境影响评价：建设项目环境影响评价、建设项目竣工环境保护验收、建设项目环境影响现状评价、建设项目环境影响跟踪评价、建设项目环境影响后评价、环保建设项目后评估、陆上油气田产能建设项目环保技术方案编制等。

（5）环保技术服务：节能减排技术咨询服务，地热减排项目、油田伴生气减排项目等的碳资产开发管理及交易服务，环境敏感区识别与评估、环保管家技术服务、绿色企业创建、清洁生产审核、污染源调查评估。

（6）环境工程：水污染治理工艺技术研究（油田采出水处理、稠油污水处理、油气田作业废水处理、油田含油污泥处理）、环保设备研究开发及推广应用（微孔膜精细过滤工艺技术、低强度水力旋流与气浮组合水处理设备、混凝磁分离处理技术）、污水处理EPC总承包、红外光谱气体立体智能辨识系统。

（7）环保检测：环境检测、环保治理、水质检测、土壤检测、油气回收检测、放射卫生检测与评价、排污许可申报与验收、碳排放与甲烷检测等。

（8）信息工程：以人工智能、物联网、云平台、大数据、区块链等新技术为抓手，赋能石油石化行业安全环保管理，形成了全链条安全管理、环境保护技术平台，如蓝深智云、蓝深智培、蓝深智联（安全、环保）等。

（9）工程咨询：规划咨询、项目建议书、项目可行性研究报告、投资项目经济技术分析、资金申请报告、评估咨询、投资方案优化、投资风险分析与管控。

（10）工程设计：承接资质证书许可范围内的工程设计业务，以及相应的建设工程总承包、工程项目管理和相关的技术、咨询与管理服务业务。

四、感触及思考

1. 资源优化配置显特效

据公司内部测算，按常规取得现有资质至少需要31个专业、120个专业技术人员，筹备时间也会更长。公司在不违规的情况下，按照"集约化"建设理念及要求，实现人力、物力、财力及管理等要素的优化配置；以节俭、约束、高效为价值取向，降低成本、高效管理，进而使公司集中核心力量，实现资质建设目标，获得可持续发展的相对竞争优势，取得了超过预期的良好效果。从某种意义上讲，是公司领导的四点建议改变了公司的商业模式，改变了公司的发展进程。

2. 资质建设哪里有困难，哪里就有公司领导

回顾过去，在公司的资质建设过程中，总经理及分管领导总是冲在一线，投入了大量的精力和时间，不断创新思维，调整工作思路，优化工作方法，克服了种种困难，解决了大量难题，争取到很多宝贵时间，最终取得了最佳效果。

第四节　凭质量深入"红海"市场

人们习惯将市场比作带有颜色的海洋，如"红海""蓝海"。这里的"红海"是指现有市场（也称传统市场），竞争要素包括质量、价格、营销手段等，具有低风险、竞争激烈的特点。"红海"战略则是指被服务企业在需求增长缓慢，甚至萎缩的传统市场空间内，与对手面对面竞争的理念和策略。显然，"红海"战略做的是当前熟悉的业务，盯的是已知竞争对手。

一、市场背景

公司作为石油天然气行业的技术服务机构之一，较早进入石油石化技术服务市场。最初，全国市场化程度并不算高，公司市场战略重点是提高质量和服务水平，强化沟通与协调。随着国家改革的推进与深化，市场化机制更加完善，白热化、同质化竞争格局逐渐显现，石油天然气行业技术服务的"红海"市场已经形成。

随着市场格局的变化，公司原有模式凸显三大弊端：

一是业务部门与管理部门的边界和分工不清，出现对同一客户多部门同时介入，多头联络沟通，多人交叉参与，导致个别客户不满意，业务受到影响。

二是公司市场管理队伍严重缺员，影响市场的精细化管理。

三是市场研究工作开展得不够，信息渠道不畅，被动跟进，常常导致优势项目流失。

二、"红海"谋略

1. 围绕目标，做足存量

公司的市场部要围绕目标，紧跟需求、超前谋划、主动沟通、及时协调，做好各区域、各业务板块的拓展与维护。片区分管领导要统一谋划与协调，分（子）公司和区域经理共同负责，全面管理信息、市场、业务、结算、风险与地方关系，做足市场存量。

——摘自公司领导在2019年年会上的工作报告

2. 明确分工，各司其职

为避免"打乱仗"和"乱打仗"，公司要求核心市场一般项目、大型项目的招投标工作由各分（子）公司经理牵头组织，市场与生产运行管理部（区域市场负责人）配合；核心市场重大项目及新市场项目的招投标工作由总经理组织相关人员开展工作，业务分管领导为项目招投标负责人，负责筹建投标项目组并明确工作职责、工作流程、工作标准、工作进度及检查考核标准等。总经理负责协调解决招投标过程中出现的问题和矛盾。投标文件形成后，招投标负责人就有关情况向总经理报告后，方可对外投标。

——摘自公司［2019］9号文件《市场工作座谈会决议》

3. 完善网络，延伸触角

市场工作无小事，占领市场是一个企业能够顺利发展的前提。只有舞台足够大，才能演绎辉煌的业绩！从事市场业务管理的领导及员工都要继续坚持"四项要求"：

一要继续重视完善市场网络，千方百计延伸发展触角。

二要提升技术，展示形象，赢取更好的发展机遇。

三要依靠优质服务，提升增值服务，进而巩固市场。

四要深化绩效考核改革，充分调动工作人员的积极性和创造性，保障科学履职和责任目标的顺利实现。

——摘自董事长 2019 年 12 月撰写的文章《关于公司发展的几点意见》

4. 靠前沟通，协同攻关

各区域市场要高度重视招投标的计划与组织工作，特别是新市场项目和重大项目，要深入标前沟通，坚持做好"两会一表"[①]。公司再次明确要求：区域分管领导必须驻场靠前沟通，并协调团队其他成员精心编制标书；合理分工、各有侧重、统分结合、协同攻关；创新市场拓展方法，彻底打破完全由本公司员工搞市场的传统模式，破解人才瓶颈，实现市场业务快速成长。

——摘自公司《内部管理通讯》［2021］第 5 期

5. 选人育人，打造"铁军"

根据公司市场拓展和业务发展的要求，公司迫切需要打造一支懂业务、会标书、善沟通、能吃苦，招之即来、来之能战、战之能胜的市场"铁军"！在加强现有市场队伍建设的同时，新招一批一般石油院校能吃苦的毕业生，利用半年时间，通过明确师徒、明确内容、明确考核、明确奖惩的超常规强化培训，迅速提高他们的业务能力，明年初将他们补充到容量大、有潜力的区域市场或让他们驻场工作。通过内部轮训、实践帮带、定期交流、及时评估，促进市场队伍整体素质大幅提升，以便较好地满足现有及未来市场维护拓展的工作需要。

公司业务人员也十分紧张，综合人才相对缺乏，为适应更高管理、更好发展的要求，一是走内涵之路，提升现有市场人员的整体素质，切实发挥综合作用；二是新招一批毕业生，通过忠诚、品行、业务和能力等方面的强化培训后快速上岗，并在岗位上、工作中继续有目标、有计划、有针对性地培养，力争在较短时间内打造一支市场"铁军"。

——摘自公司《内部管理通讯》［2021］第 5 期

[①] 是 2019 年公司市场工作座谈会提出的市场工作基本要求。"两会"是指投标启动会、标前讨论会，目标是控制工作进度，合理安排阶段性工作，及时解决相关问题；"一表"是指投标工作检查表，列明招投标规范流程和工作内容，方便检查阶段性工作的完成情况。

6. "红海"市场工作要点

在传统业务发展成熟,从业者众多,竞争异常激烈的"红海"市场,除了自身队伍、技术、服务、口碑等实力因素外,不提前获取业务信息、深入做好标前沟通并获得标书倾向响应,基本不可能中标。盲目投标如同坐等天上掉馅饼,砸中我们的概率几乎为零,公司业务的发展绝不能寄托于这种工作方式。这虽为基本常识,但仍未得到应有重视,所以我们多次明确提出:区域分管领导要驻场靠前沟通,并协调团队其他成员精心编制标书,合理分工、各有侧重、统分结合、协同攻关。

同时及时启动市场工作社会能人计划。核心市场由公司员工自营、坚守和管理;紧密市场由公司员工在当地能人的帮扶下进行管理(一定要有当地能人帮扶,否则难以打开局面);其他市场一律精选当地能人、完全依靠当地能人,通过长期利益共享快速达到目标。

创新市场拓展方式,通过利益纽带广泛利用好社会能人资源,像在业务领域引进专业技术人才那样引进市场能人,或利益合作、或业务合伙、或人才引进,多措并举,彻底打破完全由本公司员工搞市场的传统模式,实现市场业务快速取得突破。

——摘自分管领导2021年6月24日的"企业微信"推文

7. "红海"市场理念

(1)核心竞争力:核心竞争力是公司生存和发展的关键。核心竞争力的形成靠培育、持续维护和不断提升,是一个循环往复的过程。因此,公司每个业务领域至少要有一个或几个品牌产品(服务),要将核心竞争力的培养作为长期任务。

(2)业务延伸:业务延伸是指以高质量完成现有项目,获得客户认可及高度评价,以及现有技术为基础,而获得的新的业务项目,延伸的是供给侧业务。比如为客户完成了可行性研究报告,因可研质量很高,客户非常满意,将该项目的工程设计业务交给你(或公司)。

(3)项目衍生业务:项目衍生业务属于需求侧业务,以客户不同于现业务的其他新的需求为基础,以良好的服务(产品)质量为前提。比如为客户编制了可行性研究报告，获得用户好评后，客户将其他项目的安全评价业务交给公司完成。其有两个特点：一是跨专业，二是跨领域，衍生的是需求侧业务。

（4）价值法则：客户价值是我们的客户对产品（服务）的一种感知，它基于客户主观判断，与我们的产品和服务质量挂钩，也是利得与利失之间的权衡。因此，我们所有项目必须把追求较高的客户价值认知作为目标，如果我们的产品和服务的质量及技术含量不高，客户感知一定差，轻则项目款落空，重则取消后期合作，甚至要承担相应的法律责任。

（5）双赢理念：没有竞争就没有市场，竞争是市场的基本特征；与竞争对手公平竞争是本分，但市场工作人员要坚持"两不两要"，即不搞你死我活、不搞零和博弈，要海纳百川、要坚持双赢理念。只有把双赢思维当作一种思想，上升为一种理念，我们才能做得更好，走得更远。

8. 先稳定老业务，再拓展新市场

做市场要正确对待新老业务市场，不能像猴子掰玉米，一方面拓展新市场，一方面丢弃老市场。殊不知，管理在很大程度上依赖于企业的规模实力、核心技术、技术与管理人才、治理模式与控制结构等要素。如果缺乏这些要素条件，随着企业盲目激进，内部的监控与管理水平慢慢跟不上企业的发展步伐，失控现象便会产生，项目质量则没有保障。我们一定要避免新市场未站稳，老市场已丢失。

——摘自分管领导在2020年6月市场工作专题研讨会上的谈话

9. 培养闭环思维和负责到底的好习惯

投标工作从发现招标公告开始，主要包括以下环节：报名投标→购置招标文件→递交投标保证金→召开招标文件分析会、研读招标文件、合理分工→编制投标文件→审查投标文件→标书定稿、盖章、加密电子化、密封→标书递交或上传→参加开标会→关注评标结果并及时分析总结→领取中标通知书→领取招标文件购置费用发票、退还投标保证金等。这些流程应烂熟于心，且要培养闭环思维和负责到底的好习惯，避免丢三落四。

——摘自公司〔2022〕14号文件《区域市场人员定岗定编方案》

三、措施与效果

进入"红海"市场，运用的是"红海"策略，采取的是"红海"行动。其实，"红海"业务涵盖了公司日常管理的大部分工作，简要陈述如下。

1. 重新对市场进行了细分

为了对市场实施有效管理，将市场分为四大区：西北大区、华中大区、东北与天分大区、河南及华东大区。在大区下面按企业单位划分作业区，如西北大区又分西北油田等六个油区单位；各大区分别明确公司相关负责领导，并配备相应助手。

2. 明确职责与制定目标

在市场细分的基础上，进一步明确职责及管理范围，制定区域任务目标和考核指标。其中目标分为基本目标和奋斗目标。基本目标指标是"底线"，要坚守；奋斗目标指标是激励机制启动的"标线"，要冲刺。

3. 短平快项目就地完成

实施"服务前移"策略，短平快项目要现场完成，重难点项目由基地组织精干力量做，更好地满足客户的多元化业务需求。

四、精耕"红海"市场的感悟

1. 工作人员对市场信息要具有高度的敏感性

市场营销行业有句名言：你能得到多少，往往取决于你能知道多少。美国企业家沃尔森提出的"沃尔森法则"（把信息和情报放在第一位，金钱就会滚滚而来）告诉我们，如果想做好、做大市场，信息情报工作十分重要，工作人员对市场信息要具有高度的敏感性，要善于多渠道捕捉信息、分析信息、提取和验证有用信息，把信息获取及加工作为主要工作来做。

2. 做好现有项目，才是最好的"红海"策略

做市场仅靠市场工作人员是不够的，专业技术人员的能力及工作成果的水平更为重要。获得一个项目靠综合能力优势，做好一个项目靠真功夫、真本事。做好现有项目，才是最佳的"红海"策略。公司全员必须在这方面进

一步提高认识，我们的专业技术人员、管理人员要有强烈的使命感。

3. 重视客户关切

在全面完成项目合同约定条款的同时，要认真对待客户临时委托的、难度较大的、时间紧迫的、合同额较低甚至赔钱的项目，不仅要做，还要做得更好。只有树立了一心为客户服务的理念，建立起为客户解决困难的业务互信关系，业务才会有保证。

第五节 靠技术开拓"蓝海"业务

商场如战场，先机定胜负。商圈的人们习惯吃着碗里的，看着锅里的。做企业、做业务也一样，需要做好当前的，布局好未来的，培育好潜在的发展新动能。

一、市场背景

当前，公司所处的石油天然气行业受国内及国外两大因素影响，市场瞬息万变，市场竞争风险极大。

1. 同业竞争日趋加剧

当前国家产业政策调整，行政许可制度改革，资质门槛降低，从业单位数量增加，中石化系统从事技术服务的单位，由原来的几家一下增加至数十家，同业竞争加剧。公司原来的优势项目已不在，项目获取难度陡增。

2. 业务大幅减少

一是石油需求持续萎缩，行业投资减少，公司业务处于萎缩中；二是现有客户，包括公司母体单位在内的石油企业，为了降低成本，组建了"自评"机构，导致市场业务雪上加霜；三是个别正在进行中的项目，有的随意增加工作内容，有的无故叫停，困难多样。

3. 项目收费标准大幅下调

行业收费标准大幅下调，加上市场无序竞争，导致项目效益很低，有些业务板块的项目入不敷出，部分项目出现整体亏损。

为规避经营风险，突破传统企业发展理念的束缚，抛弃传统竞争战略，公司提出了"蓝海"战略。

二、战略理念

1. "蓝海"战略

所谓"蓝海"，代表的是现今尚不存在的未知市场空间。"蓝海"的特点是新的市场边界，新的需求，不可预测的高利润，无成型的竞争规则；而"红海"的边界是已划定的，竞争规则被广为接受，市场拥挤，利润空间有限。要实施"蓝海"战略，市场工作人员首先要有"蓝海"意识。

一是在已有的市场基础上，寻找新的市场机遇，开发出能够接受我们产品与技术服务的市场。

二是考虑潜在的客户，从而制订战略计划和营销策略，唤起潜在"蓝海"业务。

三是在现有产品的基础上，升级、改造和创造出一批市场需要的产品，以满足潜在客户的需求。

——摘自公司领导在2020年年会上的工作报告

2. "蓝海"业务要靠培育

一是搞好行业发展走势与对策研究，及时把握行业发展方向，采取切实有效的措施，找准公司发展的方向；二是搞好实用技术方法研究，每年选取2～3个实用课题进行攻关研究，为公司开展业务及时储备先进的技术；三是新型市场业务研究，根据油气田企业投资管理与安全管理的需要，在取得领导部门支持的前提下，选准实用课题进行攻关研究，尽快形成技术成果并推广应用，公司及时提供有针对性的工程咨询与安全评价技术服务，培育公司的"蓝海"市场。

——摘自公司董事长在2020年董、监、高换届会议上的谈话

3. 做市场要"吃着碗里的，看着锅里的，瞄着地里的"

市场工作人员要"吃着碗里的、看着锅里的、瞄着地里的"。

（1）所谓"碗里的"，是指带给你主要收入的成熟业务，属于"红海"

业务。

（2）所谓"锅里的"，是指当下虽然还没有完全成熟，但市场已显露出较强需求的业务。

（3）所谓"地里的"，就是那些可能颠覆你现有市场地位的未来业务，这就是我们所说的"蓝海"业务。

——摘自分管领导在2019年3月市场工作座谈会上的谈话

4. 以平台项目促进"蓝海"业务发展

我们原来的业务大都属于行政许可类型，现在要真正实现价值增值和服务升级，帮助客户实现管理和技术提升。这一需求变化使得项目管理方式也发生了变化，由原来的粗放式管理到现在的精细化管理，由原来的委托式到现在的招投标，一系列的变化促使我们必须转变观念、锐意创新。面对严峻形势，公司在深挖细找传统业务的同时，深入推进"蓝海"战略，以平台项目为抓手，超前谋划与沟通，抓好项目落地，已经取得成效。

——摘自董事长2018年发表在《执行力培训体会》上的文章

5. 深入研究与准确把握未来趋势和需求

"蓝海"战略是近些年兴起的一种战略思维与方法，广受经济界与企业界的关注。"蓝海"业务（产品）与"蓝海"战略并非高不可攀，其核心要义是深入研究与准确把握未来趋势和需求，对组成业务（产品）的各种元素进行调整、优化、组合，生成有别于原有业务（产品）、能够满足新要求的业务（产品）。看似是迭代升级，其实虽有部分雷同却又明显不同。碎片化的一知半解，根本不能切中公司的实际问题，反而会带来思想上的混乱与行动上的错位。

——摘自公司《内部管理通讯》[2021]第5期

6. 合格市场管理人员的三个素质

对于市场管理人员而言，收集信息是基本素质，分析问题是管理素质，提出方案（解决问题）是领导素质。作为市场管理人员，如果连业主的基本信息、需求等都没有及时掌握，是严重不称职的体现；如果不能在此基础上分析出问题，是不适合从事管理工作的体现；如果只满足于信息和问题层面而不能提出解决问题的办法，是不适合从事领导工作的体现。市场人员需要学习的内容包括：政策法规、产业政策、工作规范、公司业务等相关知识。

——摘自公司《内部管理通讯》［2021］第 5 期

7. 对市场管理的要求

2021年，市场与生产运行管理部要在公司市场管理统分结合方面发挥好纽带作用，特别要抓好搜集信息、政策研究、总结分析、科学考核、及时补位、特殊项目及无人值守的新市场的管理等。各区域市场要内引外联，充分利用社会力量开疆拓土，深入研究业务需求，协同分（子）公司超前谋划，不断拓展衍生业务和市场；收集业主意见，分析存在的问题，做好反馈和改进；协调解决好甲乙方关系、地方关系；树立良好形象，妥善规避风险。

——摘自公司领导在2020年公司年会上的工作报告

8. 做"蓝海"市场必须重视政策研究

要研究透国家有关政策，除一般宏观政策外，尤其要研究透安全环保及其信息化、智能化、数字化的政策。政策是势，顺势就是把握好国家政策走势。例如我们若干年前预测到行政许可政策可能的变化，因而清醒地提出走产品技术路线，快速形成自己的系列方法及数据库、案例库等。现在看来，各级管理者如能承接"蓝海"业务，公司将会是另一个样子。

——摘自公司领导2021年6月的"企业微信"推文

9. 合作共赢促发展

当前，公司要在合作共赢中谋发展，市场管理方面亟待解决以下四个问题。

一是对可开展业务的全面研究不够，仍然停留在多年来的传统业务分析上，殊不知业务各个方面其实已经发生显著变化。公司现有、创新及合作的业务、产品、技术目录已由市场部分批发给所有市场人员，希望大家理解好、利用好、落实好。也希望市场部继续努力，早日整理出更加规范简洁的说明，发力推介，彰显效果。

二是打法相对单一，在新市场、新业务领域合作意识不强，事事习惯于单打独斗，里应外合功夫还不深，突围成效还有待提升。

三是超前研究欠缺，未能准确把握需求，与分（子）公司协同不够，产品技术"从市场中来再到市场中去"，缺乏协同的自觉性和机制保障。

四是市场网络相对单一，没能充分挖掘社会能人资源与合作伙伴，单凭自身力量迎战各种市场，效率效果亟待提高。

公司要给予市场人员更充分的自主权和上不封顶的激励措施，真正提供"海阔凭鱼跃，天高任鸟飞"的制度保障，促进立体滚动、多措并举、开疆拓土、深挖市场、壮大规模。

——摘自董事长 2022 年 3 月 22—23 日的"企业微信"推文

10. 通过创新实现更大作为

我们公司的人力资源素质较高，无论是自我评价还是外部专家的评估，都倾向于公司应该能够做出更高质量的工作、更高技术水平的工作、更具创新性的工作，而不是长期陷入"红海"市场的鏖战。所以我们要通过创新实现更大作为。

——摘自董事长 2022 年 5 月 6 日的"企业微信"推文

三、主要举措

（1）为承揽大型工程设计单位不愿意做的小型工程设计业务项目，2010 年公司成立了工程设计研究所。

（2）为满足客户在安全、环保业务领域的新的信息化业务需求，2011 年公司创立信息工程研究所（东方蓝深公司）。

（3）为开展项目施工安全监督管理业务，2018 年安全评价分公司成立技术服务部。

（4）为培养潜在新业务市场，2018 年公司启动了"平台项目计划"等。

四、实施效果

（1）以 2020 年为例，公司"蓝海"战略实施后，项目合同额以两位数的速度增长，其中，创新业务占比达 30% 以上。

（2）2019 年首单"蓝海"业务项目签约，合同额近千万元，并于 2020 年顺利完工交付。

（3）随着"蓝海"战略的实施，公司在中石油西南油气田、长庆油田及青海油田相继取得突破，2020年"蓝海"业务新增项目明显增多，合同额达千万元以上。

五、开拓"蓝海"有感

1. 下功夫了解客户潜在需求

匈牙利全面质量管理国际有限公司顾问阿尔巴德提出，"一个企业经营成功与否，全靠对顾客的要求了解到什么程度。看到了别人的需要，你就成功了一半；满足了别人的需求，你就成功了全部"。可见深入了解客户潜在需求意义重大。

2. 练好内功，认真研究业务推介技能

美国广告专家利奥·伯内特提出的"伯内特定律"提醒我们，"只有占领头脑，才能占有市场"，欲占领头脑，认真推介必不可少。脍炙人口才会耐人寻味，深得人心方可引人入胜，推介业务需要讲究艺术和策略。因此，市场工作人员必须练好内功，认真研究并掌握业务推介技能。

3. 遇逆境不错，在顺境会更好

大家都知道，做市场难，缺少市场所需的过硬产品则更难。因此，市场管理人员要学会在逆境中开拓创新。著名企业家王永庆的"冰激凌哲学"认为：卖冰激凌必须从冬天开始做起，因为冬天顾客少，会逼迫你更新理念、改善服务、优化措施、提高效率、降低成本。如果能在冬天的逆境中生存下去，就再也不会害怕夏天的激烈竞争了。

第六节 "师徒帮带"育人模式

"师徒帮带"作为一种传统的培训方式，在企业人才管理工作中得到了普遍应用。结合管理实际需要，公司对"师徒帮带"育人模式从理论和方法上进行了大胆探索和尝试。

一、师带徒理念

1. 一位新员工家长的建议

在 2011 年 7 月的一次例会上,一位新入职的员工家长给我打电话说:"贵公司人才济济,我的孩子能加入我非常高兴,希望公司能从严要求,我们家长鼎力支持。"这位家长话锋一转又说:"我有一个建议,能否在公司为孩子确定一个师傅,助孩子成长?"我认为这个建议很好。

——摘自公司分管领导 2011 年 9 月与人事管理部门的谈话

2. "师徒帮带"的重点是新员工和转岗员工

对于原有知识及经验无法适应新岗位的员工,特别是新员工或转岗员工,原则上全部安排"师徒帮带"。为提高培养效果,充分发挥现有专业技术队伍在"传帮带"方面的作用,更好地满足公司发展对人才的需要,人事部门要抓紧研究制订"师徒帮带"相关管理办法及实施方案。办法及方案要结合公司实际情况,要能体现公司业务特点,大胆创新,要有明确的培养目标,有计划、有协议,一人一策,要落到实处,加强考核,避免走过场。培养期可根据具体情况灵活确定,培训协议原则上一年一签。目前需要抓紧摸底调查,力争 2012 年正式启动"师徒帮带"育人模式,创新公司的人才管理方法。

——摘自公司分管领导在 2011 年 9 月与人事管理部门的谈话

3. 师傅要为人师表,从严要求

作为师傅,不仅要教徒弟做事,学技术、学管理,还要教徒弟做人。特别是对年轻人,要帮助其了解公司文化、制度办法,为人师表,必须从严要求。师傅有自己的岗位,工作也很辛苦,额外增加的工作量应有补偿,对带有徒弟的师傅要给予适当补贴。补贴标准结合公司实际,参考同行的做法确定,坚持适当就高原则,并做好与现行制度办法的对接。

——摘自分管领导在 2012 年 1 月公司专门会议上的讲话笔录

二、主要做法

2012 年 7 月,公司《"师徒帮带"管理办法及实施方案》出台,主要做法包括三方面。

（1）在摸底调查的基础上，对新员工或转岗员工要求确立"一对一"或"一对多"的"师徒帮带"关系，在择师配对时要充分考虑师徒专业、技术特长和个人意愿等因素，签订"师徒帮带"协议书，以求取得最佳培养效果。

（2）每位新员工或转岗员工在正式入职前，在确立帮带师傅的同时，要结合徒弟本人自身的具体情况和岗位要求，由师傅指导徒弟确定培养目标和实施措施，并到人事管理部门备案，接受公司对"师徒帮带"过程的监督和考核。

（3）"师徒帮带"工作由业务分管领导负责安排和组织实施，公司人事主管部门对培养过程进行监督和指导。

三、考核与兑现

1. 师傅的四项职责

"师徒帮带"育人模式的核心是师傅，公司对师傅是有严格要求的。首先，所学专业或从事专业与徒弟相近，在本学科、本专业领域工作经验丰富；其次，要顾全大局，有事业心，有责任心和耐心，乐于"传帮带"；最后，对公司文化有较高的认同度，能够模范执行公司的各项规定，自觉维护公司利益，避免带偏。主要职责是传道、授业、答疑、解困，具体包括如下四个方面。

（1）思想方面：及时了解和掌握新员工的思想动态，帮助徒弟了解公司基本情况，了解公司文化，让其尽快融入公司，成为一名合格的员工。

（2）业务方面：在工作业务上"手把手"指导徒弟，并负责培养目标的制订与具体落实，协调解决徒弟工作中遇到的困难和问题，并对徒弟在协议期间的工作成果的质量负责。

（3）学习方面：协助徒弟做好职业规划和制订阶段性目标，并指导、督促、协助徒弟实现其职业规划目标。

（4）生活方面：在生活上关心照顾新员工，负责帮助或协调解决他们生活中遇到的困难，解决不了的可及时向公司反映。

2. 徒弟的五项义务

（1）尊重师傅，谦虚好学，服从师傅的教导。

（2）勤奋刻苦，认真实践，听从师傅的安排，积极参与各类项目的实践活动，努力拓展知识面，搞好专业知识储备和工作经验积累。

（3）主动承担力所能及的事务。

（4）积极主动向师傅汇报思想和交流工作。

（5）要遵守公司的管理规定，遵守公司的劳动纪律。

四、师徒谈感受

公司要求师傅在思想、业务、学习和生活方面为徒弟提供全方位的"保姆式"帮助，并收到良好效果。我们听听徒弟和师傅如何说（摘自"师徒帮带"总结材料）。

徒弟1：我刚刚毕业的时候，在一家公司任职，没有工作经验的我很迷茫，职业没规划，学习没计划，奋斗没目标，虽然工作很勤奋，但是所学的知识碎片化。自从来到我们公司后，师傅指导我制订计划，确定努力方向和奋斗目标，不仅教我做事，还教我做人，让我学到了很多书本上学不到的知识和经验，真是受益匪浅。根深方能叶茂，我相信在领导和师傅的正确指引下，通过师傅的言传身教，我一定会迅速成长、成熟、成才和成事。

徒弟2：我参加工作近十年，从未接触过评价业务，正所谓隔行如隔山啊！如今拜×经理为师傅，我感到万分荣幸。我与师傅年龄相差无几，但在专业能力方面却相差甚远。在师傅的带领下，通过一年多的努力，我了解了行业基本情况，熟悉了职业要求，并取得了从业资格；现场工作能力及工作业绩进步很快，领导和同志们给予我较高的评价。我能够取得这些成绩，多亏了我们公司这个平台，多亏了师傅"手把手"教导。我一定会牢记教诲，绝不辜负师傅和各位领导的栽培和期望。"滴水之恩，当涌泉相报"。我会用实际行动来证明我自己。

徒弟3：俗话说"师父领进门，修行在个人"。一转眼一年过去了，师傅诚心、精心、细心、耐心的态度令我感动，作为徒弟的我，需要进步，更需要成长。虽然合同已到期，但我一定会勤学、勤问、勤看、勤听，继续向师傅学习。师傅从业几十年，工龄比我的年龄还要长，积累了丰富的工作经验，有着精湛的业务能力，形成了自己独特的工作模式。常言道"一日为师，终身为父",我非常珍惜我们之间的师徒情谊。

师傅1:公司要发展,不但要有好的领导班子、好的理念,更要有一支优秀的员工队伍。青年员工是公司的未来,因此公司对于青年员工的重视程度和期望值也更高一些。公司实施的"师徒帮带"策略,目的就是为了让新员工健康、茁壮成长。回顾过去,我们可没有这个条件,全靠自己探索,走了不少弯路。在我看来,这份"师徒帮带"协议书就是责任书。要想做好"传帮带"工作,首先要做到言传身教,率先垂范,处处做出表率。新员工素质比较高,一个具备良好的思想道德素质、深厚的理论功底、广博的知识储备、高尚的人格魅力、强烈的创新意识和能力、精湛的专业技术、浓郁的亲和力、熟练的技能等素质的师傅,才能做一个合格的师傅。因此,"师徒帮带"也应是相互学习的过程。

五、感触与思考

1. "师徒帮带"取得了良好效果

从2012年起,公司先后对31名新员工和12名转岗员工实施了"师徒帮带",其中,综合考核成绩在90分以上的占96%,兑现奖金近20万元。目前,参加"师徒帮带"的多数员工已成为公司的技术骨干,其中,任管理部门经理、业务部门经理等中层负责人的有6人。

2. 创新培育模式,实施"订单式"帮带

为了避免千篇一律,也为了便于量化考核,公司在"师徒帮带"协议条款内专门设置了"培养内容",作为协议附件,来实现一人一策的"订单式"帮带。从实际培养内容看,虽然已经比较具体了,但仍有改进的空间。只有培训内容足够详细具体,才能精准施教,一人一策效果才能更好,才能真正算得上"订单式"帮带。

第七节 办好技术交流座谈会

公司的技术交流座谈会已成功举办了15届,是公司迄今为止坚持时间最

长的一项活动。

一、背景材料

改制初期，公司的员工构成比较特殊，包括来自不同单位、从事不同职业的机关干部、学校教师和生产科研一线的专业技术人员，大家在知识结构、工作经历、工作环境、工作方式与方法方面存在一些差异，各有优势和短板，有的专业理论知识扎实，有的现场实践经验丰富，有的综合管理素质较高。同时，他们对新工作的认知存在较大差异，如果单兵作战，短板将十分明显。有三种现象令人担忧。

（1）个别员工没有更高的目标追求，满足于项目通过验收，任务完成，产值上去，拿到绩效工资就行，不重视业务技术的总结与提升。

（2）有些员工自以为是，不愿沟通交流，不愿分享劳动成果，不愿互通有无，工作质量及工作效率参差不齐。

（3）极个别员工不顾职业操守，不愿研究导则、准则、规范、标准、政策、法规，导致问题频出。

二、认知及理念

1. 将公司"两会"[①] 绑定

为避免公司技术交流座谈会时断时续、虎头蛇尾、效果不佳，年终总结表彰与技术交流座谈会一起准备、一并举行。今年的总结表彰大会与公司首届技术交流座谈会合并召开，安排技术骨干参加大会交流和分组研讨，为员工提供技术交流平台，以实现取长补短、共同进步的目标。会议组织及相关管理部门要提早研究部署，努力追求会议的最佳效果。

——摘自总经理在 2006 年年会筹备会上的讲话

2. 交流会要以产生共鸣、引发思考为目标

公司从事的是技术服务性工作，不是简单的体力劳动，注重业务技术的总

---

① 公司"两会"特指技术交流座谈会和年终总结表彰会。

结与提升，使自己尽快成为某一业务领域的专家，既是岗位要求，也是公司发展的迫切需要。公司举办技术交流座谈会，就是要通过交流信息、相互启发、开拓视野、掌握新知、创新思维，使信息、思想、观点得到沟通和交融，激活发展动能。不能泛泛而谈，一定要以产生共鸣、引发思考为评价标准。没有新意的研讨就是浪费，浪费了大家的宝贵时间。

——摘自总经理在2008年"两会"小组讨论会上的讲话

3. 交流内容坚持"两分法"

我们必须注重日常交流工作，新的业务项目和具有较高难度的综合性项目完成后都要组织交流，交流内容包括成功的、好的做法，也包括挫折和教训，我将挤时间参加每个专业领域的项目专题会，同大家一道交流提高。交流内容要避免报喜不报忧，要坚持"两分法"，要同时把握矛盾的两个方面，以及双方之间既对立又统一的关系。反对只看到矛盾的一个方面而忽视另一个方面。

——摘自分管领导在2010年8月公司经营形势分析会上的讲话

4. 突出榜样的引领效应

为了满足更多人的交流愿望，公司对技术交流会的组织形式进行了改革和完善。一是人人撰写交流材料，汇编成册，满足会后及全员交流的需要；二是择优参加大会交流，突出榜样的引领效应；三是会议按专业分组，由分（子）公司组织，研讨成果要形成会议纪要，将成果提炼出来，并在公司网站发布，实现公司全员共享，发挥榜样的引领示范效应。

——摘自总经理在2011年11月公司年会筹备会上的讲话

5. 开展四种交流，提升项目质量

一是一批项目完成后，组织项目负责人进行技术交流，达到取长补短的目的；二是新型或重点项目完成后，组织项目负责人就经验教训进行交流，达到共同进步的目的；三是对照业务需求定期进行技术总结交流，达到全面提升技术的目的；四是搞好与其他优秀公司的交流，达到学习借鉴先进管理经验与先进技术的目的。

——摘自总经理在2012年年会上的工作报告

6. 座谈会结合技术做好两种总结

要做好两个方面的总结集成：一是通过对公司若干年来的技术与经验进行认真总结，及时形成公司的一套技术模板，并形成体系；二是通过对油田的地面工艺成果和现代化管理成果进行总结集成，结合新技术、新工艺进行完善提升，做到他人资源为我所用。

——摘自董事长 2020 年与第四届行政领导团队成员集体的谈话

三、做法及效果

1. 基本成果

（1）总结集成多项适用技术，其中形成专利技术 5 项。

（2）先后形成优秀论文近百篇，对于理论水平较高、论点有新意的论文，公司统一组织发表，其中在核心期刊发表的有 30 篇。

（3）取得行业管理成果奖 70 多项。

2. 专业技术任职资格评审

员工参加政府部门专业技术任职资格评审所用成果及论文通过率达 98%。

四、感触与思考

1. 沟通交流可获得灵感

注重技术创新和发展创新是技术服务型企业生存和发展的基本前提，技术交流则是企业保持创造力的基本保障。每年年底，公司全员放下手中的工作，回顾一年来的工作实践，开展技术沟通与经验交流，取长补短，对提升公司的创造创新能力极为有利。大家知道，美国通用电气公司很多一流技术（或产品）是靠专业技术人员通过沟通交流获得灵感后取得的。公司在交流的形式和方法方面仍有很大的提升空间，需要我们去改进和完善。

2. 技术交流座谈会的"协同校正"效应

当多匹马共拉一辆车时，如果所有的马往一个方向发力，将省力高效，如果存在拉偏马匹，需要人来及时校正。一个团队也是一样，欲保持良好业绩，需要对每位认知存在短板的成员随时进行纠偏，包括技术、工作方法等方面，而技术交流座谈会则具有"协同校正"效应。

3. 交流活动是打造学习型组织的需要

在传统理念下，管理的重点任务是制定流程、建立奖惩机制等，目标是规范和约束员工的行为。而在学习型组织中，可以通过多种形式的交流活动，建立潜移默化的纠偏机制。因此，公司雷打不动的技术交流座谈会，是公司打造学习型组织的需要。

4. 坚持下来的东西才是最好的东西

回顾过去，公司的技术交流座谈会在形式和内容上始终与时俱进，持续完善，从年尾岁首全员参加的技术交流座谈会，到大项目、新业务板块的项目完成后或者进行中由相关专业技术人员参加的技术研讨会，形式多样，效果良好。2018年后，公司逐步将技术交流座谈会延伸到业内同行及专业院校间的交流。目前，公司的技术交流活动正在以提高效率和效果为目标，实施常态化和体系化管理改革，争取使这项制度更具使命力，使之真正成为传承与发展最好、坚持时间最久的一项制度。正所谓能够"坚持下来的东西才是最好的东西"。

第五章　创新管理

创新是企业发展的原动力，是企业环境管理能力的重心，也是支撑企业立足和发展的关键要素。油田科技以营造和谐生态、提升经营绩效、提高工作效率为目的，以解决发展中的难题为出发点，聚焦体制、经营、计划、质量、平台、人事、考核、薪酬八个方面开展管理创新，着力构建起覆盖公司各个方面的管理体系和生态，推动了企业微观环境的持续优化，并形成了公司跨越式发展的有力支撑。

第一节　体制创新营造和谐生态

一、单位背景

公司成立初期，组织机构和管理制度尚不健全，创新能力比较弱。通过体制创新，构建一个科学、高效的组织架构，是公司的首要任务。针对新组建公司人员队伍多元化的问题，公司迫切需要通过体制创新来营造和谐生态。

二、管理理念

1. 组织架构的设计要坚持效率优先原则

企业运作最核心的就是组织架构，组织架构没设计好，会带来非常多的管理问题。组织架构设计好了，很多管理问题会迎刃而解。

公司的组织架构是公司内部流程运转及职能分工的依据。未来公司的经营和管理是围绕组织架构开展的，组织架构设置不合理，就会导致责权不清，管理混乱，效率低下。合适的组织架构能使组织更好地发挥协同效应，达到"1+1>2"的良好运营状态。公司内部组织架构设计必须坚持效率优先原则，争取做到指挥有力、控制有序、信息畅通、运转高效、有效制衡、分工明确、职权统一、精干配套、编制合理、管理科学。

——摘自《公司组织制度》（2009版）

2. 组织架构及"三大机制"的形成

（1）宏观层面。公司的组织架构要有利于"三大机制"的形成，即以发挥人的主观能动性为核心的动力机制；以提高管理绩效为核心的运行机制；以研发推动公司高质量发展为核心的发展机制。"三大机制"共同构成了公司有效运营的基本要素。

（2）微观层面。新机构及配套管理措施办法，要形成科学有效的责任共担机制、福利共享机制、诉求表达机制、利益协调机制、矛盾调处机制、权益保障机制，最大限度地构建员工之间、部门之间及合作单位之间的和谐生态。

——摘自公司领导在2009年11月管理咨询启动会上的讲话

3. 厘清岗位职责，提高决策效率

按照简捷、高效、适用的原则，完善现有管理层级和职能，明确各自的分工和职责。董事会是把握公司战略规划和发展方向的机构，是培育和提升企业文化的机构，是各分（子）公司、管理部门及关键人才的主管机构，是重大投资、融资和重大事项的决策机构，更是经营公司外部环境和社会关系的主要载体。董事、监事及中高层管理者在发展目标上是高度一致的，厘清职责是为了提高我们议事、决策和办事的效率。

——摘自公司领导发表在《执行力培训体会》上的文章

4. 领导团队分工"三原则"

为确保领导团队始终保持清晰的组织分工，需要坚持如下"三原则"：

（1）公司正职抓战略（制定），副职抓执行（实施）。

（2）公司领导团队成员要一手抓市场，一手抓科研。

（3）分（子）公司经理要一手抓业务（建设），一手抓（质量）提升。

——摘自总经理在2020年年会上的工作报告

5. 坚持"一级对一级负责"的原则

发挥好管理团队的整体作用。首先领导团队成员要遵守组织纪律，坚持分工协作、统分结合的基本管理原则。严格做到上级可以越级检查，但不能越级指挥；下级可以越级汇报，但不能越级请示。遵从职责分工，下级要尊重服从上级的安排，上级要维护好下级的管理权威。对于个别员工总是抛开直接领导越级请示工作的，要坚决予以制止；对屡教不改、投机取巧者，要果断进行批评教育。

——摘自公司《内部管理通讯》[2021]第4期

6. 分（子）公司必须做到"两个拥有"

为确保切实为市场一线人员输送又足又好的"炮弹"，分（子）公司必须做到"两个拥有"：一是持续研究、学习，拥有创新业务和技术，唯有如此，才能满足甲方不断发展的新要求。因循守旧、一成不变，只会日渐萎缩，直至业务消失。二是拥有过硬的质量和服务，否则，已有的市场会很快被甲方抛弃，或被竞争对手夺取，苦心经营将转眼付之东流。

——摘自董事长2022年1月23日的"企业微信"推文

7. 分（子）公司实行"一正一副一总工"管理模式

分（子）公司推行"一正一副一总工"管理模式，同时配套项目经理负责制，是公司基于激活机制和科学管理而做出的安排。把分（子）公司经理从烦琐的日常事务中解脱出来，着重抓好队伍建设、业务建设、技术提升和质量管控，及时研究市场需求，提前谋划储备业务技术，确保分（子）公司永续健康发展。副职配合正职的同时，侧重做好业务与市场的纽带，抓好从市场中来到市场中去的方案制订和转化工作。

——摘自董事长2022年1月23日的"企业微信"推文

三、体制创新

组织机构和管理制度是构成公司体制的基本要素。

1. 组织机构

（1）决策机构：依据《中华人民共和国公司法》及《公司章程》进行设置。

（2）管理机构："五部门"结构，基本涵盖公司主要管理职能。

（3）项目运行机构：按业务类别及其相关性进行设置，采用分公司或子公司体制。

（4）保障机构：按照所在区域党委要求，设置"党工青妇"组织，采用兼职方式。

（5）支持机构：设立薪酬委员会、技术委员会、专家委员会等，对公司重大薪酬事项、重大项目、技术及研发事项等提供支撑和保障。

2. 管理制度

（1）以"议事规则"为核心的法人制度，由9个基本制度（办法）组成。

（2）以"职位管理"为核心的组织制度，由3个基本制度（办法）组成。

（3）以"过程控制"为核心的体系管理文件40多个，其中包括《管理手册》（含子公司）、《程序文件》《作业指导书》和配套制度办法等。

（4）以"精细化管理"为核心的内控制度文件若干。

四、机制创新

体制决定机制，体制与机制同时又相互作用。例如"市场"体制要求"竞争"机制；反过来，"竞争"必须在"市场"环境下才能发挥作用。公司通过体制创新和机制塑造，构建并基本完成了公司全过程、全要素和精准化的和谐发展生态。公司的三大核心机制如下。

1. 动力激励机制（精准化）

为了确保公司发展动力源源不断，公司主要采取了三个方面的举措。

（1）市场拉动机制：为完善业务市场管理，公司进行了多项改革，完成由"专业化"管理转向"区域化"管理的转变，在提高市场管理效率方面效果明显。

（2）研发推动机制：加大研发投入，取得了多项研发成果，并达标"高新企业""科技企业""专精特新企业"，有力促进了公司的技术进步及业务提升。

（3）政策激励机制：通过一年一度地修订和完善《经营管理办法》，及时调整相关政策和措施，充分激发员工的积极性、创造性。具体措施包括：①以绩效考核为核心的"综合绩效考核奖励"机制；②以保障研发、促进高质量发展为核心的"研发成果创效激励"机制；③以职业资格为核心的"技能工资""一次性奖励"机制；④以增收节支为核心的"内控管理"激励机制等。

2. 运行管理机制（全过程）

（1）以督导项目和重点工作为核心的"周例会"督办、督导和协调机制。

（2）以月度考核为主要内容的"预分配"机制。

（3）以年末全面综合考核为核心的"年终兑现"调节平衡机制。

3. 发展要素机制（全要素）

（1）人才：以强化人才优势为核心的"特岗特薪"制度。

（2）技术：以研究、引进或联合开发技术（产品）为核心的"成果奖励"制度。

（3）资本：以合作、并购为核心的资本运作发展创效激励机制。

（4）信息：以获取重要发展信息、项目信息，提供重要改革创效方案或建议为核心的重奖机制。

五、感触与思考

1. 机制的力量是巨大的

我们很多同志，特别是工作在管理一线的同志习惯于头痛医头，脚痛医脚，动辄发文，制度办法越来越多，执行却越来越难。究其原因，还是工作方法问题，管理应从构建机制入手。

有这样一则故事：有一个新组建的单位，福利较好，每名员工都有一个可靠的停车位，在大城市工作，分得一个车位那将是十分幸福的事情。但问题出现了，上班时总有员工迟到，常常影响工作，理由总是交通堵塞，单位大会小会强调这个问题，始终不见改善。为此，行政主管一记妙招，轻松解决了问题。具体做法是以供来客使用为名，在现有的车位中留出一个车位，并规定未经许可，任何人不得占用。自此之后，上班迟到的现象再也不见了。后来才知道，员工为了保证有个车位，大多数人提前避峰出行。这一案例是发生在我们身边的真实故事。它告诉我们，有些问题靠说教来解决无济于事，创建机制才是灵丹妙药。

2. 通过体制创新营造和谐生态

对于民营中小企业来讲，"党工青妇"机构齐全的不多见。公司的"党工青妇"组织与公司各机构并行运作，相互补位，工作有计划、管理有制度，凡事有人管、活动有经费，成为公司不可或缺的组织，并与其他部门共同构成公司发展的和谐生态。

（1）设立党支部不仅是为了满足上级党组织的要求，也是为了满足员工积极上进的需要，更为公司提供了一个开展理想、信念教育，凝聚正能量的平台。

（2）公司工会、共青团、女工委在公司发展中的纽带作用非常明显，其通过组织文体活动、开展健康体检、慰问伤病号、救助困难员工、调解纠纷等，真正成为公司发展的"疏通器""润滑剂""缓冲器"。

（3）专业委员会的设置，满足了多专业、多领域的业务需要，真正实现了让专业的人干专业的事，为公司业务技术提升及企业管理优化提供了专业化的支持，对公司的发展提供了保障。

3. 要避免管理能力被稀释

公司进入快速发展阶段，业务迅速扩张，如果管理能力不提高，业务发展会引致管理能力被稀释；管理工作如果跟不上，对公司发展的影响是巨大的。为了避免这种情况发生，需要提前做好准备，一要进行专业培训，扫除管理知识盲点；二要及时调整岗位或增加定员，满足业务发展需要。

第二节　围绕经营做管理

公司在做大、做强的过程中，首先要关注经营，紧随其后的就是管理。只有管理跟上，经营才可持续；反过来，经营发展又会对管理提出更高要求，经营与管理要相互促进、协同提升。

一、阶段与特征

公司的经营管理经历了初创、发展和提质三个时期。

1. 经营引着管理走（初创期）

在 2009 年之前，公司主要为河南油田（母体单位）提供技术服务。虽然逐步开始承接外部市场业务，但基数小、发展慢。经营与管理不适应主要表现为管理无法很好地服务经营，具体表现为内部管理制度不健全、流程缺失，内生动力未被激发出来。

2. 经营推着管理走（发展期）

2010—2016 年，公司业务迅速拓展，业务专业和范围发展较快，产值以超过 20% 的速度增长，经营一片繁荣。这一时期的管理，在业务带动下及时跟进：独立办公场点建设、管理体系建设、制度办法出台、作业及管理流程制订、管理平台开发上线、新批准的行政许可事项不断增多。发展期的主要问题是资质等级低、业务范围小、专业技术人员不足。

3. 管理帮着经营走（提质期）

2017 年后，公司业务进一步拓展，客户遍及全国 16 个省市，产值持续增加。这一时期的管理工作有了很好的基础，并形成持续改进机制；业务资质更趋完备，队伍建设持续发展，各种平台日臻完善，研发管理更加成熟。主要问题表现为业务发展遭遇瓶颈，亟待通过产品技术创新取得突破，实现跨越式发展。

二、理念创新

1. 围绕经营做管理

日常工作中，"经营管理"一词使用频率较高，大多数人能随口而出，但是多数人未必能准确理解。经营与管理是有本质区别的：首先，经营是龙头，管理是基础，管理必须为经营服务。企业要做大做强，必须首先关注经营，然后基础管理必须跟上。只有管理跟上了，经营才可能继续推进，经营发展又会对管理水平提出更高的要求。其次，经营是对外的，追求从企业外部获取资源；管理是对内的，强调对内部要素的整合。经营追求的是效益和资源；管理追求的是效率和成本控制。最后，经营是扩张性的，要积极进取，抓住机会，胆子要大；管理是收敛性的，要谨慎稳妥，要管控风险。总之，公司管理必须坚持围绕经营做管理的理念，必须牢固树立管理服务经营的思想。

——摘自公司领导2011年给管理部门员工做培训的课件

2. 不断学习管理新知识，持续提升经营创新能力

岗位及职责赋予了我们公司领路人的角色，我们务必清醒地意识到自己的身份及责任。一段时间以来，围绕战略合作及谋划资本市场，我与有关同仁密集接触战略专家、资本专家及有关企业，最大的感受是他们拥有先进的思想、理念和价值观，我们的认识、行为乃至动辄情绪化的做派，与此对比是何等幼稚。随着与他们的交流不断加深，学习进步的紧迫感就更加强烈，真是时不我待！

能给业主带来何种价值、行业同类公司的水平、市场占有率及主要措施、核心产品技术的先进性及市场价值、未来发展的方向及预期收益、产品技术研发规划及研发团队素质、高管团队的阅历及治理能力等，无不是我们虽有意识但长期忽视的问题。他们也从侧面求证，我们高管团队的能力能否满足企业步入资本市场后更加职业化的要求、如何向社会展示我们的先进理念及创新发展的能力，我表面予以肯定回答，心里却暗暗着急。有人可能认为自己能力无匹，但一经实战就败下阵来，更谈不上接受资本市场的职业化检查。对照公司更高层次的发展，对照专家提出的标准，我们的能力真的不值得骄傲，唯有放低身段、加强学习、彼此认同、携手发力，方能赢得员工和社会的基本认同。如若有人盲目自信，公司就安排他与社会战略专家、资本专家深入交流一下，帮他借机彻底认清自己。

——摘自公司领导2021年10月7日的"企业微信"推文

3. 经营管理要两手抓，两手硬

大量的实践证明，经营管理就像人的左脚与右脚，撇开管理抓经营，行不通，管理扯后腿，经营就不能前进；撇开经营抓管理，就会使公司原地踏步，甚至倒退。曾经，我们自觉或不自觉地将公司的经营与管理割裂开来，片面强调单一方面的重要性，这是极其错误的，必须要经营管理两手抓，两手硬。

——摘自公司领导在2017年7月经营活动分析会上的总结讲话

4. 平庸即是落后，保护平庸就是保护落后

完不成年度奋斗目标的，实施一票否决考评制度；连续两年完不成奋斗目标的，降一个职位；连续两年完不成考核目标的，予以免职。平庸即是落后，不能保护落后。

——摘自公司领导2021年6月18日的"企业微信"推文

5. 绩效考核要与目标挂钩

经营考核中仍然存在着履职与重点工作考核针对性不强，部分绩效没有挂钩对应等问题，制约了员工的积极性、主动性与责任心。需要在以下三方面加以改进。

（1）要厘清行政领导团队和管理岗位员工的职责和重点工作，科学确定考核权重，在年度经营考核办法中予以明确。

（2）实施看板管理，按季度检查工作，并对需要调整的考核职责、工作及其权重进行研究。

（3）为体现"责、权、利"对等原则，全部效绩与自身履职和重点工作挂钩，不再笼统地都与公司经营情况联动。

——摘自董事长在2019年年会上的工作报告

6. 事前精心谋划，事中从严管控

做任何事情都要先谋后动、不谋不动、动则达成。先谋后动，谋划好了就成功了一半，可以提高效率、降低成本；不谋不动，没有谋划的事情不要盲从。我以为我们控制得很好了，原来对成本费用控制没有一个全面概念，结果给大家一分析，处处都是潜力，例如西北局一个环保项目现场工作时间高达171天，有无潜力可挖啊？如果存在不计划、不谋划、不沟通造成的巨大浪费，不仅会给公司造成损失，而且会给甲方留下不好的印象。

——摘自董事长在2020年3月新聘干部就职会议上的讲话

7. 善于将社会资源为我所用

公司经营方式相对保守，把公司发展全部寄托于内部资源，不善于利用社会资源，导致发展速度、规模、成效不如预期。但凡优秀的公司，都会充分利用社会资源，许多经典案例表明，盘活社会优质资源，不求所有但求所用，可以实现借力打力、顺势而为、共同发展、互利双赢。公司在战略与业务合作方面虽有意识，但行动不深入、工作不扎实，未能取得实质性突破，制约着公司的发展速度和规模。我们必须更新理念、加强学习、大胆创新，利用好社会资源。

——摘自董事长在2020年年会上的工作报告

8. 利用社会资源弥补专业不足

公司要坚持自营和利用社会资源相结合的发展方式，缓解技术力量不足与业务集中的矛盾。积极联系各区域专家，尽快形成公司隐形专业队伍，弥补专业技术力量的不足，解决好组织和用工的短板问题。在市场与生产运行管理部的基础上，成立平台分公司，对于各分（子）公司出于维护市场的需要必须承揽但无效益的项目，按照业务审批流程要求，完成相关手续后交予平台分公司，由平台分公司利用社会资源承揽并完成工作。

——摘自分管领导在2020年上半年经营活动分析会上的讲话

9. 及时开启资本市场化运作

公司要树立科学的资本化经营理念，盘活现有资产，通过兼并、收购、流动、资产重组、托管经营、参（控）股等多种途径，提高资本运营效率和效益，以实现最大增值目标。根据公司发展战略及进入资本市场的三年规划，做好政策研究、方案制订、体制改革、机制创新、资金保障等各种支撑保障工作，及时开启资本市场化运作。同时，我们要紧密跟踪研究国家、地方及行业内科技、安全、环保等方面的优惠政策，最大限度地争取相关优惠，在履行好管理、服务职责的同时，以另一种方式为公司创效。

——摘自公司领导2020年年会上的工作报告

10. 成本效益管控考核坚持"四原则"

一是将各管理部门作为考核单元，不再直接考核到具体岗位的员工，以激发团队协作意识，提升服务与管理水平，增强促进公司发展的能力。杜绝管理部门、管理岗位考核中的"大锅饭"现象，彰显干多干少不一样、干好干坏不一样、水平高低不一样、能力大小不一样。

二是超值绩效只计提考核总额，不针对个人，避免按人数计提导致的叠加重复现象。无论产值还是市场超值绩效，不能简单普遍地按每人计划内同水平计算，而是只计提总额，由具体工作单元依据成员贡献大小，在计提总额以内自主商议分配方案。

三是优化分（子）公司运营项目类别，腾出力量重点做好高效项目。将传统用工与组织方式下的低效和无效项目及时转交给市场与生产运行管理部（以下简称市场部），作为特殊项目进行管理。年初，各分（子）公司要及时会同市场部论证，做好项目分类管理，通过不同的管理及运营方式，确保市场持续维护，解决分（子）公司因低效、无效项目造成的管理成本问题，同时变低效、无效为有效，显著增加公司效益。

四是切实做好年度效益与成本费用预算管理，在现有绩效政策不变的情况下增加公司积累。严格区分自营及其他收入的性质，严格界定积累收入的来源，严格坚持贡献与绩效口径一致的考核原则。为此，战略合作合并报表中的收入不能列入分配范畴，营业外收入，如合理避税收入、财政补贴收入及其他等，以及业务合作净收入、特殊项目运营净收入（扣除责任人与责任部门考核金额外），不宜纳入绩效总盘子予以分配，而应留作公司后期发展的积累。

——摘自董事长与第四届董、监、高及两级领导团队成员的谈话材料

11. 将评先评优上升为公司核心制度

为激发员工扛旗争先热情，要科学全面地考核每位员工的绩效与能力，杜绝弄虚作假，杜绝降低标准，杜绝擅自调整考核条件和内容。将评先评优上升为公司核心制度，处理好总结、传承与创新的关系，完善评先评优条件、标准和程序，维护该项工作的神圣严肃性。

——摘自公司《内部管理通讯》［2021］第 2 期

12. 严格考核是公平竞争的要求

公司的人性化管理是必需的，但绝不允许"温情化"和"人情化"管理

成为公司管理的主旋律。因为市场客户不允许、竞争对手不允许、广大员工的利益更不允许。为此，也请广大员工监督两级领导团队成员，对于"不学习、无创新，不提高、无作为"的平庸行为，通过考核予以惩处。严格考核是公平竞争的需要。

——摘自公司《内部管理通讯》〔2021〕第 6 期

13. 坚守经营考核指标"底线"要求

公司"四本计划"明确的指标及重点工作是公司充分调研、多次论证、认真研究后确定的，是各级管理者或责任人的庄严承诺，也是公司立足当前、着眼发展的基本保障。责任意识、担当作为、管理素质最终要以结果为导向，用成效来衡量。言必行、行必果，多做少说、做好了再说，既是为人之道，也是管理者树立威信的基本准则。今年指标及重点工作完成得好坏，不单单关乎个人考核问题，更关乎公司发展和资本市场目标能否如期实现的问题。按照公司约定，今年完不成奋斗目标者要诫勉谈话，连续两年完不成奋斗目标者予以降职，让真正有能力、能够促进公司发展者更好地履行管理者的职责。这既符合管理要求，也是公司当前的需要。

——摘自公司领导 2021 年 9 月 13 日例会讲话

14. 完善经营考核办法的几点建议

（1）凡没有完成年度奋斗目标、科研任务及公司确定的其他重点工作的两级管理者，一律不再考虑公司领导特别奖，同时实施技术考评优秀认定一票否决，真正体现"优秀"的标准和水准。只有水平高、要求严、作风过硬的两级领导团队，才能带出好的员工队伍，才能取得我们希望的效能。

（2）因主观原因在本届任期内有两年不能完成考核目标、科研任务及其他重点工作的，降职使用，且不能作为下届同级职务人选。

（3）季度分析考核时，围绕深入调查研究、全面谋划工作、狠抓措施落地等，一并同时考评两级领导团队的工作作风。"打铁还要自身硬"，两级领导团队的工作作风，决定着分管工作乃至整个员工队伍的工作作风。

（4）督促发挥好业务领域部门经理在思想与文化、工作与成效方面的表率作用，由各分（子）公司结合业务工作按季度检查分析，杜绝等自由放任，甚至思想与业绩难以服众、影响公司正向激励的现象。

（5）爱党爱国、爱岗敬业，模范遵守公司各项规定，规范治理公司，满怀热情发展好公司。正确处理个人与集体、局部与全局的辩证关系，正确看待公司提供的职位、平台和资源，把个人利益与公司发展统筹好、协调好，通过公司实实在在的发展实现个人利益与价值。

——摘自公司领导2021年5月的"企业微信"推文

15. 再思考公司的经营管理思路

公司改制以来就十分重视战略和规划，这些年的发展基本遵循公司改制、深化改革、创新发展、跨越提升、行业领先的方向和主线。尤其是2016年搬迁到郑州以来，逐步突出特色业务，加大技术研发，提升内部管理，优化经营方式，使公司脱胎于一般社会中介机构，持续规范化发展。但也存在诸多遗憾。

一是缺乏制度保障、利益驱动，致使各项业务重眼前、轻长远，核心能力迟迟不能形成。由于长期陷入"红海"业务厮杀中，竞争激烈、附加值低，利润逐年消减，公司年年经营压力巨大，发展速度也比较缓慢。

二是教育培训不够，公司员工以格局、境界、视野、技能、作风为代表的职业化素养参差不齐。很多时候是摸着石头过河，边学边干，现学现干，甚至东一榔头西一棒槌，毫无章法可言。如果一开始就重视职业化素养的系统培训，选聘外部高级讲师有计划、有步骤地组织学习，整个公司的综合管理能力会有显著不同，推动公司发展的速度会更快一些。这几年我们意识到了该问题，正在有目的、有计划地培养中青年骨干，效果已逐步显现。

三是经营模式单一，什么事都是单打独斗自己干，既缺乏业务交流，更没有开展战略合作的开阔胸怀和重要举措，强不起来也大不起来。

我认为公司改制后背景浅，家底薄，首先要聚焦稳健，解决好现实问题。如今公司已有一定基础，有理由转变思路、转换方式，通过持续创新实现跨越式发展。围绕业务有特色、技术有专长、队伍素质高、经营立体化等创新思路，多维发力，持续发展。

——摘自分管领导在2021年1月年终总结考评会上的讲话

16. 基础工作决定事业成败

对各管理部门而言，要让理念性的要求具体落地，我认为要从五个"每一项"入手：①每一项职责都要有目标、有规划、有部署、能量化、可考核；②每一项决策都要有谋划、有方案、有责任、有要求、有落实；③每一项工作都要有标准、有分工、有记录；④每一项目标都要对照职责、对标先进、力争完成；⑤每一项工作完成后，相关资料要及时整理并科学归档，实现能追溯、可查询。

——摘自公司领导2021年4月13日的"企业微信"推文

三、"三大"机制形成

1. 形成了经营与管理的互动机制

公司坚持进行半年及年度经营和管理成果数据分析，并根据要素成本及其变化，有针对性地制订下一年度的《经营管理办法》，对现行管理制度进行调整和完善，已形成了经营与管理两条腿走路的互动机制。

（1）2008年上半年经营成本快速上升，主要是差旅费增幅较大，因此公司提出了严格差费管理的要求，业务部门要加强管控，对外出调研、汇报、开会等工作，要尽量减少出差人数及次数，统筹安排出差，控制出差天数，必须坚持先申请后出差的原则，财务部门凭出差申请审批单、批准天数进行借款和报销，无可信服的理由，超过出差范围的，财务部门不予报销。实施效果明显，规避了经营风险。

（2）2019年年终经营活动数据分析结果表明，影响公司成本的第一要素是差旅费。2020年公司采取"控三数"[①] "降三费"[②] 措施，并实行大额支付预算制度，生产经营成本得到有效控制。对照"控三数" "降三费"计划目标，分（子）公司差旅费节约31.86%，招待费节约37.74%，效果明显。

2. 形成了创新管理、主动作为机制

管理部门通过对公司现行制度、办法及流程的梳理与优化，积极研究国

[①] "控三数"是指控制与项目相关的出差天数、参加人数和出差次数。
[②] "降三费"是指降低与项目相关的交通费、住宿费和业务费。

家政策，优化资源配置，调整要素管理，2021年实现政策创效452万元。公司逐步建立了创新管理、主动作为机制。

3. 科学管理机制

为深入开展目视化管理，使看板在传递信息、揭示重点工作及生产经营状况等方面发挥作用，重点强化对两级领导团队履职情况的监督作用，公司组织开发了生产经营一体化看板管理平台，将战略与经营管理的主体——两级领导团队成员的职责与"四本计划"内容——对应，按周组织运行、按周监督检查、按月汇总分析、按季考核兑现，促进战略落地与各项工作计划的完成。该套管理系统得到中国企业联合会的高度认可，经严格评审，荣获中国企业管理创新成果二等奖，这是公司所获较高级别的奖项。

四、"五大"策略确立

1. 立体化市场策略

通过招募合作，公司将原来的石油石化企业的条状市场扩展为各省（自治区、直辖市）与行业市场相结合的立体化市场。目前正在以各省、自治区、直辖市为单元招募石油石化、管道及其他行业的合作单位或市场业务经理。对于安全评价、环境评价和消防评价业务，坚持自营或做好全过程质量管控，守好国家红线要求，其他业务或产品技术全面实行开放合作。对于合作伙伴或经理人，以及业务骨干员工一并采取激励措施，以此迅速扩大业务市场及发展空间，实现公司经营规模叠加增长。

2. 业务创新策略

以现有传统业务兜底打基础，着力研发创新技术服务产品，实现以"互联网+"为代表的安全环保信息化产品技术从1.0到2.0的飞跃升级。针对石油石化行业"工业互联网+安全环保"的专业特点，聚焦安全环保管理核心业务场景，重点研究适配业务场景的算法模型，利用新技术实现现有产品的迭代升级，打造以算法模型为核心的全新业务模式。开发基于工业互联网的风险评估、决策模型和工具集，对安全环保管理处置措施的充分性、适宜性和有效性进行全面准确的评估，实现具有一定感知能力、学习能力、推理能力、预测能力和决策能力的"HSE大脑",为安全环保管理提供决策支撑。

目前基础方案已经形成,场景孵化在顺利推进,已初步完成蓝深智慧安全环保管控平台(蓝深云翼V2.0)开发,产品线包括面向安全环保管理层面的蓝深智云、面向安全环保与生产融合层面的蓝深智联、面向安全环保能力与意识提升层面的蓝深智培。同时,以AR、VR、智能传感器等信息化、智能化、数字化手段赋能传统业务的创新也在进行中。

3. 深化合作发展策略

通过合资合作,实现公司安全环保软件、算法与外部感知和高清智慧产品有机融合,共同打造立足"五大集团",面向全国企业的安全环保智能化解决方案。通过自研与并购快速形成了产品技术核心能力,有力支撑市场与业务大幅增长。第一批合作已基本完成,另行兼并控股一家市场或技术互补型公司的方案即将启动,深化合作发展策略取得较好的效果。

4. 实施内部改革策略

加大研发投入,依靠研发驱动产品技术创新发展,从制度设计、激励措施上保障研发团队的工作积极性。全面推行项目经理负责制,培养项目经理的经营意识,最大限度地发挥员工潜力,倍增管理力量,把分(子)公司管理者从烦琐的一般事务中解放出来,让他们切实抓好质量、技术、队伍、创新,以及与各市场区域谋划重大项目,解决好业务发展中的主要矛盾。充分发挥公司信息化、智能化管理平台的作用,实现业务全过程管理控制与考核,大幅提升管理效率。

5. 融资发展策略

初期融资主要用于战略合作和技术研发。并购或控股2~3家技术互补型公司;深入开发标志着公司重大业务创新的"三智"产品,建设河南省碳排放控制数据技术中心等。

以石油石化为孵化行业,通过安全环保与工业互联网的深度融合,逐步实现公司业务向其他行业和领域拓展。经过2~3年聚焦发力,凸显安全环保专精特新技术,持续优化商业模式,倍增市场占有率及发展速度,成为石油石化行业领军型科技公司,完成公司的跨越式发展。

五、感触与思考

1. 赚钱是经营（要靠别人），节约是管理（要靠自己）

号称台湾企业界"精神领袖"的台塑集团总裁王永庆曾经说过，"节省一元钱等于净赚一元钱"，这就是人们常说的"王永庆法则"。赚一元与省一元差异较大：赚钱是从别人口袋里拿钱，要依赖别人，难度很大，还要考虑后期的税负等；省钱是从自己口袋中取钱，取决于自己，相对容易一些，而且省下的是净利润，是真金白银。因此，打造公司节约文化意义重大。

2. 简则易循，严则必行

英国著名教育家洛克认为，"规定应该少定，一旦定下之后，便得严格遵守"，这就是人们常讲的"洛克忠告"。公司制度、办法及流程应该说内容非常多、全，但真正能够执行的或者是严格执行的却大打折扣。制度办法的制定要科学，简则易循，严则必行。

3. 管理部门在经营管理中的作用重大

公司经营管理的成与败、优与劣，与管理部门的工作息息相关。只有错与罚能相符，才有法与治可相期。当人用手去碰烧热的火炉时，就会受到"烫"的惩罚。这个"烫"有三个特征：

一是具有预警性，有"烫"感。

二是具有即时性，不延时。

三是具有平等性，你、我、他，只要触碰，都是一样的结果。

公司的管理只有如此，方能见效。

4. 由"长尾理论"想到的

克里斯·安德森提出的"长尾理论"认为，由于成本和效率的原因，过去人们只关注"重要的人"或"重要的事"，如果用正态分布曲线来描绘这些人或事，人们只能关注曲线的"头部"，而处于曲线"尾部"的需要用更多的精力和成本才能关注到的人或事常常被忽略。而在网络时代，由于关注的成本大大降低，人们有可能以很低的成本关注正态分布曲线的"尾部"，关注"尾部"产生的总体效益甚至会超过关注"头部"。因此，公司的经营与管理不应留死角。

第三节 "三维"计划创新模型

一、"戴明循环"

"戴明循环"表明,项目完整的运行周期应包括计划、执行、检查、行动四个阶段,也即我们常说的 PDCA[①] 循环。其中"P"就是指工作计划,是项目运作过程的龙头。企业在经营活动过程中,抓住了计划,等于抓住了龙头;抓住了龙头,就等于正确启动了管控程序。

二、理念创新

1. 加强计划管理

单从"计划"的两个字来看,"计"是计算,"划"是分割,"计划"是以目标的实现为前提而存在的,就是对如何实现目标、如何将目标分解为子目标进行分析计算的过程和结论。每一个计划都是在促使企业总目标的实现,当企业发展目标确定之后,需要分解指标,编制可执行的工作计划。我们大多数同志在工作中缺少这一计划管理理念,这是我们要立即补上的功课。在我们的团队里,不少同志是从油田规划计划系统来的,编制计划应该是我们的强项,做不好计划管理工作那是我们的失误与失职。

——摘自咨询中心主任在 2006 年 11 月计划编制会上的讲话

2. 做好工作计划是实现战略目标的基本手段

工作计划具有承上启下的作用,一方面,工作计划是决策的逻辑延续,为决策实施提供支持;另一方面,工作计划又是组织、领导、控制和创新等管理活动的基础,是组织内不同部门、不同成员行动的依据。任何单位发展都要有长远发展规划,任何工作也应有计划。明确目标,避免盲目性,可使工作循序渐进,有条不紊。我们常常看到,同样一个工作岗位,有的人做事

[①] 所谓"PDCA"循环,指计划(Plan)、实施(Do)、检查(Check)、行动(Action)。

井然有序，而有的人却今天干这个，明天干那个，事事无进展。为什么有的人做事反反复复，最终一事无成？为什么有时候你感觉自己天天在忙碌，而似乎没有任何成果，工作总是裹足不前呢？主要原因是工作无计划。

从今年起，每个部门、每个岗位都要编制年度工作计划，完善指标体系及相关考核办法。

——摘自公司领导在2009年第三届技术交流座谈会上的谈话

3. 人人学会制订计划

在职业生涯中，人人都需要编制计划，但是未必人人都会编制计划，即使你懂得编制计划，水平差异却很大。一个好的计划，首先是计划要素要齐全，因为缺任何要素都无法执行。特别是编制公司综合经营计划，编制者既要具备把握和预测宏观环境的能力，还要有洞察和管控微观环境的能力；同时，要具有将复杂问题简单化、简单问题专业化、专业问题数量化、数量问题模块化的基本素质。否则，计划的可执行性就很差，就会失去其作用，所做工作就会失去其意义。企业编制计划要遵循"四步法"：

一是明确目标，计划根据目标来，不能脱离目标谈计划。

二是按隶属关系，将目标从上到下进行分解。

三是按照时间维度，将目标分解到年度、季度、月度、周，有利于对目标实施情况进行控制与考核评价。

四是抓关键目标，聚焦重点工作。时间管理是计划工作的重点，要把主要的精力和时间集中到处理重要工作上来。

——摘自分管领导在2009年公司计划审定会上的讲话

4. 工作计划的"六要素"法则

我认为工作计划不是编出来的，而是做出来的。"做"与"编"的区别在于："做"是指在制订计划前，要分析研究工作现状，找到制订这个计划的依据；"编"是不做调查研究，凭空想出来的，不符合实际，无法实施。

内容远比形式更重要，简单、清晰、可操作是基本要求。大家知道，一个工作计划要具备四大要素，即工作内容（做什么）、工作方法（怎么做）、工作分工（谁来做）、工作进度（完成时间），这只是计划的基本要求。我认为工作质量标准（干到什么程度）和检查验收的部门及要求也应写进工作计划。这就是我们一直坚持的工作计划"六要素"法则。缺少其中任何一个要素，这个工作计划都是不完整、不可操作、不可检查的，计划执行效果一定不理想。

——摘自公司董事长在第二届董、监、高换届会上的谈话

5. 如何编制好公司的"四本计划"

目前石油石化行业2021年各项工作已全面启动。我们的工作能否超前谋划并做到与甲方工作节奏协同，事关公司各项业务与部署能否取得预期效果。因此，我们要以甲方工作运行安排为遵循，将"四本计划"的编制建立在充分调研、深入沟通，以及与甲方协同的基础上。在深入了解"四本计划"内在联系的基础上，确保公司"四本计划"的科学性、准确性、全面性，编好"四本计划"是完成下一年度目标任务的关键环节，需要公司两级领导团队予以高度重视。

——摘自公司领导在2020年第三季度经营活动分析会上的讲话

6. "四本计划"是看板管理的依据

公司坚持的"四本计划"是制订各级管理者年度看板的依据。实践已充分证明，推行经营、科研、重点工作及队伍建设，并依托看板管理予以推进，能有效兼顾当年指标与长远布局，解决一手硬、一手软的问题，较好地统筹当前经营与未来的发展。

——摘自董事长2022年2月11日的"企业微信"推文

三、管理实践

2009年1月，公司就编制计划专门发文进行安排。从投入、产出全过程入手，涵盖产、供、销各个环节，建立并形成了公司最完整的"双七计划"管理模式。

1. 业务发展计划（7项）

（1）经营计划：是公司年度目标计划，具有指令性特征，是期末单位（部门）考核的重要依据。

（2）财务预算及成本计划：是公司内控的核心计划。

（3）公司重点专项工作计划：是公司为保障战略推进及年度目标实现而制订的重点工作计划。

（4）专业人才引进、业务培训计划：是以目标计划为指导、以业务建设为核心的人才及队伍建设计划。

（5）科研与技术发展计划：是以公司规划为指导、以业务提升为目标的技术开发及储备计划。

（6）资质及业务市场发展计划：是以现有资源为基础、以市场需求为导向、以国家行政许可政策为依据的资质建设计划。

（7）重点基础管理工作计划：是以改善和提升管理为目的、以重塑机制与完善流程为手段制订的核心管理工作计划。

2. 支撑保障计划（7项）

（1）企业文化建设计划：通过及时总结、提升和优化，使企业文化更加符合公司发展战略要求。

（2）员工个人职业发展计划：根据公司发展需要，结合每个人的专业及工作岗位，编制个人职业发展计划。

（3）人才培养及队伍建设计划：为了储备人才，针对各业务领域、各专业现状，编制管理领军人才、专业技术骨干等培养和挂职锻炼计划。

（4）员工休假计划：在严格执行国家有关员工假期规定的同时，为避免"积堆"休假影响工作而编制的计划。

（5）文体活动计划：早期有专门场地，以篮球、排球、乒乓球、羽毛球和跳绳，即"四球一绳"比赛为主，工间操为辅；基地迁入郑州后，因场地限制，以工间操为主，其他为辅。

（6）员工健康体检计划：以保障员工身心健康为目的，每年提前安排部署，并做好后勤保障和服务。

（7）"党青妇"工作计划：公司党支部依据所在区党委要求及安排编制工作计划；共青团及女工委员会工作计划由公司工会组织相关成员共同协商确定。

四、主要成果

计划体系需要一个持续完善的过程,公司经过多年的坚持和创新,取得了非常明显的效果。

1. 通过计划建立了良好的工作秩序

从 2009 年全面实施计划管理以来,公司发生了诸多变化:首先是工作秩序井然;其次是作业的逻辑性、目的性更强了;最后是员工主动学习,业务水平明显提高了。

2. 创新并形成了公司的"三维"计划管理模型

所谓"三维"计划,是指计划期别、作业单位和计划类别三位一体的计划管理创新模型:

$$P_n=\{X_n, Y_n, Z_n\}$$

(1) X 代表"计划期别"轴向(X_1,三年规划;X_2,年度计划;X_3,月度计划;X_4,周计划)。

(2) Y 代表"作业单位"轴向(Y_1,安全;Y_2,环保;Y_3,信息;Y_4,咨询;Y_5,管理部门……)。

(3) Z 代表"计划类别"轴向(Z_1,经营计划;Z_2,重点工作计划;Z_3,科研计划;Z_4,平台计划)。

3. 实现了计划的分级管理

按照计划的类别,公司实施了"四级"计划管理体制。

(1) 一级计划:主要指公司发展三年规划,由公司领导团队组织编制,董事会组织审定,是公司级别最高、最权威的计划,也是公司发展的指导性文件。

(2) 二级计划:属于公司年度综合计划,依据公司三年发展规划目标,结合实际情况编制,由公司领导团队组织相关单位,自下而上(建议计划)、上下结合编制而成。

(3) 三级计划:属于公司月度综合计划,根据年度计划目标,结合实际分解而成,是月度监督检查的依据。

(4) 四级计划:周工作计划,是最为具体的实施计划,通过周例会制度和看板管理实施有效管控。

4. "四本计划"实现了战略规划与当期工作的协同

"四本计划"包括《综合经营计划》《重点工作计划》《科研项目计划》《业务创新（平台）计划》，以年度计划为例，其基本功能包括四个方面。

（1）目标管理：《综合经营计划》属于目标计划，与《年度考核管理办法》对应。

（2）措施管理：《重点工作计划》主要确定为保障战略和培育目标完成必须要做的重点工作，属于措施计划。

（3）培育提升：《科研项目计划》是为推进战略实施和实现业务提升而编制的研究工作计划。

（4）业务储备：《业务创新（平台）计划》是业务创新和业务储备工作计划。

5. 计划的开放式设计，实现了作业单位网格化管理

要根据当前的作业单位进行布阵，不留死角，并实现计划管理的网格化。

（1）纵向（目标管理）：规划战略目标→年度工作→月度工作→每周看板。

（2）横向（业务管理）：目前包括安全评价及安全生产技术服务、环境影响评估及环保技术服务、信息技术服务及软件开发、工程咨询及设计服务、重大专项业务。

五、感触与思考

1. 凡事预则立，不预则废

要想成就一件事，必须要有明确的目标、认真的准备和周密的安排。《礼记·中庸》中记载："凡事预则立，不预则废。言前定，则不跲；事前定，则不困；行前定，则不疚；道前定，则不穷。"毛泽东同志在引用这句名言时说："'凡事预则立，不预则废'，没有事先的计划和准备，就不能获得战争的胜利。"所谓"预"，就是准备，是努力，是奋斗，是实践，是付出；所谓"立"，则是成功。有了精心的准备，艰苦的努力，不懈的奋斗，扎实的实践和巨大的付出，才能到达成功的彼岸。所以说，"预"是成功的基础，"不预"

则是失败的根源。有的人却不愿意把时间花费在事前思考上，仓促盲目行动，实施中遇到问题再来解决，将更多的时间浪费在调整工作方法、思路和目标上，效率很低，这是最忌讳的工作方式。有经验的人都愿意把时间花费在事前思考上，把主要问题考虑好以后，行动起来就会很顺利，效率会更高。

2. 反思曾经的迷茫与困惑

在公司初创期，由于内外部不确定因素很多，企业管理基础比较弱，内控短板突出，部分员工，特别是中层管理者及以下员工上班后不知道做什么、不清楚怎么做、公司未安排的事就等着，工作进展情况不催问就不汇报，无人检查就拖着，很多工作都是在多次检查和催促下完成的，工作效率极差，影响了公司形象，阻碍着公司业务的发展。

出现以上问题的症结不在员工自身，而是内部管理出了问题。具体来讲，在目标不清晰的情况下，公司内部管理无法按PDCA循环动起来，特别是"P"没有及时站位，即公司计划缺失，计划的引领效应缺失时更是如此。

3. 计划管理是实现战略目标的主要工具

再宏伟的战略，倘若无法落地，也只是海市蜃楼。为什么战略不能落地？主要是因为缺少了计划管理。计划管理是战略目标管理中的重要一环，是帮助战略落地的有效工具。列宁曾经说过："任何计划都是尺度、准则、灯塔、路标。"计划是管理过程的核心环节，在管理活动中具有特别重要的地位和作用。公司构建的计划管理体系，使每个作业单位、每个岗位及每个人都能在"三维"计划中，找到自己的坐标、明确自己的目标指标、了解自己要做什么，以及如何做、谁负责、谁考核等信息。这是公司作为一个中小企业非常难能可贵的地方。

第四节　对标国际抓质量

一、管理趋势

随着市场经济的不断发展，质量管理越来越引起各界的重视，实施体系化管理成为企业界的首选。作为国际公认的管理体系，ISO 9001标准被越来越多的组织所采纳，对企业来讲意义重大。

1. 管理体系建设是市场业务发展的要求

一个现代化企业必须建立系统、开放、高效的管理体系，这也成为客户考察和选择合作伙伴的依据之一。体系化管理已成为项目竞标的必要条件，是承接大型项目的前提。

2. 管理体系建设也是公司发展的必然要求

每个类型的工作、每个员工都应被纳入体系当中实施有效管理，这是现代企业管理的需要，也是企业运行规范化、标准化的需要；是公司内控管理升级的需要，更是公司持续发展的要求。

二、理念创新

1. 让"制度管人，流程管事"

公司已有一定的管理基础。2013年，我们要通过对标认证活动，按照系列化、规范化、文件化的管理要求，完成管理体系认证升级。使公司决策层的理念、思路及目标通过体系文件变成全员的自觉行动，并通过科学的管理，展示公司确保服务质量的能力和决心，展现公司追求较高质量的服务目标，彰显公司对客户、对社会负责的良好形象与责任担当。按照管理职责分工，质量管理部门组织启动这项工作，并拿出实施方案，作为专题，公司审核后纳入2013年工作计划组织实施。

——摘自总经理在2012年12月公司发展务虚会上的谈话

2. 要重视客户对公司的评价

2018年，因项目质量把控不严，客户对公司颇有微词。开拓一个市场需要一个长期艰苦的过程，摧毁一个市场只需一两个低劣的报告。一年来，在走访客户的过程中，我接触到多个质量投诉，但在公司内部却鲜有反映。过程管控、市场反馈、质量考核等措施在某种程度上流于形式。重产值、轻质量，重眼下、轻长远，重局部、轻集体，重个人、轻公司的现象仍十分突出，如不及时改进，必将严重损害公司的信誉、形象和市场。

——摘自董事长在2018年年会上的工作报告

3. 要追求有效益的质量

公司个别员工，由于业务不够熟练、研究准备工作不够深入，缺乏有效沟通，没有纳入体系实施优化和管理控制，工作效率极低，项目成本居高不下。主要原因是项目管理问题，出差人数、次数、天数（习惯称为影响公司项目成本的"三数"）随意性较大，导致原本可行的项目变得亏损而不可承受。我们经常讲的一句话是"不要没有质量的效益"，今天需要再添上一句话——"我们也不要没有效益的所谓的质量"。没有规矩不成方圆，公司必须从过程控制入手，控质量、控进度、控成本，没有效益的项目不能算是好项目，公司将拒绝项目评优、项目组成员评先。

——摘自董事长在 2019 年年会上的工作报告

4. 没有严格的过程控制，哪来的高质量产品

对于一个技术服务类企业来说，其产品和服务一般具有环节多、周期长、要求高的特点，其中一些产品或服务，行业有明确的质量标准，并对每个阶段实施流程化监督和管理。在对产品的质量进行管理的过程中，依据相关文件要求实施过程控制尤为重要。有些员工在报告中说自己的报告质量非常高、客户非常满意，但是他却拿不出真实有效的过程控制资料，这时我们可以认定其报告质量不高，或者是不合格。大家知道，加强质量管理关键要着眼于质量过程控制，将产品或服务涉及的各个环节紧密联合起来，贯彻相关标准，这样就组成了整体的质量控制。过程控制做好了，才能保证产品质量。没有过程控制的高质量，就没有产品或服务的高质量。

——摘自公司领导团队在 2019 年年会上的工作报告

5. 项目经理负责制是解决项目管理问题的有效模式

为促进项目管理规范化、科学化，实现项目工期、质量和成本的有效管控，进一步锻炼队伍，培养人才，营造公平、和谐的环境，公司从简化程序、提升业绩、明确责任、强化监督入手，以夯实基础、做实基层为出发点，对公司现有项目运行管理体制进行优化改革，推行项目经理管理模式，即项目经理负责制。结合公司实际，按照相关标准，参考国内外项目管理经验制订实施方案，试点后推广。要正视当前项目管理上存在的短板，从公司顶层设

计入手，消除体制障碍，全面提升管理能力。

——摘自总经理在 2020 年 2 月 17 日网络例会上的讲话

6. 项目经理管理试点是为了推进管理创新

在项目运行管理方面，要优化组织形式与用工方式。下半年首先在咨询分公司推行项目经理管理试点，年底总结经验、完善制度后推广至其他传统业务领域。针对不同市场区域的业务特点，在安排部署工作时要保持人员的相对稳定，以便形成技术和经验积累，持续正确理解和把握好甲方意图及需求，确保及时响应并保证业务工作质量。试点绝对不是试试看，核心是总结、完善、创新、提升，为下一步全面实施探索铺路，为取得好的效果打基础。

——摘自 2020 年 7 月上半年经营活动分析会的记录

7. 关于质量，客户最有发言权

由于质量管控各项措施流于形式，从客户反馈的意见看，业务质量存在滑坡倾向，如不重视，不采取有效措施控制，可能会动摇已有业务市场的根基。究其原因，是部分项目负责人综合素质难以适应业主要求，加之前期研究与方案讨论工作缺失，对项目的难度认识不够，又无相应专家帮扶，完全依靠个体力量，导致工期和质量出了问题。

——摘自总经理在 2020 年年会上的工作报告

8. 实施专职总工技术和质量负责制

在与甲方充分有效地沟通交流的前提下，分（子）公司的业务规模、技术和质量水平从根本上决定着本分（子）公司发展的规模、潜力和市场。公司实施专职总工技术和质量负责制，要求质量认定过程中统筹考虑市场反馈与存档检查，优秀项目由相应市场最终认定等，就是要及时采取管理措施，进一步提升业务质量，确保业务稳定健康发展。

——摘自董事长 2022 年 1 月 23 日的"企业微信"推文

三、重塑机制

公司重视管理，特别是规范的项目质量管理，把项目质量视为公司发展的基石，而且为打牢发展基础付出了巨大努力。公司重视管理体系的建立、实施运行和持续改进。为了履行承诺，遵守相关法律法规，公司以重塑机制为目的，以抓住顾客关注焦点为目标，请知名专业咨询机构协助开展了管理机制持续完善与改进工作，主要包括三方面。

1. 制度、流程及体系建设

2008年，公司同中国人民大学经济管理学院签约，对公司体制及基本制度进行系统设计，形成了法人制度、组织制度、股权管理制度、薪酬福利制度、内控基本制度五大制度体系，公司从生产经营到管理有了一套统一的标准。五项制度文件成为公司发展最全面、最权威、最具有基础性的管理文件。这套管理文件，至今对公司的发展仍然发挥着重要而积极的作用。

2. 跨越式发展体系升级

2011年，公司聘请著名管理咨询机构北京某公司，按照新的《中华人民共和国公司法》对现行基本制度进行了升级，形成了现代企业基本制度体系，为公司跨越式发展提供了制度及体系保障。

3. 薪酬激励专题咨询

2017年3月，公司聘请北京某研究院薪酬管理专家（博士），就薪酬激励问题开展了专题咨询，并对公司薪酬体系进行了升级完善。

四、主要措施

1. 内部管理制度升级

公司成立了内部制度修订工作专班，聘请中国企业管理协会理事、行业知名管理专家作为顾问，以再造流程为目的，对公司领导小组成员进行企业管理知识培训，协助公司分析现状、存在的问题及制定对策措施。开展现代管理方法咨询活动，对企业法人制度、股权管理制度、薪酬福利制度和内控基本制度四大制度进行了系统完善与修订工作。

2. 项目质量量化考核

公司于2020年8月完成《项目经理责任制实施方案》的编制工作，并在咨询分公司进行试点。在此基础上，2020年9月完成项目质量综合指数考核：

$$Q = q_1 \cdot q_2 \cdot q_3 \cdot q_4 \cdots q_n$$

其中：Q 为项目质量考核指数，其值域由考核分项指标决定。q_1、q_2、q_3、q_4…q_n 为分项考核的指标值，根据需要自行设定。例如 q_1 代表引用依据考核，q_2 代表技术应用考核，q_3 代表过程管控考核等。

3. 强化项目过程控制"三级审核"

公司于 2021 年 5 月发布了《强化项目"三级审核"意见》；2021 年 6 月出台了《重点项目审核流程》，进一步明确并规范项目审核流程，及时启动了重点项目审核和项目质量抽查程序。

4. 开发了一体化管理平台

公司结合体系管理，以互联网技术为基础，以提高内控效率为目标，投资开发了公司一体化综合管理平台。

五、实施效果

1. 完成 QHSE[①] 体系认证

公司于 2013 年 2 月建立了质量、健康、安全与环境管理整合体系，编制了管理手册和程序文件（A/0 版本），于 2013 年 2 月 1 日颁布实施。该体系文件较好地满足了体系覆盖范围和运行方面的要求。

2. 编写了管理手册、程序文件、作业文件、操作规程

公司编写的手册、文件等涵盖了所有业务活动。对适用的法律法规及行业管理要求进行了收集、整理，并建立了监督检查机制。

公司于 2018 年 3 月完成了 QHSE 体系认证和体系升级换版；于 2018 年 10 月完成 ISO 19001 质量管理体系升级，完成了 ISO 14001 环境管理体系、OHSAS 18001 职业健康安全管理体系增项。

3. 获得两项成果

公司获得两项成果，其中包括国家级项目管理奖 1 项、自主知识产权 1 项。

---

① 是指在质量（Quality）、健康（Health）、安全（Safety）和环境（Environment）方面指挥和控制组织的管理体系。是在 ISO 19001 标准、ISO 14001 标准、GB/T 28000 标准和 SY/T 6276《石油天然气工业健康、安全与环境管理体系》的基础上，根据共性兼容、个性互补的原则整合而成的管理体系。

六、感触与思考

1. 提高认识是关键

被称为"组织管理之父"的马克斯·韦伯，曾强调科层制是最理想的组织模式，法理型权威是科层制的基础，理性和科学的制度是科层制的核心。马克斯·韦伯的科层组织理论对公司发展的启示有：要加强目标管理，增强效率意识；明确管理层次，强化过程控制；重视队伍建设，注重人岗相称。目前，由于种种原因，公司科研项目管理仍然没有完全纳入体系进行运行和管理，这是思想问题，需要及时改进。

2. 责任体系是管理体系运行的保证

"华盛顿合作规律"认为：一个人敷衍了事，两个人互相推诿，三个人则永无成事之日。这类似于我国三个和尚的故事。人与人的合作不是人力的简单相加。在人与人的合作中，假定每一个人的能力都为1，那么10个人的合作结果有可能比10大得多，但也有可能比1还要小。为什么呢？因为人不是静止的物，如果向不同方向发力，相互推诿扯皮，内耗严重，能量相互抵消，自然事倍功半，甚至一事无成。因此，管理体系运行的关键是科学设计职（岗）位，建立起清晰明确的责任体系。另外，责任体系不是一成不变的，需要持续优化和完善。

3. 研究、探讨公司内部项目市场化改革

以公平及效率为目的，逐步开放公司内部业务市场，改革项目（任务）安排（获取）模式，实行项目经理责任制。通过优化人力资源市场化配置，调动员工的积极性和创造性，全面完善项目经理参与项目的启动、策划、实施、控制、收尾各个阶段的管理流程和体系，项目运行情况直接与项目经理绩效挂钩。目前，已完成分（子）公司内部机构改革，下一步的工作重点是：①完善流程，修订《作业指导书》；②重塑公司一体化管理平台作业流程；③试点与推行。

第五节　OMP[①]平台助推管理升级

公司 OMP 平台是公司根据管理需要，依靠自身力量开发完成的、拥有自主知识产权的一款管理信息化系统。

一、业务需求

公司迁入郑东新区后，随着业务范围的拓展和市场业务量的快速增加，日常管理工作面临三大难题。

1. 对异地办公人员无法实施有效管理

公司业务分布在全国多地，点多、线长、域宽，每天约有 30% 的人员处于出差状态，最多时超过 50%。也有部分员工长期居留项目现场，加上驻外机构不断增加和异地专家办公等因素，工作时间和工作地点高度不确定，一方面使远离基地的员工无法共享公司资源，另一方面，公司无法对其实施有效管理。

2. 线下流程运作效率较低

在传统的办公模式下，开展现代业务面临诸多难题，首先是线下日常行政审批事项及项目过程控制"三级审核"无法高效进行。不是这个出差，就是那个出差，等到人齐了，时效已过了，无法适应快速变化的市场需要，影响了公司的业务发展和管理效果。

3. 客户信息交流的全天候和即时性要求无法满足

目前，公司无法满足客户信息交流的全天候和即时性要求。为满足客户即时信息交流和资料双向传输的需要，以及对突发业务响应必须要快的全天候需求，急需创建一个统一的、全天候的信息管理平台，实现线上高效便捷操作。

[①] 是英文 OCSE management platform 的缩写（"OCSE"为公司注册的英文缩写）。这是依靠公司自己的力量研究、设计、开发的基于公用网络的内部管理软件平台，该平台有 20 余个功能模块，涵盖公司 95% 以上的管理业务。其中"项目中心"涵盖从合同评审、合同签订、项目过控到项目交付、客户回访等 16 个子模块。

二、开发理念

1. 努力构筑"四化"管理平台

公司综合管理平台建设迫在眉睫，应尽快组织实施。目前，公司人均两台电脑，普及率较高。从工程院大院迁出后，网速进一步提高，办公系统基于电脑及网络的基本硬件条件已具备。为尽快解决当前异地办公及一体化管理问题，公司应构建综合管理平台，将公司所有行政审批业务、项目管理业务实行线上管理，实现公司业务的"软件平台化、运用移动化、业务网络化、沟通日常化"。相关部门应抓紧研究论证项目一体化管理平台的可行性，具体采用什么方案、解决哪些问题、采用什么技术、是引进还是自主开发，包括费用等要加快论证，尽早拿出具体方案，供公司研究决策。

——摘自总经理在2010年年会小组座谈会上的讲话

2. 拥有一个移动的办公平台意义重大

公司决定自主开发办公平台，原因是便于控制及后期完善升级，现就平台建设讲三点意见，供专业人员参考。

一是一体化办公平台应是综合性的，哪些功能上线需要统筹规划，按构建公司知识库为最终目标进行完善，可以考虑分期实施，但要留有拓展余地。

二是应以现有企业通讯录为基础，打通沟通壁垒的同时实现分级管控，有限开放，确保信息安全；确保实现一对一、多对多的即时沟通功能，可形成工作圈远程在线办公，要摆脱时间、空间的制约，让随时随地高效办公变为现实。

三是平台要支持手机端、PC端（含笔记本）、平板端等多种应用形式，而且必须连接方便，使用顺畅。

——摘自分管领导在2017年4月12日方案审核会上的讲话

3. 平台开发需要优化公司管理流程

目前，公司管理流程存在较突出的问题：一是不全面，无遵循；二是太复杂，效率低。各部门要结合公司实际，对进一步梳理流程提出需求，经公司核定后交蓝深公司并协助完善。另外，就知识库建设提出要求：要尽快启动安全评价及工程咨询"三库"建设，下半年完成方案设计，列入2020年

"四本计划"组织实施，公司统一组织验收。安排公司领导团队负责"三库"设计、实施及审核把关，分（子）公司予以积极配合。

——摘自分管领导在 2017 年 7 月经营活动分析会上的谈话

4. 在使用中持续完善一体化管理平台

开发一个软件系统平台投入很大，而且初期问题很多，需要持续完善。如果不使用，就永远不会发现问题所在。因此，公司要求大家给予支持，先用起来，把发现的问题记录下来集中完善解决。

——摘自公司领导在 2019 年 11 月晨会上的谈话

三、实施效果

2010 年，公司将一体化平台开发作为重点项目，列入公司《重点工作计划》组织实施。截至 2020 年，一个操作简便、功能完善、系统基本稳定、深受员工青睐的 OMP 平台首版定稿，公司 95% 以上的内控审批事项通过 OMP 平台完成，项目过程控制及项目"三级审核"通过平台线上完成。

（1）2011 年 8 月，项目管理平台（第一版）完成，投入试运行。

（2）2015 年 12 月，综合管理平台投入试运行。

（3）2018 年 12 月，综合管理及完善后的项目管理平台投入运行，正式命名为"OMP 一体化综合管理平台"。

（4）2020 年 12 月，公司知识库（Ⅰ期）开发完成并上线，内容包括：①安全评价"三库"，即安全生产案例数据库、常用技术标准数据库、技术方法数据库；②工程咨询"三库"，即技术经济参数数据库、技术模板数据库、投资管理成功案例数据库；③建设中的项目数据库、知识数据库等。

四、感悟与启迪

OMP 一体化综合管理平台花费数年开发成功，目前已成为公司日常管理不可或缺的办公平台。但平台的开发并非一帆风顺，回头看，感悟颇多。该平台是在领导支持、鼓励和关怀帮助下顶着压力完成的。在开发过程中，遭到不少非议和怀疑，如果没有公司领导的坚持和善始善终、善作善成、锚定青山不放松的作风,实难完成。软件产品开发过程很长,投入也很大。实践告诉我们,由于设计时对需求认知有限、开发者专业能力不足及受技术的限制,一个新软件产品、新系统的开发不可能一步到位。最初的系统不尽完善,广大员工有不愿使用的倾向。如果大家都不用,就不会真正发现其中的问题,这个系统肯定会中途夭折。

第六节　破解人事管理八大难题

在生产力的诸要素中,人是最活跃的要素,也是决策、计划、方案的执行者。因此,可以说人的素质决定着企业的发展。

一、困扰与困惑

公司改制初期,因受原体制的影响,员工职位、薪资标准、发展通道等方面存在困扰,归纳起来有八大难题。

1. 落实科学的用人理念难

从员工个体看,能力有大有小,业绩有多有少,但在公司改制初期,却无法按能力安排职位,确保让能干事的人有舞台;也无法精准践行多劳多得的分配理念。破除旧机制,充分调动员工积极性的问题迫在眉睫。

2. 加薪容易降薪难

从公司整体看,业务有丰有歉,经营有好有坏。当公司经营好时,加薪皆大欢喜;当公司效益差时,想要降薪却是难上加难。这种现象不利于公司在市场经济环境下顺畅运转。

3. 缺员问题始终相伴

长期以来,因公司对专业技术人员的专业能力(学历)和执业经历(业绩)的较高要求,从市场上招聘合适的专业技术人员并非易事,缺员问题始终相伴。

4. 专业队伍稳定性差

企业非常忌讳说走就走的"匆匆过客",作为一个中小型企业更是如此。

因为不可能安排更多的备份来消除执业风险，缺员后又很难在短时间内招到符合要求的专业技术人员，必然会影响工作。人才流失现象无法从根本上得到很好的解决，很大程度上制约着公司的快速发展。

5. 分（子）公司内部活力有待进一步激发

分（子）公司呼唤自主用人机制，期望拥有主导招聘、实现队伍调遣、确定内部薪酬分配标准、辞退冗员和把控绩效等权利。为了维护公司发展大局，公司对领域间资源实施统筹管理，一些权利暂时无法释放，在一定程度上影响了分（子）公司的积极性和主动性，分（子）公司内部活力得不到充分释放，仍有发展潜力可挖。

6. 管理人员薪酬与公司业绩缺乏联动

据统计，在 2011 年之前，后勤管理人员的薪资相对稳定，基本上与公司业绩脱钩，存在旱涝保收现象，导致专业技术人员薪资综合指数低于管理人员，严重影响了公司的业务建设。直至 2012 年公司实施薪酬制度改革，该问题才得以圆满解决。

7. 员工发展通道不畅

公司改制初期，个别员工通过努力取得相应执业资格后，不愿去继续深入研究专业，甚至不愿从事专业技术工作，失去了"再出发"的内在动力，存在"只考不练""有证无能"的现象。发生这种问题的主要原因是员工发展通道不畅通，职位升迁前景不明朗，影响了员工的积极性。

8. 存在员工荣誉滥设、滥用现象

在公司荣誉体系中，设有"优秀员工""科技标兵""突出贡献者""青年进步者""优秀党员"和"优秀项目"等。奖项越来越多，指标数越来越大，激励效果却越来越差。今年评你，明年选我，轮流坐庄现象时有发生，甚至把年终评优评先当作部门内部的"二次分配"来对待。

二、管理新理念

如何构建一支能打胜仗的员工队伍，实现公司"培育一流技术，打造一流公司"的发展战略？

1. 创新员工技术等级考评模式

为不断提升公司员工的业务素质，建立科学的职业发展通道，充分调动员工的积极性和创造性，公司依据《业务技术等级评审管理办法》，制定了《公司业务技术人员技术等级考评实施细则》和《公司管理人员（公司班子和部门）业务等级考评实施细则》。经技术交流座谈会研讨和征求员工意见后，公司对这两个实施细则进行了认真修改完善。

通过提高工作责任心来统一思想、凝心聚力、排除干扰、共谋发展；通过提高工作能力来提升技术、打造品牌、巩固市场，是公司始终不渝的两大任务。我们每一位员工都应该不断地总结和剖析自己，切实做好职业规划，勇于树立远大理想，满怀雄心壮志，努力实现自我超越，快速成长为公司的管理专家和技术领军人物！

——摘自董事长2009年5月的撰稿《如何提高执行力》

2. 关注细节，提升个人职业素养

关注细节，表面看是责任心与职业习惯的体现，但背后也有对业务能力的要求。有些非常敬业的员工，由于受视野与阅历所限，考虑问题不周全，做起事来有盲点，尽管付出很多努力，但效果却不理想。所以我认为，培养员工注重细节的能力，首先要从提高责任心入手，其次还要重视思维与业务能力的培养，两者要统筹兼顾。

实际工作中，注重细节也是辩证的，不是绝对的。作为下属而言，业务素质的主要表现是执行力，注重细节是确保执行力的基本前提。因此，打造下属超强的执行力，是工作取得成功的保障。作为上级而言，开阔的视野与良好的思路至关重要，把握方向要准确，考虑问题要缜密，布置任务要仔细，工作一旦下达，不仅要纵观全局，还要在诸多矛盾中突出重点，善于抓大放小。

就职业素养而言，无论是董事、监事及中高层管理者，还是普通员工，关注细节都应该成为一项基本要求。否则，眼高手低，漏洞百出，行为忽左忽右，做任何事情都难以达到预期要求。

——摘自董事长2018年5月的撰稿《执行力提升培训体会》

3. 影响执行力的四因素

执行力的高低受制于主观态度、能力（包括管理能力与业务能力）、制度（办法）及责任担当。其中，态度是前提，能力是保障，制度是指引，担当是关键。主观上不接受公司的发展理念和战略规划，行动上自行其是，其结果必然是南辕北辙。只有主观上认可才有行动上的一致，这是执行力的决定因素。

——摘自董事长2018年5月的撰稿《执行力提升培训体会》

4. 领导的责任与担当

当顺风顺水时，工作容易做，成绩容易显现；当逆水行舟时，就需要超凡的信心和勇气。如果逆水行舟时顺其自然、听之任之、好坏如常、心安理得，那么领导的尊严和权威就没了。所以，领导一职还意味着要具有攻坚克难的意志和素质，具有勇于负责和敢于担当的态度与气度。

——摘自董事长2018年5月的撰稿《执行力提升培训体会》

5. 提升执行力的"四要四不"

执行力对一个企业来讲至关重要，在我们公司也一样。如何提升执行力？

一要主动履职但不越权。按照职责分工，干好自己的工作，配合好他人的工作。分工目的是发挥好各自的特长，就像机器的零部件一样，只有既团结又协作，才能形成一个有机整体，才能高效运转。

二要作风民主但不拖拉。我们存在着作风不够民主的问题，有时候一心想把工作干好，一心要大干快上，程序上不够严谨，作风上不够民主，回头看看，发现问题很多。现在我们反思历史，不能旧幕重演。民主是前提，没有民主就没有科学，没有民主就没有思想统一，没有民主就没有优质的方案。当然，民主绝不意味着拖拖拉拉、议而不决、决而不断、断而不行，让大好机遇白白流失。只谈民主，大家七嘴八舌，首鼠两端，很容易贻误战机。所以，既要民主又要民主基础上的集中，两者要统筹兼顾，不可偏废。

三要分工合作但不拆台。公司是一个整体，有一个共同目标，其中既有我们自身的利益，也有大家的利益，但归根结底是我们大家共同的利益，这就需要我们分工合作而不拆台。更不允许背后损害公司、员工和股东的利益。缺少公司这样一个平台，我们个人的能力不仅渺小，而且无法展示，所以我们需要维护公司利益，珍惜工作机会。俗话说"大河没水小河干"，道理朴素却深刻。

四要荣辱共担但不推诿。一个人的一生难免跌宕起伏，一个公司也会遇到这样那样的挫折，没有始终顺心如意的人生，也没有百年一帆风顺的企业。出现问题不可怕，关键是我们要共同去克服它、战胜它，要在最短的时间内引领公司朝着更好的方向发展。这就需要有一种耐心、一种包容心、一种同情心，还要有一种善心，而不是借此机会觊觎私利。只要大家互相理解、支持、协同努力，而不是无端指责、相互推诿、全盘否定，甚至进行人身攻击，就没有解决不了的困难和问题。

——摘自董事长 2018 年 5 月的撰稿《执行力提升培训体会》

6. 不可下推责任，但可上查原因

我们很多同志当工作完成得不好时，往往习惯于批评下属，把自己的责任推得一干二净，不能客观分析原因、剖析自身问题。我认为，任何事都要上提一级找原因，首先要分析主管有无责任，然后再剖析员工的问题。同时我们也坚决反对"老好人主义"，不管多大的问题都是你好我好我们好，不能置公司制度办法于不顾，置公司信誉于不顾，置公司利益和发展于不顾，丧失基本的管理原则。

——摘自董事长 2018 年 5 月的撰稿《执行力提升培训体会》

7. 领导团队需要强化的五种能力

一是透视未来、把握事物发展规律的能力。避免掉进只重眼前、不顾长远，一心埋头拉车、不愿抬头看路的陷阱。

二是坚持结果导向，以未来目标倒排现实工作的能力。避免掉进刻舟求剑、削足适履、不能将丰富的社会资源为己所用的陷阱。

三是统筹谋划、分轻重缓急、善做善成的能力。避免掉进眉毛胡子一把抓，头痛医头、脚痛医脚，工作毫无计划和章法的陷阱。

四是胸怀事业荣辱，勇于担当作为，将自身利益充分融入公司大发展的能力。避免掉进工于个人小算计、割裂自己与公司发展的利益关系，最终失信于员工和社会的陷阱。

五是辩证看待世界，悟透人性，维护好他人的利益和尊严的能力。避免掉进时时处处以自我为中心、"皇帝的新装做派"、简单幼稚化地处理公司和社会问题的陷阱。

——摘自公司《内部管理通讯》［2021］第 5 期

8. 两级领导团队要特别注重五种作风的养成

一是用辩证法处理问题的作风。任何组织都存在分歧和矛盾，看不到这一点是幼稚的表现。不懂辩证法，一味理想化、简单化地处理内部问题和社会问题，注定处处碰壁。

二是"出门谈成绩，关门谈问题"的作风。面对上级部门、甲方单位和社会人士，要多传递公司正面的东西。恣意传播甚至扩大公司的负面消息，一定会损伤公司形象。

三是维护公司形象和利益的作风。以否定公司历史及现状来衬托自己，是极其幼稚的，只能贻笑大方，根本不会取得任何信任。处处维护公司形象和利益的人，才真正是智慧之人，才能赢得公司和社会的普遍认可。

四是善于总结历史经验的作风。公司发展过程中的每一次经历都是教科书，值得从正反两方面进行深入客观的总结。优秀的东西要传承，具有警示意义的东西同样宝贵，不能回避，也要充分关注。

五是正确应对恶意中伤的作风。多年来，公司内外兼修，已坚如磐石，不可能被恶意中伤随便击倒。相反，我们会从一次次碰撞中强大起来，走得更稳、发展得更好。

——摘自公司《内部管理通讯》［2021］第 5 期

9. 通过授权做实分（子）公司

公司业务领域广，涉及专业多，技术管理难度大，靠一个岗位几个管理人员无法完成管理工作，不能满足公司发展需要。我们必须通过授权做实分（子）公司，给分（子）公司更多的权利；分（子）公司要主动作为，勇于担当，把主要精力放在项目管理及项目质量上来；管理部门要创新管理，做好服务和监督工作。

——摘自分管领导在 2020 年 10 月例会上的讲话笔录

10. 带好队伍的三个规则

两人及以上人员就可以构成团队，凡是团队都需要管理，而管理的终极目标一定是激发人的先进意识和先进行动。公司也好部门也罢，发展要靠愿景"聚人"、工作要靠严格"成人"、生活要靠仁爱"交人"。带队伍首先要定规则，因为规则能保障最大公平，没有公平就失去了管理的权威；其次要严要求，随随便便会坏了规矩和作风，一旦作风坏了，再要扭转将极其困难，绝非一朝一夕可以完成；最后要有仁爱之心，宽厚对人，员工的困难要积极帮扶。只要工作不要生活的管理缺乏人性，没有人性的管理注定会失去人心。

——摘自公司董事长 2022 年 5 月 14 日的"企业微信"推文

11. 管理部门发挥好政策引领与管理服务双重职能

管理部门不能满足于被动完成上级安排的具体事务，其政策水平、理论水平、引领作用及服务的主动性、针对性和时效性亟须提升与改进，避免职责缺乏刚性，指标无法量化，工作效果良莠不齐，工作进度按部就班，作用平淡无奇。管理部门人员要紧紧围绕岗位职责，超前谋划，主动作为，切实发挥出、发挥好政策引领与管理服务双重职能，切莫始终满足于被思考、被安排，事事跑腿跟随。对于存在的问题要争取立行立改，早见成效。

——摘自董事长 2022 年 3 月 22—23 日的"企业微信"推文

三、基本做法

公司在队伍建设方面投入的精力较多，并采取了多项举措，具体做法包括"放三权""双联动""一打通"。

1. "放三权"

（1）赋予分（子）公司更多的人事权。一般人事招聘实施两次（特殊人才增加专家面试环节）面试：

第一次面试简称"一面"，由分（子）公司确定面试对象和筛选进入第二次面试的人员，考核重点是学历与经历、资格与业绩、理念与价值观等，要求面试工作具体、深入、细致，把所有需要了解的问题、协商事项、面试人员关注的问题讲清楚。避免出现把公司视为跳板和学校，应聘人员成了"过客"和毕业就走的"学生"的情况。

第二次面试简称"二面"，由公司人事部门组织，公司领导团队及有关部门参与，主要负责复核与审定。

（2）员工使用权。2016年之前，业务部门没有招聘与调遣的职权，人事工作由公司统揽。公司搬迁到郑州后，实施了做实分（子）公司的管理措施后，分（子）公司成了主角，加薪升迁依据公司办法，分（子）公司内部人事自行调配，公司人事管理部门协助配合，公司作为政策的制定者，主要负责监督。

（3）绩效分配权。绩效分配由分（子）公司确定，公司负责绩效薪酬标准和绩效分配原则制定，并监督实施效果，对考核结果及分配方案进行备案，并接受员工申诉、协助处理纠纷等。确保员工个人工作投入与薪资收入高度相关，只要努力就有回报，考核优秀即可加薪升迁。

2. 实施"双联动"

（1）绩效差额联动机制。对管理人员绩效与业务人员绩效实施80%的差额联动，在可比性原则下，使管理岗位的绩效工资水平始终不高于业务人员的绩效工资水平，较好地激发了一线项目及业务人员的积极性。

（2）经营丰歉联动机制。全公司业绩与当年公司总体经营情况实施联动。为了公平，尽可能避免以丰补歉，在范围及力度上要进行严格把控，严格落实精准分配制度，较好地稳定一线专业技术队伍。

3. 重构"薪酬通道"

新的员工职业发展通道自成体系，包括4个系列、25个职位、11个等级，具有"横向流动、纵向通达"的特点。新的职位基薪等级打破了原有的分配体系，改变了做业务的低于做管理的、做管理的低于做领导的传统薪酬制度。做业务、做技术同样可以拿高工资，谁的贡献大谁的工资就高，形成了公司领导工资水平不一定最高的局面。稳定了专业技术骨干队伍，使一心一意拼技术、做项目、搞研发的人沉下来、稳得住。

4. 实施"310 循环"

通过考核完成薪酬通道级的浮动，按照"310 循环"，即积满 ±3 分，晋（升、降）1 级、动态清零的考核管理办法[①]，形成职位能升能降、收入能多能少的奖惩机制，对落后进行了有效鞭策，并最大限度地保证了做法的合理性、公正性和透明性。

全新的职级薪酬体系不仅让员工有了充足的上升空间，让努力工作、业绩良好者有了较好的薪资待遇，坚定了员工立足岗位成长、成才的信心。员工积极性进一步被调动，争上游、争一流、比业绩、比贡献、比成果、比创新蔚然成风。

四、取得的效果

1. 员工队伍发展迅速

公司目前有员工 130 余人，较公司改制初增长近 4 倍。其中，拥有本科及以上学历者占 95%，拥有高级专业技术职称的人数占 50% 以上。

2. 专家支撑体系已经形成

公司现有中国工程咨询协会专家 2 人、国家安全生产应急专家库专家 2 人、河南省安全生产委员会专家 5 人、郑州市应急管理局专家库专家 6 人。公司核心专家委员会成员约 30 名，其中院士 1 人、博士生导师 3 人。

3. 业务能力建设取得突破

十多年间，公司员工先后考取执业资格证书 200 余个，其中多为公司所亟须的资质。

4. 人事管理体系日臻成熟

公司人事管理制度、办法及流程已实现体系化，劳动管理实现了平台化。

---

① 公司已经形成了一套科学的、完整的、适用的积分管理办法及细则。

五、感触与思考

1. 实现长远目标与人才流失之间的矛盾有待破题

由于职业特点及执业要求，公司80%的岗位需持证上岗，同时对持证人员的个人素质要求更高，导致专业技术岗位替代难度极大。为了发展，在今后一个时期内，人事管理部门要把解决"实现长远目标与人才流失之间的矛盾"作为发展战略，持续谋划，做实做好。公司队伍建设任重道远，要在选人、用人和管人上做足功课。

2. 选对人是基础

美国企业家李·艾科卡说："我一直在致力发掘那些能充当最高管理者的人。他们是一些渴望工作、勤奋向上的人。这些人总是想干得比别人期望他的更多，也总是帮助他人把各自的工作干好。"还有位名人说过，创业要找最合适的人，不一定要找最成功的人。同样，公司在选人时要选最合适的人，而不是最"高端"的人。

3. 会用人很关键

"拜伦法则"给我们的启示是：授权他人后就完全忘掉这回事，绝不去干涉。这是一条有关管理经验的法则，合理授权是管理的重要基础。由此可见，管理者是带领下属完成目标的人，是最大限度挖掘和调动下属积极性的人，不是通过个人能力实现目标的人。既然已经授权给下属，就要相信自己的眼光，相信他能把工作做得很好。权力的适当下移，会使权力重心更接近基层，更容易激发下属人员的工作热情。大量的实践证明，抑制干涉冲动有利于下属完成任务。在用人问题上，只有安排得当，才能形成最佳配置，才能产生最佳绩效；组合失当，常常会失去整体优势。

美国管理学家R·洛伯提出的"洛伯定理"告诉我们：对于一个经理人来说，最要紧的不是你在场时的情况，而是你不在场时发生了什么。如果只想让下属听你的，那么当你不在身边时他们就不知道应该听谁的了。德国慕尼黑企业咨询顾问弗里施提出的"弗里施定理"表明，"没有满意的工作人员，就没有满意的顾客"。

新人入职后用人部门不可放任不管，要在工作上关心帮扶，在生活上关心照顾。

第七节 "全要素"绩效考核

绩效考核通常也称为业绩考评，是以职责为基础，对员工劳动行为的实际效果及贡献或价值进行的定性和定量评价。绩效考核模式与企业所处的历史背景和发展阶段息息相关。

一、绩效考核沿革

公司的绩效考核已完成由行政管理考核模式、传统人事考核模式到绩效考核模式的创新与演化。

1. 行政管理考核模式

改制前后公司创收能力弱，而且需要投入的地方很多，公司以人治为主，对内部机构的经营业绩及员工个人考核仅限于"考勤""定级"，属于行政管理考核模式。

（1）"考勤"。以部门为单位，按月考勤，一个部门一月一张表，考勤内容包括出勤、出差、加班、事假、病假、婚假、年假、产假、旷工等，每月必须经本单位负责人审查考勤表并签字，作为计发工资的基本依据。主要问题是"加班"失控，出现了出勤不出力、不出勤虚报等不良现象。在相当一段时间内，加班工资实际成了固定工资，不管员工是否加班，都能按月拿到双倍的加班工资，因此导致人工成本大幅增加。

（2）"定级"。主要为等级工资制的晋级提供依据。主要评价指标是任职年限、职称和贡献量等。每到年终，不论对员工的评价是高是低、是好是差，员工总会有牢骚，总认为这个结果没有科学的、基于事实的依据，自己是吃亏的。

2. 人事考核模式

2008—2015年，公司处于成长期，经过了原始积累，扩张速度逐步加快，发展前景更加明朗，公司经营战略目标进一步得到确立。这时，如何通过提高公司各部门的工作效率保证实现公司战略目标的问题就显得非常必要且重要。2009 年，公司对绩效考核政策进行了重大调整，明确了德才兼备的人才观，并从德（做人品德）、能（执业资格）、勤（出勤）、绩（业绩）四方面进行评价考核。与公司初创时期相比，主要有如下变化。

（1）考勤由线下考核逐步变为线上考核，设立过渡期，过渡期采取线上线下相结合的考核方式。

（2）考核内容基本不变，但对"加班"实行严格审核，并限额控制，人工成本增速过快、劳动生产率下滑的问题得以遏止。

（3）绩效考核所占比重加大。

（4）在任职年限、职称的基础上，为鼓励员工考取执业资格证，公司加大执业资格要素激励力度；为鼓励大家努力工作，强化业绩考核权重。

3. 绩效考核模式

2016—2021 年，公司发展进入成熟期，经过持续完善和改进绩效考核方式，有效地促进了公司各项业务的发展。但还存在方法不够成熟、绩效考核工具的运用不够科学等问题，公司做出了以下改进。

（1）完善顶层设计，出台配套管理办法，对所有岗位进行重新设定，对中层及以上管理人员颁发《岗位任职书》，所有人员实现重新应（竞）聘上岗。

（2）对业务领域，按项目合同额目标指标，实施成本控制、利润提成，并明确分配指标。

（3）对管理部门，依据全公司业务领域平均水平实施总量控制，按重点工作完成情况进行内部分配。

公司的绩效考核办法仍在持续改进和创新之中。

二、考核新理念

1. 绩效考核是公司发展的内生动力源泉

绩效考核是体现多劳多得的重要工具，也是公司发展的内生动力源泉。国有企业重视绩效考核，民营企业更加重视。作为国有改制企业，公司必须逐步更新观念，从顶层设计做起，着力调整优化机构职能，构建科学、高效的绩效考核指标体系，在一些领域的关键环节进行创新与改革，并取得重要进展，为公司业务跨越式发展提供有力保障。

——摘自分管领导在2018年上半年经营活动分析会上的谈话

2. 绩效考核要服务于人才队伍建设

当前，公司人才发展滞后，高素质专业人才短缺的矛盾难以得到有效化解，在某种程度上阻碍了公司的发展。公司在制订绩效考核办法时，要充分考虑这一问题，把考核工作做深做透，既要使被考核者能看到希望，又能将适度的工作压力传导下去。绩效考核办法要有利于人才引进、人才培养和新人成长。总而言之，公司的绩效考核要以激励为目的，以服务于人才队伍建设为出发点，并兼顾劳动效率和绩效考核工作效率。

——摘自分管领导在2011年12月年终考核安排会上的讲话

3. 绩效考核"模型固化"与"杠杆调节"

绩效考核的目的是通过考核提高个体的效率，最终实现企业的目标。在企业中进行绩效考核，需要做大量的相关工作。首先，必须对绩效考核指标的含义做出科学的解释和明确的界定，达成最广泛的共识。绩效考核指标体系由一组既独立又相互关联，并能较完整地表达考核目的的指标组成。绩效考核体系的建立，是进行员工考核工作的基础，也是保证考核结果准确、合理的重要因素。考核指标要能够准确反映业绩目标的完成情况、工作态度、能力等级等，是绩效考核体系的基本要素。考核要素及计算模型可以固化，但各个考核要素可通过设置调节杠杆进行调节，如目标值可通过设置权重（或系数）实现不同时期、不同状况下的调节和调整。

——摘自分管领导在《2016年经营管理办法》修订启动会上的讲话

4. 绩效考核管理办法需要持续升级

2021年之后，通过产品技术业务合作、人力资源整合，公司进入新一轮的成长期，绩效考核也会随着企业成长进入一个新的创新发展期。这一时期，可称为公司的"更生发展期"，实行的是全面绩效考核模式。公司绩效考核管理办法已不能适应新的公司化管理体系，公司领导团队最不愿面对的是期末的绩效考核。目前考核指标及体系存在四大问题，要妥善解决这些问题，使绩效考核管理办法全面升级。

一是部分考核指标过于宽泛，这样就不能很好地考察特定岗位的员工的绩效，无法实现全员考核。

二是考核指标过于繁杂，虽然理论上可行，但实际操作起来不太便利，影响考核效率，甚至会使考核工作无法顺利进行。更为严重的是，考核指标的导向性使员工更加关注事物的细枝末节，降低了效率，疏忽了主要方面，忘记了初衷。

三是一味地追求量化的指标，而不能量化的指标则不在考虑的范围，难以实现全要素考核，结果有失公平。

四是参与考核的主体范围不明确，有些看似公平的规定，背后实际上存在着严重的不平等问题，使考核效果大打折扣。

要实现高质量的绩效考核，首先要有先进的、科学的、可行的绩效考核模式，所以必须对现行考核办法进行升级。

——摘自总经理在《2016年经营管理办法》修订启动会上的讲话

三、全面绩效考核

现行的全面绩效考核模式制度、办法、标准、流程更加完备。绩效被考核者、考核者、考核内容、考核周期更加清晰明确，并实现了全员、全要素、全周期、全方位的"四全"考核。"四全"考核具体有如下特点。

1. 绩效被考核者（全员，人人身上有指标）

（1）组织机构：领导团队、分（子）公司、职能部门。

（2）专业委员会：科技委员会、薪酬委员会、公司党支部、公司工会等。

（3）员工个人：董事长、总经理、副总经理、总工程师、总经理助理、技术总监、部门经理、部门副经理、部门员工个人。

2. 绩效考核内容（全要素，考核无死角）

（1）目标责任：财务指标，如成本、利润；非财务指标，如顾客满意度等。

（2）业绩指标：产值、重点工作完成情况。

（3）能力指标：专业技能及业务创新等。

（4）质量指标：客户满意度（与项目相关）、员工满意度（工作测评）。

3. 绩效考核周期（全周期，周、月、季、年）

（1）固定时间：周考核（周例会督办与督导）→月度考核（绩效按进度预发）→季度考核（依据实际绩效调整）→年度考核（年终综合考核兑现）。

（2）非固定时间：对重大专项、重大突破等及时实施考核兑现。

4. 绩效考核者

（1）自我评价。

（2）直接领导考核、评价。

（3）下属员工测评打分。

（4）同级别征求意见。

（5）客户满意度调查与评价。

（6）公司薪酬与绩效委员会综合评价。

四、感触与思考

绩效考核是企业人力资源管理的重要内容，更是企业管理强有力的手段之一。因此，绩效考核作为一种"工具"被企业界高度重视。绩效考核也是一项复杂的系统性工程，公司目前绩效考核方面的主要难题仍然在于对绩效的精准测量上。

1. 绩效考核永远在路上

公司在绩效考核管理方面取得了一系列成果，但在绩效考核体系化、标准化、平台化及自动化建设方面仍有很多工作要做。为提高公司绩效管理水平，推动公司稳定、健康和持续发展，绩效考核总结提升工作依然任重道远，需要继续创新。

2. 考核指标要严，实施身段要软

多年来，公司坚持"目标管理、过程控制、结果导向"原则，实施"严考核"。对于考核目标（任务）明确、过程清晰完整、结果真实可靠的项目或

工作毫不含糊地予以认可；对于考核目标不明确、过程不完整、结果不真实的项目或工作予以否定；对弄虚作假的现象提出批评，甚至警告。对于考核结果，坚持上不封顶、下不保底的"硬兑现"考核原则。在实施考核的过程中，从公司高管到普通员工一视同仁。对于考核结果不理想，或者没有完成任务指标的人员，由其直接领导帮其分析原因，找出提升措施。属于专业能力不足的由公司安排培训；属于专业不对口的由公司安排转岗；由于家庭等原因影响工作的公司给予帮扶等，刚性中尽显温暖的一面。

3. "破窗效应"对企业管理的启示

"破窗效应"告诉我们一个不可忽视的现象，一面墙上安装了很多玻璃窗，如果有一面玻璃被打破，且没有得到及时修缮，很可能就会给其他人暗示这些玻璃可以打破而不受惩罚，久而久之，就会有更多的玻璃被打破。实际上，"破窗效应"掺杂着心理暗示、从众行为、不受惩罚、侥幸心理等因素，这对于企业管理具有很强的启示作用。在一个企业中，如果某一个人的过错没有及时处置，时间久了就会出现更多过错，直至影响企业的发展。公司的规章制度是健全的，但现实情况往往是制度多、有效执行的少，任其下去，企业的发展必定会受到制约。绩效考核也是一样的道理，所以管理者要对"破窗效应"高度重视。当员工不能理解甚至提出辞职时，公司应始终坚持以发展大局为重，在"人才"与"原则"之间果断选择后者。

第八节　创新薪酬管理

一、薪酬管理的重要性

薪酬管理作为人力资源管理体系的重要组成部分，是所有员工最为关注的内容，它直接关系着企业人力资源管理的成效，会对企业的整体绩效产生重大影响。灵活有效的薪酬制度对激励员工和保持员工队伍的稳定性具有重要作用。

公司作为国有改制企业，始终将薪酬制度作为引人、留人、激励人的重要手段。因为薪酬极具敏感性，公司进行薪酬改革应十分谨慎，即便是成熟可行的办法，也要反复论证并试算后再施行。

二、影响薪酬管理的主要因素

1. 员工的薪酬特点

改制初期，公司薪酬改革主要考虑三类群体。

（1）国有改制职工。他们从河南油田通过身份置换而来，工资相对固定，社保足额及时缴纳，企业福利相对较好，改制前实质是吃"大锅饭"，对工资的依赖性较强。

（2）社会招聘人员。他们多数属于企业辞职人员，其工资构成多数为固定加浮动，浮动部分较高，薪酬水平差异比较大，对当前可支配收入较为关注，对社保没有更高要求。

（3）应届毕业生。他们每个人心中对薪酬都有目标值和期望值。期望值的大小与学校、专业、学历密切相关。

2. 行业薪资水平

公司属于国家行政许可范围内的技术服务行业，薪资综合平均水平略高于社会平均水平。

3. 经济承受能力

譬如公司发展初期，百废待兴，投入巨大，加上业务拓展需要一定的时间和工作过程，经济承受能力不足，薪酬水平与市场接轨条件暂不成熟。

三、薪酬管理理念

1. 薪酬策略与管理三原则

薪酬制度不能一成不变，也不能频繁变动，在与时俱进的同时要保持适度稳定。公司后期的薪酬改革要坚持如下三原则。

（1）构建一个集激励性与竞争性功能、兜底保障功能为一体的薪酬体系，坚持以人为本，消除员工后顾之忧，要有利于人才引进及专业技术队伍成长。

（2）薪酬制度改革要考虑公司及员工双向承受力，不搞一步到位，不搞大起大落，通过逐步过渡机制来完成。

（3）对薪酬的固定部分及浮动部分，实施总量按比例控制，适时、适度、逐步并继续加大浮动部分的比例。

——摘自分管领导在 2016 年 1 月制度修订会上的讲话

2. 影响薪资水平的三要素

薪酬改革必须充分体现劳动者的责任、能力、业绩三要素。

（1）责任。责任重大、工作难度大的人员收入要高，与一般性岗位要有一定的差别，如项目负责人（项目经理）、技术负责人的收入要高于一般专业技术人员。

（2）能力。岗位有执业资格要求的工资要高，同时要与所需执业资格取得难度及市场紧缺度结合起来，按排序确定级差。如"准入类"职业资格一般要高于"水平类"等；再如同是"准入类"的，建筑师要高于结构工程师等。

（3）业绩。对员工所完成的业绩数量、质量进行考核，质与量均优的收入要高，要与有量无质、有质无量或无质无量人员在薪酬方面拉开距离。

——摘自分管领导在 2017 年 4 月薪酬改革专家咨询会上的讲话

3. 薪酬改革要坚持的三原则

薪酬改革要以队伍稳定为目标，坚持导向性、公平性、激励性三原则，要考虑员工承受及接受能力，统一规划，分阶段稳步推进，并充分体现责任、能力、业绩等因素。

（1）导向性。为鼓励专业技术人员到一线做项目，项目人员的综合薪酬水平要高于后勤人员。

（2）公平性。同类、同能人员间要公平；不同类别执业人员之间要力求公平。

（3）激励性。鼓励多劳多得，对科研创新进行岗位激励；对工作有风险、工作难度大的员工实施激励。

——摘自分管领导在 2017 年 4 月薪酬改革专家咨询会上的讲话

4. 构建全要素、多功能的薪酬体系

规范岗位薪酬与员工福利，逐步建立起公司与员工双赢机制，让员工分享公司发展的红利；建立绩效导向、公正合理的薪酬体系，不断完善岗位薪酬与绩效挂钩方式，激发员工工作激情，促进员工在公司发展中实现自身价值。员工薪酬要根据国家经济发展水平、本行业特点、本地区的工资水平和公司实际情况制定，与公司的发展战略相适应，与公司的整体效益相适应。建立公司能承受的、可持续的、要素齐全、功能完整的薪酬及员工福利制度，是公司的追求目标。

——摘自《企业制度汇编》（2009版）

5. 创新薪酬与绩效考核制度

公司薪酬管理制度不能实行几十年一贯制，要学习好的做法，也要不断创新。公司董事长就公司薪酬与考核制度改革提出若干条意见，得到广大员工的认同，公司将对经营考核办法持续进行完善。

一是在维护现有薪酬与考核基本政策不变的前提下，对聘任到公司的专家、行业专家岗位上的员工的年度待遇实行"特岗特薪"及兜底政策，具体标准要符合市场实际。本人当年收入高于以上标准者，按照实际情况执行；低于兜底标准的，由公司补齐差额。通过实行针对技术专家的"特岗特薪"及兜底政策，充分彰显公司对人才的尊重、对业务的重视，必将激发广大员工坚持走好技术路线的热情与创新精神。

二是丰富薪酬待遇发放形式。在坚持现金发放基本方式的同时，对于关键岗位人员做出的特别突出贡献，其中部分以转化为公司股权的形式予以兑现，使想干事、能干事并能干成事的人才逐步转化为股东，通过股权纽带加强员工与公司发展的联系，营造为公司创业、为本人创业及利益共享的"双创"氛围，打造创新、融合、和谐的优质发展平台。

——摘自公司《内部管理通讯》[2021]第2期

6. 业务骨干薪资兜底新政策

在维护现有薪酬与考核基本政策不变的前提下，对蓝深公司[①]管理人员及业务骨干实施薪酬兜底政策，具体标准要参照市场标准。本人当年收入

---

① 为公司的全资子公司，主要从事信息及软件开发业务，行业综合薪酬水平较高。

高于兜底标准者，按照实际情况执行；低于兜底标准者，由公司予以补足差额。

——摘自公司《内部管理通讯》［2021］第 3 期

7. 对关键岗位试行"特岗特薪"

从 2020 年起，根据业务发展需要，公司将引进一批业务或管理领军型人才。要打破传统薪酬束缚，实行"特岗特薪"，吸引领军人才；为人才搭建发展平台，创造优越环境，提供便利条件，解决生活困难，实施政策激励。为此，在拟订 2020 年定岗定编时，各分（子）公司、各管理部门要特别明确领军人才的需求数量、专业领域、职位及其等级、薪酬待遇等。

——摘自分管领导在 2020 年年会上的工作报告

四、制度创新

公司薪酬体系改革，坚持公平分配是基础，强化激励是目的，打通堵点为手段。

1. 薪酬构成要素创新

目前正在实施的薪酬管理办法中的薪酬构成要素包括两部分。

（1）固定部分。职位基薪与能力有关，由岗（职）位确定；技能工资与职业资格持证情况有关，功能是鼓励学习技术；工龄津贴与工龄长短有关，功能是稳定队伍；员工节假日福利、健康体检、各类补贴和津贴等，属于保障类。

（2）浮动部分。绩效工资与业绩多少有关，按绩效考核结果兑现发放，实行多劳多得，少劳少得，不劳不得，包括突出贡献的特别奖，具有激励作用。

在这两大类要素的基础上，还可以进一步细化、创新，使薪酬构成更加完善、科学。

2. 薪酬制度发展创新

公司薪酬改革的重点是强化激励机制，方法是控制具有浮动特性的绩效工资。公司薪酬制度不断发展创新，大致经历了延续与继承、执业能力激励、项目贡献量激励、项目质与量双重激励等阶段。

（1）延续与继承阶段。改制前（2006年前），公司薪酬延续了中石化行业的薪酬制度，薪酬构成包括固定工资（岗位、工龄）和奖金。奖金与油田经营情况相关，半固定化，纵向浮动，横向基本固定，属于缺少竞争力的薪酬制度。

（2）能力激励阶段。改制初期（2009年），在原薪酬体系的基础上，首次将员工持有的执业资格证书作为确定技能工资的唯一依据，来确定技能工资。这一薪酬举措，凸显了薪酬的技能导向性，取得的效果包括两方面：一是员工参加学习考证的积极性空前高涨；二是持证人员招聘变得更加容易。

（3）项目贡献量激励阶段。2013年，公司对薪酬制度进行再次改革，在薪酬构成中，通过经营管理办法对工资构成比重实施了总量控制，确立了以项目贡献量考核为核心的绩效提成制度。据统计，这一时期的劳动生产率大幅提升。

（4）项目质与量双重激励阶段。2016年，基地迁至郑州后，公司立即对薪酬制度进行了深化改革，改革的核心内容是从单一的数量指标考核到数量指标与质量指标的全面考核。配套措施包括全面推行项目经理责任制、项目量化考核办法和公司经营管理办法改革与完善。按照项目运行管理流程，明确了项目质量考核加减分的依据，明确了薪酬体系"三级"审核人员的职责及绩效提成比例。实施新的薪酬体系获得了三方面的积极效应：①促成了"一个新机制"，即做工作重视数量的同时，必须重视质量，只有数量没有质量业绩，无法拿到高工资；②产生了"一个新变化"，新的薪酬制度拉开了员工之间的薪酬级差，同级之间的薪酬综合指数由改革前的86%～115%变为现在的35%～165%，变化非常大，影响深远。③增设了两个新奖项，即"突出贡献奖"和"特别奖"，对贡献量排公司前三位及重大专项、科研等成绩突出者分别给予"突出贡献奖"和"特别奖"。

五、感触与思考

薪酬制度要突出体现"能者多劳，多劳多得"，最重要的一点就是提高

"能者"的相关待遇，营造出公平公正的良好氛围。

1. 持续完善全面薪酬考核体系

全面薪酬考核体系已被大多数人所接受。有人可能认为，公司领导的工资是最高的，其实不然，至少在咱们公司不是这样。随着新的绩效考核政策的实施和高端人才战略的推进，超出最高管理者工资水平的员工一定会越来越多，新的薪酬体系导向效应明显。

2. 现有薪酬体系显现"三次分配"雏形

一个良好的薪酬体系，首先应具有公平性；还要有激励作用，干多、干少、干好、干坏绝对不能一样；当意外发生时，要充分发挥薪酬的保障功能，员工生活不应受到较大的影响。回首过去，公司一直在构建科学的、功能完备的"三次分配"体系。

一次分配：以制度办法为基础的分配，坚持公平公正原则，如职位工资、技能工资、工龄工资、各类补贴等，相对固定，具有兜底功能和特点。

二次分配：以绩效考核为基础的分配，体现的是多劳多得原则，如绩效工资、各种奖金等，具有激励特性。

三次分配：困难救助和公司互助金等。

3. 渐进式薪酬制度改革突显管理者的智慧

创业前期，公司实行的工资制度存在许多弊病，不能充分发挥改制企业的体制优势，打击了职工的积极性，阻碍了公司的发展。公司领导团队看到眼里，急在心里，并给予高度重视。由于薪酬具有敏感性，公司没有实施激进举措，而是采用了一次规划、分步实施的循序渐进式薪酬改革方案，在不知不觉中完成薪酬制度的改革。

工资总量增加时，薪酬的固定部分相对稳定，浮动部分（绩效部分）的占比持续提高，例如改制前，工资的固定部分占80%左右，浮动部分占20%上下，称"八二"结构。经过多年小步慢跑式改革与调整，目前达到"四六"结构，随着公司发展效益增加，浮动工资部分将继续增加，正在向"二八"结构迈进。

4. 下一步薪酬研究及改革重点

上一节重点论述了业绩（E）考核问题，下一步应将薪酬（M）的确定作为公司研究重点。基于公司大数据，重点研究并科学确定 α、β、γ 的取值，实现公司层面上的公平。

$$M = \alpha \cdot \beta \cdot \gamma \cdot E$$

其中，α 代表业绩薪酬转换系数（提成问题），β 代表行业间项目差异修正系数，γ 代表新老项目修正系数。

第六章　人才工程

第一节　人才及人才规划

人才是企业的第一资本。谁拥有一支高素质的人才队伍，谁就有了成功的基础。企业的战略目标归根结底要靠一批懂专业、善管理的将才、帅才和专业技术骨干来实现。因此，企业的竞争也就是人才的竞争。在人才队伍管理方面，油田科技一直在总结、探索和完善，并在人才队伍建设规划及人才选拔、培养、任用等方面进行探索和创新。

一、管理现状

经济学人智库（EIU）[①]发表的报告显示，50%以上的公司高层预期人才缺乏将很快影响到公司的绩效表现；60%的企业不满其公司人才的发展状况，认为现有的发展速度无法满足企业的重点业务需要。我们公司也不例外，人才队伍建设目前还无法适应公司跨越式发展的要求。

1. 人才引进缺少科学规划与部署

人才作为一种稀缺资源，决定了获得人才须有一个过程，这个过程有时还很长，再加上人才引进有淡旺季之分，更需要依据公司发展规划人才引进工作。公司要通过需求分析，编制好人才引进实施方案，提前安排部署，必要时进行人才储备。改制初期，公司人才引进与发展规划脱节，常常是确定了要开展的业务后，才安排人才引进。更有甚者，在业务开展遇到困难后才

[①] 经济学人智库（The Economist Intelligence Unit，EIU），是英国经济学人集团旗下的商业分析机构。主要为全球商业与各国政府决策者提供针对国家、产业及管理领域内的经济预测分析与咨询服务。

提出人才需求，导致工作十分被动，难免影响业务的开展。

2. 人才需求矛盾突出

一方面，公司业务具有多类型、多专业的特点，对人才的需求量比较大，对人才综合素质的要求相对要高；另一方面，处在成长期的公司对人才的吸引力不具有竞争优势，高端及稀缺人才引进十分困难。

3. 人才概念模糊不清

公司多数人，包括两级领导团队成员都说不清楚什么叫人才，没有去研究人才分类、层次和标准。大家常常将缺员与缺人才混同，导致公司改制十年来都没有出台一个针对性较强的人才管理办法，公司的人才队伍建设进展缓慢。

二、创新理念

1. 何为人才

什么是人才？不同企业有不同的表述。巨人集团创始人史玉柱曾经说过：所谓人才就是你交给他一件事情，他做成了；你再交给他一件事情，他又做成了，这就是"人才"。公司作为一个技术服务型企业，员工总体素质比较高，绝大多数员工具有人才特质，属于人才或者正在成为人才的路上。

（1）顶尖人才：具有战略思维和公司管理经验，能够引领一个公司或一个集团健康、高效发展。

（2）领军人才：具有高级人才特质，且能够带动一个业务领域持续快速发展。

（3）高级人才：专业造诣较深，具有解决专业技术难题的能力，且能引领一个专业的持续领先发展。

——摘自总经理在2016年年会上的工作报告

2. 人才队伍优劣决定事业成败

人才决定着一个公司的存亡，乃至一个国家的兴衰。纵观历史上的重大改革，无不是依靠关键人才推进的。公司的理念、思路与重大部署也要靠广大员工和关键人才去推进。因此，人才的引进、培养、推荐、选拔与任用事关公司的根本，建立一套符合公司发展要求的人才评价体系，做好人才的引进、培养、任用意义重大。公司上下要形成尊重人才、关爱人才的氛围，对人才尤其要予以重视。

——摘自董事长在2017年与第三届行政领导团队交流会上的讲话

3. 人才的基础特点是"胜任"

是否是人才要看其是否能胜任自己的工作，如果岗位和人才的能力不匹配，人才就很难发挥作用，即便是真正的人才，也无法为公司做贡献。曾经有位非常不错的专业技术人员，大家都觉得是人才，来公司不久便得到提拔重用，由于不能胜任管理岗位的工作，队伍带不好，业务做不起来，尽管工作很努力，但结果不理想。把人才放错了位置，他可能就无法展现自己的才能，可见用对了人很重要。如果我们一味追求引进高端人才，不考虑其发展土壤及环境生态，可能会造成水土不服，事与愿违。

——摘自董事长在2008年年会上的工作报告

4. 人才引进要与公司发展规划对接并提前布局

人才引进要结合公司发展战略和现状，与公司发展规划对接，并制订具体的人才引进工作方案和实施计划，以保证企业目标的顺利实现。公司要重点对企业人力资源管理现状信息进行收集、统计和分析，依据这些数据和结果，结合企业战略，制订未来人力资源工作的方案。就像出海船只的导航仪一样，人力资源规划在人事管理工作中起到一个定位目标和把握路线的作用。

——摘自分管领导在2013年年会上的工作报告

三、主要工作

1. 人才管理与人力资源管理分头进行

2016年6月，公司发文对人才进行界定，并根据人才定义及其理论将人才管理与人力资源管理进行区分，分头进行。

（1）职责。人才管理由公司人事部门与高层管理者共同负责；日常人力资源管理由公司人事部门与分（子）公司共同负责。

（2）薪酬。人才的薪酬及待遇主要通过与人才本人协商确定，不受现行薪酬制度约束；日常人事管理中员工薪酬原则上对标公司薪酬管理制度及办法。

（3）管理。日常人力资源管理的重点是流程，关注点是功能的实现，而人才管理紧密围绕具体人员从整体上进行耦合。

2. 确定了人才规划编制要点

公司实施的三年发展规划，要求将人才引进相关内容作为规划内容并以独立章节一并编制，并对形式和内容进行具体明确，将其作为规划的附件。

（1）岗位描述：主要工作或项目、职位及职别、工作内容及工作方法、考核及薪酬标准、培养措施及目标。

（2）人员素质要求：学历、职称、执业资格、成果、业绩及工作经历、授予称号等。

（3）实施时间及负责人。

四、实施效果

1. 严格将人才引进与日常招聘工作区分开来

日常员工招聘一般"两面"即可完成入职；人才引进则需要不同层级采用一对一交流方式进行多次面试才能完成，一般情况下，人才引进持续时间相对长一些。

2. 完善了人才规划

首次将公司人才发展规划纳入公司《2017—2019年三年发展规划》中予以确认和强调，完善了人才规划。

五、感触与思考

1. 实施人才策略需要创新理念

作为改制企业，公司与改制母公司相比最大的优势是自主，体现在用人自主和劳动分配自主，以及管理创新自主等方面。然而，在发展初期，公司在人才理念问题上十分谨慎，唯恐良好生态被打破，影响公司发展。实践证明这个担心是多余的，建立凭能力、凭业绩吃饭的机制，实现由单一的"官"道转向多种职业、多层次通道，由经营职务或权力转向经营能力（责任）是改制企业的最大优势所在。公司广大员工高度认同"让有能力的人有舞台，让干成事的人有回报"的理念。人才策略的核心是如何科学处理好人才价值管理问题，重点是形成一套科学的人才价值创造与价值评价、人才考核与价值分配体系。公司的人才价值管理将成为公司有效实施人才战略的支撑。

2. 人才管理要实现体系化

目前，公司的人才管理与人力资源管理共用一个体系，由于人力资源管理与人才管理在职责、流程及方法上差异非常大，人力资源管理体系无法在两者之间准确切换。管理人员无所适从，缺少章法，影响工作效率和质量。为确保公司发展战略的实施，建立公司的人才规划、引进与招聘、培养与培训、人才使用与管理及风险控制（替补）等办法和流程，形成一套完整的、能够满足公司发展要求的人才管理体系意义深远。公司要通过人才管理的体系化建设，来满足人才管理的前瞻性要求。

3. 需要创新现行的人才管理制度

用现有人力资源管理制度来管理人才不可取。公司目前的人才管理制度条款零散，且针对性不强，可操作性较差，必须进行制度创新。新的人才管理制度应有利于及时发现人才，合理使用人才，科学选拔人才，疏通及拓宽人才成长通道，为人才竞争营造环境、创造条件，提高人才干事创业的积极性，使其在干事创业中实现自身价值。

第二节　人才标准及人才选拔

人才任用讲求的是人岗匹配，适岗适人。如果找到合适的人却放到了不合适的岗位，那与没有找到合适的人是一样的效果，会使招聘工作失去意义。寻找到既有能力，又有兴趣，而且按照公司要求顺利完成双向选择并签约入职公司的人，这就是人才选拔。人才选拔标准是做好人才选拔工作的基础，也是后期人才管理的基本依据。

一、管理现状

公司在人才标准制订及人才选拔上，仍有很多工作要做，需要持续完善的地方包括三个方面。

1. 人才标准应更明确、更具体

不同岗位对人才的要求不一样，但是公司应明确人才的标准。因指导性文件不健全，导致人才引进与日常人事招聘混在一起，为后续管理工作留下隐患。另外，因人才标准不明确，人才引进准备工作不足，常常是饥不择食、寒不择衣，人力资源管理部门成了"消防队"，因此公司所需人才的质量和数量很难得到保证。

2. 用人单位应有合法、具体、明确的任用条件

分（子）公司作为用人单位，对所需人才的岗位描述不是十分清晰，对人才素质要求表述不够准确，使得人力资源管理部门在发布招聘信息时很为难，经常遇到如下困惑：

（1）人力资源管理部门无从下手，发布信息后简历投放少，可筛选人员少，入职人员少，任务完成难，缺员问题长期得不到解决，影响了公司发展目标的实现。

（2）在人才引进过程中，待定事项较多，导致人才入职前无法进行有效、充分沟通，影响人才引进效果。

3. 事前应有人才引进预算

人才引进成本一般较高，具有一定的风险。由于公司在人才引进前缺少人才预算，在待遇问题上未形成共识，在人才引进沟通互动过程中，人力资源管理部门底气不足。如果人才待遇与公司相关薪酬管理办法对接不可行，薪酬标准参考人才市场行情又存在局限性，他们就无法通过铿锵表述来完成有效沟通，导致高端人才引进的成功率不高。

二、管理理念

1. 选对的人是人才管理工作的重要环节

针对公司人力资源管理现状，我们对公司人才管理提出几点建议和要求，要深入研究，优化流程，形成方案。

（1）为便于管理，建议公司将人才分为三个层次，即顶尖人才、领军人才和拔尖人才，并实施层次化管理。

（2）要明确人才引进与日常员工招聘工作的区别。

（3）要对录用条件事先进行明确界定。

（4）对人才引进前的考察要规范、专业。

——摘自董事长在 2017 年上半年经营活动分析会上的总结讲话

2. 人才管理要坚持德才兼备原则

公司要坚持德才兼备、注重实绩的原则，健全人才激励机制，让优秀人才的收入与岗位职责、工作业绩、实际贡献，以及成果转化产生的效益直接挂钩。对做出突出贡献的各类优秀人才要予以重奖，以充分调动各类人才的积极性、主动性和创造性。

——摘自总经理在 2008 年年会上的工作报告

3. 在优秀党员中选拔和培养人才

（1）年轻人要坚定理想信念，要始终以党员的标准严格要求自己，不但在组织上入党，还要在思想上入党。

（2）在工作岗位中要不断学习，提升自己的履职能力和素质，在加强政治理论学习的同时，加强专业技术及业务知识的学习，为公司发展做出贡献。

（3）公司发展需要加强人才队伍建设，任用干部要严守党的纪律，更好地发挥党员先锋模范作用。可以优先从党员中选拔。

——摘自董事长在 2021 年 7 月新党员发展大会上的讲话

4. 创新与引领是管理者的基本特质

如果管理者缺乏创新意识、发挥不好引领作用，就会导致人力资源的极大浪费，就会贻误大好机遇。评判一位管理者的能力大小，不仅要看当下的工作，还要看创新与可持续性；不仅要看他（她）本人，还要看其所带的团队。公司人力资源评估与管理改革，就是要深入剖析现状，找出制约质量、技术，尤其是创新的管理原因、组织原因和体制原因，然后立行立改。同时，要一并消除仍然存在的人浮于事、工作松懈的个别现象，使公司整个队伍能够迅速地、更好地适应创新发展。

——摘自董事长 2022 年 5 月 6 日的"企业微信"推文

5. 领导团队成员应具备的两种素养

一是管理素质。包括先进理念（大格局、勇创新）、先进方案（重谋划、善组织）、先进行为（严尽责、做表率）、先进效果（抓落实、求绩效）。

二是管理方法。要做到凡是工作都有目标，凡是目标都有计划，凡是计划都有执行，凡是执行都有检查，凡是检查都有结果，凡是结果都有考核，凡是考核都有奖罚。

——摘自公司《内部管理通讯》［2021］第 5 期

三、主要工作

在推进人才队伍建设的过程中，公司始终坚持引进与培育双轨并进，既重视引进外来人才，又高度重视留住、用好现有人才。公司人才管理的基础工作主要包括三方面。

1. 创建人才素质管理模型

（1）共性要素及管理。所谓"共性"，即大部分人都应该具备的基本条件，比如诚实守信。要详细掌握人才的相关信息，包括教育背景、身体状况、工作经历等。所有共性要素要通过规定予以明确。

（2）个性要素及管理。所谓"个性"，即每个企业、每个岗位或职位都要有不同的要求，如学历要求、执业资格要求、专业及技术要求等。个性要素可以通过招聘公告、劳动合同和规章制度相结合的方法进行明确。

2. 编制人才考察与评价导则（面试手册）

按照顶尖人才、领军人才、拔尖人才三个层次，从敬业态度、专业能力、沟通能力、反应能力、学习意愿、道德品质、集体精神、健康体能、自我认知和适应环境能力十个方面进行考察，每个方面配有考察内容及考查方式，包括题目。

3. 编制《新员工入职指南》

公司根据相关规定编制了《新员工入职指南》。从新入职员工需求出发，从作息时间、劳动纪律、出行及办事指南、公司管理制度要求及注意事项等方面进行提示与提醒，帮助新员工尽早适应工作。

四、感触与思考

1. 有感华为的人才选拔模式

20 世纪 90 年代，原工程咨询中心一位钻井技术专家的儿子在天津大学电子工程系攻读硕士研究生，这位元老给我们讲了华为与他儿子的故事。

为了引进优秀应届毕业生，华为曾在天津市设立了办事机构，专门负责与学生联络、沟通，经常利用周末与学生开展联谊，带学生到厂里观摩。通过聚餐、送小礼品，或者帮助困难学生解决学习及生活上的困难等，与学生建立了密切联系，培养了与学生之间的友情。这一举措使得每年都有大批应届毕业生入职华为。

华为在与学生沟通的同时，与校方建立了较好的学术互动联系，及时将华为对专业方面的需求反映到教学一线，确保学生学以致用。所以新入职人员成长快，见习期非常短。

我们公司不具备华为的实力，也无法完全照搬华为的做法，但是我们可以学习华为的人才观和选才精神。我们的用人单位可以提前谋划，动手再早点、工作再细点、力度再大点，不可等有了项目需要人了，再安排人力资源管理部门去招聘。

2. 要优化人才选拔考察方式，建立公司人才定量评价模型

为避免人才轻易流失，公司应改变目前单一的人才考察和评价方式，采取以面试为主，兼笔试及业绩考核的方式，并形成具有公司特色的人才定量评价模型。

3. 公司人才队伍建设要与政府人才工程对接

国家、省及市重视人才建设，对人才标准有详细的规定，对人才实施了层次化分级管理。作为用人单位，公司可向政府主管部门申请认定。获得认定对公司发展及个人执业都有益处。因此，公司应重视编制人才培养规划，并切实付诸实施。

第三节　人才培养与人才使用

企业的人才成长之路，不可避免地要经历引进、培育、成长、成熟的过程，并通过该过程加速人才与企业的融合，实现人才和企业的共同发展。为帮助人才胜任工作并发掘人才的最大潜能，不论是新引进的人才，还是在现有员工队伍中选拔的人才，在提拔任用前都需要完成一系列的培养工作。

一、管理现状

公司在人才管理上长期坚持部门考核、领导面谈、文化教育、能力培训、挂职锻炼、测评与任用等培养方式，但是普遍存在培养过程较短、效果不理想，入职准备不充分的现象。

1. 缺失必要的企业文化培训与培养过程

对新引进公司的人才来说，要尽快适应并胜任工作，除自身努力学习外，还需要公司提供帮助。在公司安排的培训中，企业文化及规章制度方面的培训明显不足，而且缺少必要的锻炼和培养环节。引进的人才常常匆匆到岗履职，致使应他们入职之后无法与公司同频共振。因此，加强企业文化培训与培养非常重要。

2. 在岗员工履新前需要开展新岗位分析

对于在岗被提拔员工来说，公司需要协助其适应变化，帮其了解新岗位的工作重点、难点和注意事项，高效激发员工潜能，让其顺利入职并开展工作。

二、管理理念

1. "实干化、年轻化"的用人导向

干部的调整，主要目的是打造公司技术品牌形象，实现"老中青"有序衔接，同时突出"实干化"的导向。新聘任的其他同志从不同的方面也诠释了公司"实干化、年轻化"的用人导向。我作为本届领导团队的主要管理者，一方面要谋划公司发展方向，解决好工作和员工生活两个困难，同时还有一项重要任务，就是尽快把公司优秀的中青年员工推到管理技术一线，尽快实现新老交替，把公司的一线舞台让给最优秀的中青年干部人才，使其锻炼成长。

——摘自董事长在 2020 年新聘干部就职会议上的讲话

2. 对新人要"扶上马送一程"

新同志活力四射，干事有热情。然而，新任职干部面对新岗位常常缺乏思路和办法，公司绝不可放手不管，两级领导团队必须对员工的成长负责任。为了让人才尽快成长，成为能够独当一面的优秀人才，公司必须帮助其规划成长路径，克服困难，尽快打开局面，避免中途"退堂"，导致发生工作断茬现象。应积极主动帮助其分析短板弱项，熟悉岗位要求，找到工作措施，支持鼓励其大胆履新，并建立新人容错机制。

——摘自董事长在 2021 年 5 月人才挂职锻炼工作会上的讲话

3. 注重人才储备

人才储备是应对日益激烈的市场竞争，吸引人才、留住人才的一项重要措施。要树立在储备中使用，在使用中储备，储用结合，重在使用的理念。通过待遇、感情、环境、事业来储备人才，满足公司持续健康发展的需求。

——摘自董事长在 2008 年年会上的工作报告

4. 公司选拔干部的"三个必须"

根据公司人才培养与人才储备的思路和规划，今后在干部的选拔上应严格坚持"三个必须"，即选聘为两级领导团队成员的，必须具有一年及以上重点市场岗位的工作经历；选聘为公司级专家或行业技术专家的，必须具有一年及以上相关业务高级项目经理岗位的工作经历；选聘为业务领域部门经理的，必须具有一年及以上分（子）公司综合管理岗位工作经历，或外派锻炼半年及以上。

——摘自董事长 2020 年 11 月 9 日晨会笔录

5. 管理人才的培养与挂职锻炼

（1）分（子）公司部门经理原则上要从兼职综合管理岗优先选聘；分

（子）公司领导团队副职同时还必须具备高级项目经理的资格和能力；分（子）公司正职在以上条件的基础上，还要经过专门市场岗位历练和挂职锻炼。

（2）管理部门经理必须具有从事业务工作的经历，比较熟悉公司各板块业务，否则，应从业务板块选聘。

（3）市场人员必须懂业务，否则应加强培训，直至熟悉公司各板块业务，真正能够讲好公司"事"，及时准确地把握甲方的需求。

（4）行政领导团队和公司领导团队成员原则上应逐级提拔，程序不能逾越，但节奏可以加快，切实避免揠苗助长，贻误战机。

——摘自公司领导2021年6月18日的"企业微信"推文

6. 学会"搭班子、定战略、带队伍"

"搭班子、定战略、带队伍"，是我们又一经验总结，且三句话的顺序不能颠倒。如果你准备创业，抑或正治理着一家公司，这三句话特别受用。公司班子团队是这样，公司的分公司、子公司也应是这样，不同的是所面对的群体及目标不一样。"一把手"从入职的那天起，就要思考如何"搭班子、定战略、带队伍"。

——摘自董事长2022年6月10日的"企业微信"推文

三、主要工作

多年来，为提升核心竞争力，公司持续优化育才环境，大胆任用青年人才，采取多种措施加快人才成长节奏。

1. 河南省工业和信息化厅中小企业经营管理领军人才培训

结合创新发展战略的实施，公司每年坚持选派2~3名优秀中青年员工参加河南省工业与信息化厅组织的、为期一年的企业领军人才培训学习。

2. 河南省人力资源和社会保障厅高层次人才认定

公司以"德才兼备、实绩突出"为标准，帮助优秀员工提升业务水平和工作能力，并组织员工参加河南省人力资源和社会保障厅高层次人才选拔、评价和认定工作。

3. 开展"订单式"专业培训

每个业务领域或关键专业，每年坚持选派 2~3 名技术骨干、业务骨干及优秀中青年人才参加公司组织的针对性较强的"订单式"专业培训。

4. 河南省正高执业资格评审和认定

对标教授级高级工程师认定条件和要求，在员工队伍中筛选培养一批专业对口、有发展潜质的专业技术人员，开展有针对性的培养，并推举参加河南省正高专业技术资格评审和认定。

5. 青年人才的挂职锻炼

为满足公司人才储备及梯队建设需要，经过考察、选拔和培训，公司每个业务领域每年至少安排一名业务技术骨干或优秀中青年人才挂职锻炼，成熟一个提拔任用一个。

6. 专家参与公司人才培养

为充分发挥专家队伍的作用，公司努力创造条件，让专家参与到公司人才培养工作中，实施一对一、一带多的"高师带徒"策略，以加快公司人才队伍建设。

7. 项目经理培养

2020 年 9 月，公司就项目经理责任制管理专门印发了文件，安排部署并组织实施。

8. 公司年会首次由年轻人组织筹办

2021 年总结表彰暨第 16 届技术座谈会由年轻人全程筹办，而且今后这要成为制度性安排。

四、取得效果

1. 人才队伍建设实施流程化管理

（1）推荐：用人部门推荐（自荐或他人推荐）。

（2）考察：人事部门考察并提出用人意见和培养方案。

（3）培养：用人部门与人事部门共同负责制订计划和组织实施。

（4）任用：人事部门负责。

（5）考核：根据人才的不同层级分别进行考核。

2. 人才引进与培养实施体系化管理

人才引进与培养作为公司的重点工作列入了公司"四本计划"，从执行监督到结果考核实施全过程体系化管理。

3. 人才队伍建设取得进展

近5年来，公司员工先后受聘并成为国家行业专家、省级专家的有10余人，受聘并成为地市级专家的更多；认定教授级高级工程师的有2人。

4. 2021年年会成功举办

2021年总结表彰暨第16届技术座谈会由年轻团队负责筹办，会议组织严谨、规范、紧凑，充分彰显出他们的组织协调及相互配合的作风和能力。

五、感触与思考

1. 用事业留人

实践证明，高薪可以吸引人才，但高薪未必能留住人才。如何留住人才？打造事业平台十分重要，如业务重大创新、传统业务赋能、资本助力、"专精特新"等。

2. "聚是一团火，散是满天星"

正常的人才流动是经济活力的源泉，也是个人成就职业梦想的路径。职场上人的留与去，背后是产业及机遇变化，揭示的是对企业文化认同与否，因此人才的流动属正常现象。对于流出员工，公司一贯推行的做不了"战友"做"朋友"的理念和做法值得推荐。

一是公司首先从自身查找原因，借机反思管理中存在的问题，并请对方留下宝贵建议，以便改进工作。

二是依据考核办法对离开公司的员工尽量足额兑现绩效，协助其办理离职手续，并做出必要的善意提醒，在法理基础上充分体现出双方的感情和友谊。

三是公司同时也会与离职员工坦诚交换意见，履行同业禁竞的相关规定和惯例，保持好友谊，维护好市场。

第四节　人才考核与人才激励

优秀的员工队伍是企业长期、快速、稳定发展的关键因素。为持续激发发展动能，公司在建立健全激励机制的基础上，确保经营管理办法实现一年一更新、一年一升级，为推动公司的持续健康发展发挥了重要作用。

一、激励政策现状

面对严峻的市场形势，公司在激励政策方面，无论是范围还是力度都还无法适应新的发展要求，需要持续升级完善。

1. 长效激励措施不足

人才带来的效益通常是长期的，企业对其进行激励的目标应该是拴心留人，因此激励应该以长期激励为主。而目前的人才激励多以短期的一次性激励为主，不利于培养和提升员工对企业的忠诚度。

2. 精神激励偏弱

在实施物质激励的同时，一定不能丢掉精神激励。高端人才往往需要的是能够充分发挥想象力、创造力的舞台，能满足其荣誉感和成就感的事业。因此，优化环境，打造平台，让目标激励、职务激励、情感激励和荣誉激励等与物质激励共同作用，效果将会更加显著。

二、管理理念

1. 队伍建设要注重"双轨机制"与"双重动力"

公司人才队伍建设必须始终坚持"内培与外引相结合"的策略。内部培养人才代价低、上手快、效率高，在公司内部给有能力的人提供机会与挑战，具有队伍激励效应。通过良性竞争也可以激发和形成公司发展的内生动力。但这并不排斥引入外部人才。通过外部人才引进，可以迅速优化公司的知识结构，补齐专业短板，适应公司新业务发展需要。

——摘自董事长在 2015 年 3 月校园招聘工作安排会上的讲话

2. 通过价值评价，实现精准激励

只有对员工创造的价值进行科学评价，才能实现精准激励，促使价值创造者持续保持充足的动力去创造价值。而单凭主观感觉无法完成价值评价，无法研判人才策略实施效果，无法对现有政策措施进行科学的、持续的完善。因此，要提高价值评价的准确性。

——摘自分管领导在《2018年经营管理办法》修订会上的讲话

3. 对领军人才实施"特岗特薪"

有什么素质的队伍就有什么水平的业绩，人才队伍决定着公司的发展结果。公司通过业务锻炼、岗位历练、培训交流和在职学习，加快人才培养，分别形成管理人才和技术人才梯队。同时，按照重用一批、培育一批、筛选一批的原则形成公司队伍滚动发展体系。打破传统薪酬束缚，实行"特岗特薪"，吸引领军人才；解决生活困难，提供便利条件，稳定领军人才；搭建发展平台，创造优越条件，激励领军人才。

公司要科学制订人才培训计划，多方优化培训方案，多层次、多渠道、立体化开展培训工作，使培训工作常态化。以培促学、以学促产，确保公司战略有效推进。为此，要以公司战略和业务发展为指引，坚持问题导向，注重质量管控，保证培训效果。

——摘自董事长2019年12月撰写的文章《关于公司发展的几点意见》

4. 要重视并加强入职过渡期管理

多数情况下，当新聘人员工作及生活安排妥当、入职手续办理完毕、相关培训完成之后，公司就基本放手了。入职过渡期的管理跟不上，需要引起高度重视，并做好"三个跟踪"。

（1）入职跟踪。需要及时对引进人才分工的合理性、岗位的适应性及其知识能力进行跟踪评估，并进行合理调整，千方百计使其从事能够产生价值的工作或业务。

（2）待遇跟踪。对人才待遇落实情况要持续跟踪，一要兑现入职前的承诺，二要检查待遇相关制度办法的落实情况，发现问题要及时妥善解决，并做好相关政策解释工作。

（3）困难跟踪。包括新入职人员在工作、生活方面存在的困难及需要公司协助解决的问题。

——摘自分管领导在 2019 年 6 月机构改革办公会上的讲话

三、措施与效果

1. 公司《技术成果奖励标准》修订并发布

新的标准涉及国家科技进步奖、国家技术发明奖、国家环境保护科技奖、发明专利、软件著作权、现代管理创新奖、行业（协会）奖项、新标准制订与升级、专著及论文等。内容包括奖项认定标准及其相应奖励标准，涉及范围广，可操作性强。

2. 公司《一次性奖励标准》修订并发布

新的标准对涉及公司主营业务的 12 个专业进行一次性激励，并在原来的基础上调增幅度平均达 2.1 倍，激励效果显著。

3. 新《技能工资标准》实施

新《技能工资标准》参考市场水平，上调和补全了 21 类职业资格标准，并以技能工资形式按月进行持续长效激励，促进了业务水平的持续提升。

4. 《技术（产品）推广应用奖励标准》实施

根据具体技术（产品）推广应用项目，按照"当期绩效＋年度提成"实施奖励，在促进公司技术引进与推广创效方面发挥了显著作用。

四、感触与思考

1. 有感于阿里巴巴的股权文化

阿里巴巴刚起步时，根本没有足够的资金为创业精英支付高额工资，但他们却宁愿放弃在跨国公司的高工资来领取阿里巴巴的百元级薪水，心甘情愿挑灯夜战，最终使阿里巴巴在香港证券交易所挂牌上市，成为国内市值较高的互联网公司。其秘籍就是阿里巴巴借助于股权这根纽带将大家凝聚在一起，发奋创业，取得成功。这就是其所谓的"股权文化"。其实，我们公司也高度重视股权文化的作用，从 2011 年起，公司承认技术创新和劳动价值，完成股权激励，通过分配制度推进并完成了资本化改革。虽然力度有限，但毕竟迈出了坚实的一步。目前，公司正研究探索通过多种形式的资本化运作和改革，着力构建符合公司实际、具有共识特色的股权文化。

2. 人才评价机制需要创新

人才的概念具有相对性，国家、省、市及企业的人才评价标准各不相同。因此，同样一个人在这个单位是人才，到另一个单位就不一定了。人才是员工队伍中的少数，甚至是凤毛麟角。这两个特点，决定了公司必须建立一个以职务和能力为基础、以职责和业绩为中心、以职业素质和道德素养为标准的人才评价模型。这对成功实施人才战略意义重大。

3. 按照"需求层次"理论实施人才精准激励

人才激励可谓老生常谈，但又不能不谈，因为它太重要了。激励意味着承认、尊重、关爱、鼓励、支持和报偿。如果没有与劳动和付出、努力和贡献相对应的酬劳，创新将缺乏动力。然而，钱不是万能的，过去可以用钱解决的问题现在却未必。马斯洛的"需求层次"理论告诉我们，人的需求按其重要性从低到高依次为生理需求、安全需求、爱与归属需求、尊重需求和自我实现需求。当某一级的需求获得满足以后，针对这种需求的激励就会失效。这个需求层次理论给我们的启示是：要适时修订现行的激励政策，不能永远使用同一种激励方式，要应针对不同的需求，实施精准激励。

4. 关注政策导向和人才市场信息

一般来讲，当相关政策发生变化时，人才市场的供求关系会发生变化，由此导致了人才流动。人才流动对我们来讲是一把"双刃剑"，一方面为公司高层次人才的引进提供了更多的机会和可能，另一方面给公司带来人才流失的现实风险。因此，公司对人才市场必须具有高度的敏感性，必须关注政策变化的趋势和人才市场的信息。

第七章　研发征程

技术是企业微观环境要素中软件条件的第二要素，技术研发是企业构建优势的必要举措，只有坚持独立自主和掌握自主知识产权，才能筑牢企业发展的基石。公司从研发布局入手，围绕基地、平台建设，对标高新、"专精特新"，持续开展对外合作交流，基本形成了完整的技术研发架构。

第一节　开启研发征程

一、谆谆教诲

改制前夕，工程咨询中心负责人在向勘探局领导汇报工作时，领导的一席话让人记忆犹新。这位领导语重心长地告诉我们："企业的发展，必须走技术路线，要有自己的产品才行。做咨询服务受政策影响极大，今年有工作量，谁也无法保证来年有工作量，工作量减少或者项目被叫停都是有可能的。因此，单位发展必须靠自己，只有自己做大、做强了，才能持续发展下去。"时任咨询中心主任史传坤同志回忆说："这位领导的一席话经常提醒着我，必须把公司业务做实，下定决心搞研发，做技术，做产品，做技术转化，通过技术创新谋发展。"

二、"产学研"一体化发展理念

"产学研"一体化发展理念是公司确定走技术路线、搞产品技术开发最初的指导思想，直到现在仍在指导着公司的研发工作。到目前为止，公司围绕"产学研"一体化发展理念开展了卓有成效的工作，形成了一系列管理文件。

这一发展理念在公司发展史上产生了积极影响，具有举足轻重的作用和地位。

1. "产学研"一体化发展理念的提出

2007年6月，公司完成改制不久，百废待兴，有很多事情急需处理，如改制政策落实、公司化体制构建、企业机制化改组、业务市场拓展等。就在领导团队日理万机之时，公司首次提出了走技术路线、创新发展的想法，核心思想是要与高校合作，秉持以研究开发、人才培养及技术支撑为核心的"产学研"一体化发展理念谋发展。

2. "产学研"一体化发展理念的正式表述

2010年1月，公司独立办公场地建设完成并首次顺利搬迁。新环境办公、文体活动及生活设施配套齐全，气象焕然一新，公司经营业绩不断攀升，呈现出勃勃生机和活力。按常理，公司应该松口一气，过无忧无虑的所谓"小康"生活了。然而，公司领导团队并没有沾沾自喜，自我陶醉，也没有喘喘气、歇歇脚，而是居安思危，及时规划布局公司未来。在公司第三届技术交流座谈会上，总经理再提"产学研"一体化发展理念，并对"产学研"进行了明确表述。

（1）"产"就是明确公司业务定位、市场定位，稳定现有业务，组织好现有生产。

（2）"学"包括两方面，一是打造学习型组织；二是与高等院校合作，以创办大学生实习基地为契机，开展科研合作。

（3）"研"就是从研发组织机构、专业技术人员、制度流程建设、研发科学管理等方面，全面提升技术研发管理，做好技术储备，培育一流技术，创造新型业务市场。

三、理念创新

董事长对"产学研"一体化发展理念进行了双向延伸，并表述为：公司未来要深化"政、产、学、研、用"一体化发展之路，其中"政"是深入研究宏观环境和政策，顺势而为；"用"是学以致升，研以致用，紧紧围绕公司发展的瓶颈问题，通过资本助力、战略合作、立体化发展的商业模式，实现公司由"新三板基础层"升级到"创新层"，进而迈入"精选层"并对接"创业板"的目标。

——摘自公司《内部管理通讯》［2021］第 2 期

四、研发实践

1. 组建研发专业团队

在两年多的时间里，公司根据自身实际，从资源优化配置着手，先后组建了四个研究机构。

（1）安全环保技术研究所：主要负责安全生产、环境保护专项课题研究及评价。

（2）信息工程研究所：主要负责勘探、开发、安全、环保、信息、科技、投资决策等业务技术成果的信息化集成与软件化提升。

（3）经济技术研究所：主要负责油田开发建设投资管理课题及工程咨询技术方法等软课题研究。

（4）工程设计研究所：主要承担市政水工方面的课题研究及工程设计业务。

2. 研发活动

2007—2009 年，公司三年计划共启动研发项目 9 项，按可比口径研发投入近百万元，形成技术成果 6 项、知识产权 4 项。但产品推广无进展，成果落地创效甚微。

五、存在的问题

在初创期，公司为研发付出了很多努力，投入了大量的人力、物力、财力及精力，做了很多探索性工作，但研发收获远不及预期。原因可概括为两方面。

1. 研发管理缺失"三标"

"三标"即标准、标杆和标志。公司研发工作主要存在的问题是研发工作标准不明确；研发流程及管理随意性太大，标杆不清晰；研发成果判定无范围，缺少标志。

2. 研发工作缺少"三感"

"三感"即方向感、目标感、成就感。

（1）研发工作缺少方向感。缺少产业政策做指引，研究工作做到什么程度、成果的评价坚持什么标准等问题没有明确，极有可能造成无效或低效研发。闭关自我探索、摸着石头过河搞研发肯定行不通。

（2）研发工作缺少目标感。做研发也要遵循其规律，讲究科学，随心所欲将一事无成。最初，从项目立项、研发过程控制管理到成果鉴定，都没有实施科学的监管，缺少政府指导和规范性管理，缺少科学的工作流程和研发流程约束，很难取得成功。因此，公司的研发工作就失去了目标感。

（3）研发工作缺少成就感。即使通过努力取得了成果，因没有进入行业引导产业目录中，成果很难获得认可，成果商业化、产业化失去了信誉背书，推广十分困难，因此员工也就缺少了成就感。

六、感触与思考

1. 处于研发"探索期"的思考

在公司改制前后的几年里，研发投入控制和研发过程控制脱节，项目推进速度慢、研发时间延期现象司空见惯；成果质量不理想，成果产业化困难重重。这一时期，大家习惯称之为研发"探索期"。这些问题直接影响公司发展规划的实施和总体战略目标的布局，也引起了公司领导团队的高度重视，大家都在思考：

（1）研发在公司发展战略中的作用和地位是什么？

（2）研发工作总目标和专业方向是什么？

（3）实现公司战略目标的具体举措及后期安排有哪些？

（4）公司研发内控管理如何开展？

（5）研发激励政策的制定与实施等问题。

任何事物都具有两面性。在研发征程开启之际，认真审视与思考公司研发业务，有利于公司今后的整体布局、规划与工作安排，有利于公司的长远发展。

2. 研发受制于基本物质条件

公司办公场地远离中心城市，信息闭塞、交通不便的问题影响了大家的视野，限制了认知。我们做科研缺实验室、缺人、缺好的项目，人及项目的问题经过自身努力可以解决,实验室投入太大,公司无力自建。如何通过研发实现公司的发展战略?合作无疑是最有效的途径。

第二节　研发基地建设

贴近中心城市,有利于研发工作的开展。为了科研及业务发展,公司向中心城市搬迁势在必行。

一、背景材料

独立办公场地投运五年来,公司在队伍建设、资质建设、市场业务开拓等方面取得了较大进展,单位效益、劳动报酬有了提高,与油区国有企业职工拉开了明显距离。员工可在单位就餐,工会组织各类文体活动正常开展,企业文化得到高度认同,公司上下积极进取、奋发向上、和谐发展的精神风貌基本形成。这一阶段成为公司发展史上较好的时期之一。

然而,很多人并没有意识到公司在发展方面面临的诸多难题。因远离中心城市,人才引进难、人员出行难、信息不畅、与外界沟通不便,项目效益低、成本费用高等问题突出。特别是研发工作进展缓慢,核心竞争力没有形成,已经束缚了公司的进一步发展。公司二次搬迁,入驻郑州被提上了议事日程。

在基地搬迁问题上员工的分歧很大,不赞成搬迁的员工约占四成,他们主要有四个担心:①担心公司投入加大,负担加重,个人利益会受到影响;②将远离亲朋好友,担心老人、小孩无法照顾;③经过持续建设与完善,不少员工不愿轻易放弃目前这个"小康"基地;④搬迁后远离母公司河南油田,担心"人走茶凉",影响公司业务与未来发展。

二、发展新理念

1. 搬迁可与优秀企业为邻,促进思想和观念的更新

公司这些年一直偏安于油田矿区一隅,信息闭塞、见识肤浅、思想僵化、目光短视,虽然尽心学习,但终究是纸上得来的东西。借公司向郑州转移之

机，首先要全面审视公司的发展理念，打破自我封闭的发展思路，紧跟国家形势要求，抢抓"大众创新、万众创业"的大好机遇，打造公司自身的创业孵化器，迅速拓展新的业务市场。引进高端技术与管理人才，稳步推进公司发展战略，真正做好日常管控，实现规范化管理，大幅提高工作实效，保证战略措施落地生根、开花结果。公司主体向郑东新区转移，绝不单单是为了办公条件的改善，也不单单是为了利用城市社会资源，深层的目的是与先进企业和政府部门为邻，以便开阔视野，转变观念，获取信息，把握先机，促进技术进步，实现公司持续健康向前发展。

——摘自总经理在2015年1月基地建设说明会上的讲话

2. 靠近中心城市便于开展合作

现代企业完全靠单打独斗成功的概率较低，而且花费时间较长。如果将自我发展方式转变为开放合作的发展方式，大胆引进专利产品技术、知名品牌服务、先进管理方法与手段，快速提升公司的技术实力与管理水平，在中心城市开展多种形式的合作机会非常多。为了公司的跨越式发展，将办公场地从南阳迁往郑州是最佳选择。

——摘自总经理在2015年1月基地建设说明会上的讲话

3. 搬比不搬好，早搬比晚搬好

公司要根据各业务内外部市场需求，灵活采取"常驻+轮换"两种方式，扩大业务规模，提高效率，控制成本。要吸取已搬迁单位的经验和教训，妥善解决好员工的后勤保障。办公场地搬迁至郑州后，员工的家庭困难是实实在在存在的，要通过灵活安排，区别对待，不搞"一刀切"，采用过渡办法，使员工现实存在的问题得到圆满解决。总而言之，搬比不搬好，早搬比晚搬好。

——摘自董事长在2015年3月基地搬迁股东说明会上的讲话

三、建设与搬迁

1. 成立工作专班

为顺利向郑州搬迁，公司成立由管理人员、专业技术人员参加的工作专班，负责相关事宜。

2. 搬迁人性化举措

（1）初期自愿：自愿报名参加首批搬迁的员工达70%以上。

（2）限期过渡：暂时不能搬迁的，针对每个人的情况制订搬迁计划。对于滞留人员，在不改变隶属的情况下，通过设立南阳分公司的办法实施交叉管理；直到2018年南阳分公司撤销。

（3）实施生活、交通及租房补贴：在生活和住房方面给予补贴，并在初期针对驻郑人员安排周末往返河南油田的班车。

3. 搬迁后的三大变化

（1）市场业务发展较快，营业收入稳步增长，平均每年增长率达15%以上，交通出行效率大幅提高，成本费用相应降低。

（2）因人才招聘及引进平台很多，招聘效率提高，入职速度加快，入职人员素质较高。

（3）与外界交流实现常态化，开展业务和技术合作的机会显著增多。

四、感触与思考

南阳"小康"基地的确令人留恋，但是大家应该知道自我陶醉极易错失良机。日本管理学家小池敬说："越是沉醉，就越是抓住眼前的东西不放。"美籍华裔企业家王安博士提出的"王安论断"认为，"犹豫不决固然可以免去一些做错事的机会，但也失去了成功的机遇"。我们在公司搬迁决策过程中当断则断、学会放弃、雷厉风行、不再纠结，实践证明这是公司发展史上的一个根本性转折。

第三节 研发平台[①]化建设

为获得政府指导与资助，公司的研发工作需要纳入政府科技管理公共服务平台。

[①] 特指政府科技管理公共服务平台。

一、管理理念

1. 国家高度重视中小企业的发展

改革开放早期,发展中小企业主要是以解决就业为目的。随着中小企业不断发展壮大,其对国家的贡献越来越大,特别是在关键技术细分领域取得了众多技术突破,带动了一批新产业,涌现出一批如腾讯云、酷讯科技等的知名企业。大家对中小企业有了新的认知,国家更加重视中小企业,发展前景越来越好。公司必须坚守既定方针,坚定做研发、创实体的发展思路。

——摘自分管领导在"2021年重大专项"启动会上的讲话

2. 积极研究国家产业培育模式

国家对中小企业的发展政策也在不断发生变化。根据产业发展急需,国家先后出台了多批针对性极强的惠及中小企业的政策,来扶持企业、促进产业、培育行业,形成了国家产业培育的新模式。

(1)政府通过遴选,对主营业务突出、竞争力强、成长性好、发展潜力大的新兴产业、行业,通过资金支持及税费减免等方式进行帮扶。

(2)通过审核与认证的方式,指导、引导、约束和监督企业完成产品研发、技术创新,助力其实现产业升级和自身发展,同时也为国家培育新兴产业补齐了短板,为国家的持续发展做出了巨大贡献。在国家产业培育模式下成长起来的知名企业很多,如阿里巴巴、腾讯云、酷讯科技、金山云、三只松鼠、爱奇艺、美图科技等企业,都是在政府产业培育模式下成长起来的、在全球具有影响力的知名企业。

他们的发展道路我们要思考,要研究,要感悟,并从中获得启发,把我们的事情做好。

——摘自分管领导在2014年科研项目验收会上的讲话

3. 借助国家战略导向实现自我发展

受资金、技术、人才和研发所需平台等因素的制约,中小型企业搞科研实属不易,一个各方面资源严重受限的民营企业搞科研就更难了。我们公司的科研人员很努力,工作也很辛苦。但是,我总感觉我们的产出与投入不成比例,原因可能很多。是课题选择问题、研发组织管理问题，还是其他什么问题？研发工作做了多年，我们必须认真总结，发现问题后逐一解决。在这种情况下，积极研究国家产业政策，借助国家战略导向，对实现公司的跨越式发展意义重大。科技管理部门要认真研究运用政策，规划部署公司的研发工作。

——摘自分管领导在2010年7月科研项目中期验收会上的讲话

二、政策研究

国家战略导向非常清晰，为鼓励中小企业发展，实施了非常多的优惠政策与帮扶措施。在众多政策中，能够解决公司研发管理中存在的问题，实现科研工作规范化运作，使公司由科研"门外汉"，蜕变成"行家里手"的政策包括：①"高新技术企业"；②"科技型中小企业"；③"专精特新企业"；④"瞪羚企业"（产品和小巨人）；⑤技术创新中心等平台。

这些政策及相应平台都具有较为清晰的侧重点和导向性，而且遴选条件各异，门槛有高有低，层次十分分明，符合企业发展规律和特点。深入研究政策，结合当前实际，规划部署好公司的研发工作意义重大。

三、路径规划

公司研发管理基础薄弱，研发队伍技术水平整体不高，要坚持循序渐进、小步快跑策略，通过五大路径实现阶段性战略目标。

1. 以"高新技术企业"入道

2016年1月29日，科技部、财政部、国家税务总局联合出台《高新技术企业认定管理办法》，目的是在国家重点支持的高新技术八大领域内，鼓励通过研究开发与成果转化形成拥有自主知识产权、知识密集、技术密集的经济实体公司。我们公司以打基础为目的，通过对标"高新技术企业"条件要求，在总结成果、梳理流程、完善管理的基础上，实现公司研发的归口管理，这个过程可称为"入道"。

2. 以"科技型中小企业"入行

"科技型中小企业"是指有一定数量的科技人员、持续从事科学技术研究开发活动、取得自主知识产权并将其转化为高新技术产品或服务，从而实现可持续发展的中小企业。与"科技型中小企业"条件相当，可将公司研发工作纳入政府科技管理体系内实施规范管理。我们要通过对标"科技型中小企业"要求，以规范研发全过程管理为目的，从完善内部管理体系入手，形成公司的科研管理体系，打造一支规范高效的研发团队。

3. 以"专精特新企业"对标升级

打造"专精特新企业"是工业和信息化部（以下简称工信部）为提升产业链、供应链稳定性和竞争力，加快培育一批专注于细分市场、聚焦主业、创新能力强、成长性好的中小企业而提出的发展举措，重点强调研发基础和成果积累。国家在政策层面助力其实体经济做实、做强、做优。在管理层面，"专精特新企业"分为专精特新"产品"和"小巨人"企业。我们要按照"专精特新企业"认定要求，通过选择和培育新业务，实现公司研发升级，助推公司跨越式发展。

4. 以"瞪羚企业"[①]跨越

"瞪羚企业"的认定条件较"专精特新企业"要高，以"双创"（科技创新或商业模式创新）为支撑，以进入高成长期的中小企业为对象。认定范围涵盖新兴工业，新一代信息技术（含大数据、物联网、云计算、高端软件、互联网），生物健康，人工智能，金融科技，节能环保，消费升级等领域。公司要以此作为发展的阶段性目标，努力实现跨越式发展。

5. 以"技术创新中心"腾飞

公司筹建的技术创新中心坚持利用大数据分析，开展油气田安全生产技术服务，开发模型工具与信息化平台，解决企业发展中的共性与特性问题。同时建立了凝聚行业知识的智库型业务体系，在国土空间规划、管理和运维领域持续探索孵化新兴的服务模式和技术产品，以期完成公司腾飞。

---

① "瞪羚"一词源自硅谷，"瞪羚企业"的概念诞生于20世纪90年代。最初由美国麻省理工学院教授戴维·伯奇提出。创业企业跨越死亡谷、进入快速成长期后被称为"瞪羚企业"，也被称为"高成长企业"。美国硅谷称"高成长型企业"为"瞪羚企业"，因为它们具有与"瞪羚"共同的特征——个头不大、跑得快、跳得高，这样的企业，不仅年增长速度可以轻易超越一倍、十倍、百倍以上，还可以迅速实现在资本市场上通过发行股票募集资本。

四、重点工作

公司现已完成"求存"的发展历程，进入"求强"的发展新阶段。按照公司既定方针和路线图，在资金筹措、技术储备、人才引进等方面取得较大进展的基础上，力争在下列四个方面取得突破。

1. 技术研发及产品开发方面

按照"重大专项"部署，形成行业领先的知识产权成果，并及时完成成果转化和技术积累，促进公司打破技术瓶颈，突破业务天花板，步入发展快车道。

2. 参与国家标准、行业标准制（修）订方面

大家常说"得标准者得天下"。当前，标准已不仅是企业组织生产的依据，还是企业开创市场继而占领市场的工具。我们要利用公司的专业优势和市场基础，积极开展联合攻关，在参与国家标准、行业标准制（修）订方面取得突破。

3. 细分技术与市场研究开发方面

为使研发工作更符合"专精特新"的要求，公司要在认真调查研究行业产业政策、确定专业市场发展方向的基础上，寻求业务、技术以及资本等方面的合作伙伴，开展互利互惠高效合作，力争在细分市场领域确立项目、加大投入、实现突破。进而形成先发优势和引领优势。

4. 技术创新中心建设方面

公司要通过资本市场运作，汇集多方智慧进行深入合作，在碳排放控制数据技术中心及其他技术创新中心达标建设、申请验收等方面取得突破。

五、感触与思考

1. 做研发必须坚持创新

当技术规划完成、路线图确定之后，组织实施就成为关键。万通集团创始人冯仑曾经说过，任何一个企业都是从小长到大的，而且创业有瓶颈期，发展特别难，只要克服困难，突破瓶颈，就会一帆风顺。公司经过多年的发展，虽然已有一定的基础，在资金、业务市场、企业文化及管理等方面有了积淀，但迫切需要理念创新、制度创新，采取科学开放的发展模式大力推行

研发工作。

2. "杜根定律"的启发

"杜根定律"表明，一个人胜任一件事，85%取决于态度，15%取决于智力。当前行业发展形势诱人，同业竞争态势逼人，我们没有任何理由陶醉于眼前的成绩、沉湎于过去的辉煌，更没有任何理由自怨自艾、自说自话，必须端正态度、统一思想、坚定意志、保持定力，调动广大员工的智慧，再造辉煌。只有优秀团队才能勇立时代潮头，通过持续聚焦发力，最终获得持续成功。

第四节 对标"高新"做研发

一、背景材料

2008年4月，正值公司改制后的第三个年头，科技部、财政部、国家税务总局共同颁布《高新技术企业认定管理办法》，配套文件《高新技术企业认定管理工作指引》也正式印发。这是自1988年8月以来我国第三次对高新技术企业认定管理政策进行调整。与之前两次不同的是，新办法突出强调和鼓励企业创新、加大研发投入，形成以自主知识产权，尤其是核心专利技术作为认定条件的核心要素。高新技术企业除享受税收减免、政府性资金补贴、政府采购等优惠政策外，相关部门还可协助企业上市融资，被业界广泛关注。公司高度重视这一政策，将其视为十分难得的发展机遇。

二、研发理念

1. 通过研发培育核心竞争力

一个企业，如果想要永远立于不败之地，首先要明确自身的发展重点，并持续培育自己的核心竞争优势。公司对标高新技术企业，不只是为了领一个证、免一点税、减一点费，如果真是这样，就不会持续，更不能走得更远。我们的目的是培育公司的研发实力，打造公司的核心竞争力，争取更大的发展。

——摘自总经理在2009年年会上的工作报告

2. 做研发要与国家大战略保持一致

坐在办公室，盯住眼前的一草一木，苦思冥想搞研发方案，没有任何出路。我们必须走出去与同行交流学习，研究国家大政方针、产业政策以及行业需求，然后规划部署我们的研发工作。

——摘自总经理在2010年2月研发计划项目审定会上的讲话

三、主要做法

1. 业内专家授课

请行业内专家为公司员工重点讲授国家政策及研发项目管理知识和方法。

2. 实施内部改革

公司的财务与科技管理部门要认真研究相关政策，按高新技术企业的具体要求布局公司的研发工作。

（1）研发管理部门在组织好现有研发项目的基础上，根据《国家重点支持的高新技术领域》确定公司研发方向及新的研究课题，与业务部门充分沟通后拿出方案，公司统一组织审定后快速实施。

（2）财务部门要根据公司的研发活动，完善会计核算流程及核算方法，并完善现有会计核算制度。

3. 完善公司中长期科研规划

公司按照《国家重点支持的高新技术领域》，进一步确定了研发方向，重新编制了公司三年科研规划，并对公司年度科研计划进行了调整和完善。

4. 完善制度办法

公司在研究现行政策的基础上，按照新的《企业会计准则》及科技部、财政部、税务总局对高新技术企业有关研发费用核算的要求，对研发投入管理、研发费用的核算方式、会计科目设置、研发账务处理等方面进行了明确，为实施研发投入及核算体系规范化管理打下了基础。

5. 建立研发管理体系

公司构建了研发全过程管控文件体系。

四、研发成果

第一，新确立了污水处理及软件开发等共计9个项目，其中新启动研发项目4个，投入产出比约为1∶3。

第二，加强研发队伍建设，增加从事技术研发活动的人员，并以此为基础开展经营活动，实现成果创效，被河南省科技厅认定为"科技型中小企业"。

第三，公司研发工作步入正轨。

五、感悟与思考

1. 发展是硬道理，研发蕴含着实力

"赢家通吃"现象是当今社会中存在的一个普遍现象。公司在参与市场竞争的过程中，在投标现场更是经常遇到这种事。实力或声誉不佳的投标单位，哪怕是只差0.01分，经常被无情地淘汰，这就是市场经济残酷的一面。对参与市场竞争的企业而言，"马太效应"告诉我们，要想在某个领域保持优势，必须在此领域迅速做大、做强，发展才是硬道理。没有实力又想迅速做大，即便不停地更换领域和赛道，终归是徒劳。逆水行舟，不进则退。我们不应抱有任何幻想，一心一意谋发展才是王道。

2. 一旦产生路径依赖就会阻碍发展

当企业连续取得较好的经营成果时，极易产生路径依赖，甚至是一条道儿走到黑，我们公司或多或少有这方面倾向。司机都知道，单行道易被锁死。正因为知道路径依赖的危害，公司主要领导始终居安思危，摆脱路径依赖，在软硬件条件都不具备的情况下，勇于推出"产学研"一体化发展理念，及时启动公司创新及研发工作，收到了积极效果。

3. 坚持学习才能提高站位

一般管理者习惯于盯着眼前，且不说走一步看三步，就是看两步实际上也很难做到，主要原因是站位不高。为什么有的人对现状看得很清，对行业发展前景看得很远，对事物发展规律把握得很准？除了知识、阅历外，更重要的是思维方式及站位。要高瞻远瞩就必须持续学习。作为领导者、决策者，

较高的站位是必需素质。

4. 只有对标才能达标

公司经过多年的努力，按照"高新技术企业"标准扎扎实实做科研，使科研基础管理得以加强，研发相关制度、流程更加完善；研发团队规模持续扩大，研发投入大幅增加，研发成果不断涌现。在这期间，新形成专利技术4项、软件著作权18项。2009年10月，公司被河南省科技厅、财政厅和税务局认定为"高新技术企业"。

第五节 锚定"专精特新"推研发

一、背景材料

1. 工信部高度重视"专精特新"发展

国家支持和培育中小企业走"专精特新"发展道路的效果逐渐显现，中小企业"专精特新"梯度培育格局基本成型，国家树立产业链领航、单项冠军和"小巨人"企业三类典型标杆，促进各类企业由小变大、由弱变强，带动产业升级的力度不断加大。工信部相关负责人表示，"企业不分大小，只要创新能力强、质量效益高、在制造业基础和产业链中发挥独特作用，都是制造业优质企业"。由此可见，工信部高度重视"专精特新"企业的培育与发展。

2. 国家"专精特新"梯度培育格局

（1）"小巨人"企业：为"专精特新"起步级，国家鼓励中小企业通过进一步提升技术创新能力、市场竞争力和品牌影响力，发展成为"小巨人"企业。

（2）单项冠军企业："小巨人"企业在持续专注于细分产品市场的创新、产品质量提升和品牌培育方面取得较大进展，在巩固和提升全球市场地位方面业绩突出、成绩斐然，可发展壮大成为单项冠军企业。

（3）产业链领航企业：聚焦重点领域，有条件的单项冠军企业和大企业集团不断增强国际竞争力，形成对产业链、供应链、创新链的引领整合能力，可发展成为产业链领航企业，引领和带动国家及行业的发展。

二、管理理念

1. "专精特新"是国家对中小企业发展的期待

中小企业的发展事关国家经济、就业与社会稳定，在连续三年受困于新冠肺炎疫情的当下，重振中小企业活力成为当务之急。由于中小企业内部资源条件有限，只有精准定位、聚焦深耕创新才可能取得成功。"专精特新"科学诠释了国家对中小企业发展的期待，同时也是中小企业行将致远的必由之路。不同时期有不同的环境，任何环境都蕴含着机遇，只有主动作为才能把握良机，才能分享到环境的红利。

——摘自分管领导 2022 年 6 月的"企业微信"推文

2. 将"专精特新"视为公司发展目标

"专精特新"中小企业应该是中小企业群体中的佼佼者，它们专注于细分市场、创新能力强、市场占有率高、配套能力突出，是产业链、供应链的关键环节，是产业"补短板"的中坚力量，是创新链上的"生力军"和"先锋队"。公司作为中小企业，要以此为发展目标，明确自身的"痛点"和"难点"，对照标准制订工作计划，加大投入实施培育，每年确立并启动一批影响公司发展的重大研发专项，必要时可与科研院所及企业合作，确保各项研发业务按期完成，通过实现"小目标"带动公司"大目标"的实现。

——摘自分管领导在 2021 年"重大专项"启动会上的讲话

3. 要以市场为导向开展研发合作

科研项目要从市场中来到市场中去，不仅要避免没有市场的科研，还要避免已有产品技术的重复科研。当公司不具备原始创新能力时，科研方向应是改良与提升，这时要积极参与到社会生态圈中，倡导与社会机构合作开展科研工作，以弥补自身力量的不足和技术短板。

对具有推广价值的科研项目，不仅要进行当期奖励，还要按照实际创效予以长期激励，包括但不限于利润提成、成果折股、组建专门机构等举措。

——摘自董事长 2019 年 12 月撰写的文章《关于公司发展的几点意见》

4. 要确保研发人员薪酬待遇不降低

研发工作本身存在风险。为激发项目人员参与重大科研项目的积极性和主观能动性，消除研发人员的后顾之忧，公司"重大专项"采用全额预算管理，包括项目人员待遇在内的全部费用按照预算预留资金，专款专用；按照平均先进水平保障参研人员的待遇，确保研发人员在从事研发期间待遇不减、职位等级不降。待遇根据参研程度分类考核，具体细则由财务部门、科技部门共同拟订。

——摘自分管领导在 2020 年 12 月科研项目验收会上的讲话

5. 对研发人员实施当期激励和长期激励相结合的政策

（1）对于项目经理、安全技术专家、环保技术专家、新技术研究组和软件开发组组长等专职研发人员，采用固定工资制度，如果固定工资低于目前平均月收入，二者就高执行。

（2）对于形成成果并创效的项目，研发人员还将享受长期激励，具体办法需要研究形成文件，激励幅度原则上不低于形成产品技术净利润的 6%。

——摘自分管领导在 2021 年"重大专项"启动会上的讲话

三、升级"小巨人"

1. 省级"专精特新"中小企业巩固与提升

2021 年，公司已完成"小巨人"达标，成为河南省 1000 家"专精特新"中小企业之一，下一步首先要做好省级"专精特新小巨人"企业发展、巩固与提升。

2. 培育国家级"小巨人"企业

河南省每年推荐 100 家国家级"小巨人"企业，目前公司尚有一定差距，这也是公司今后一个时期的奋斗目标。公司要针对短板，加大研发投入，抓实体经济，采取资本合作等措施，努力实现跨越达标，为取得更高层次的发展打下坚实基础。

（1）将蓝深子公司及东方蓝深智慧公司（北京信息技术有限公司）定位为专业研究机构，按照研发机构管理要求进行规范化管理。

（2）与高校联合开展技术研发。

（3）与优秀企业开展资本及业务合作。

3. 对信息化业务进行再定位

信息化、智能化、数字化不仅是国家、行业战略性发展的方向，更是公司需要大力发展并同时促进其他传统业务升级的战略性业务。根据公司信息业务需要，未来三年发展思路及工作部署如下。

（1）注册北京东方蓝深智慧公司（以下简称"智慧公司"）。智慧公司的办公地点定在北京市，主营业务为产品技术研发及提升、重大业务及平台项目方案策划、重大市场技术方案支撑。

（2）注册郑州东方蓝深公司（以下简称"蓝深公司"）。蓝深公司的办公地点定在郑州市，主营业务为产品技术转化、软件项目开发、项目运维等。

四、感触与思考

1. "专精特新"是国家战略，须咬定青山不放松

国家支持鼓励和培育中小企业走"专精特新"之路，成功构建了具有中国特色的优质企业梯度培育格局，能够根据企业在产业分工中的位置和规模，通过树立产业链领航、单项冠军和"小巨人"企业三类典型标杆，促进各类企业由小变大、由弱变强、带动提升发展。"专精特新"作为国家战略，是实实在在的战略，绝对不是权宜之计，更不是做样子给人看。因此，公司要选定领域，确立目标，从长计议，脚踏实地不急于求成，更不揠苗助长，对标"专精特新"做研发，用研发促进成长，用成果推动发展。

2. 企业欲抢占先机，研发须永不停息

美国英特尔公司副总裁达维多认为，一家企业要在市场中总是占据主导地位，那么它就要永远做到第一个开发出新一代产品，第一个淘汰自己的产品。这就是著名的"达维多定律"，其揭示了市场竞争的真谛：人们在市场竞争中无时无刻不在抢占先机，因为只有先入市场，才更容易获得较大的份额和高额的利润。

如果为客户提供的产品缺少创新，几十年不改变，不思进取，不提升质量，一定会被市场所淘汰。公司个别业务板块的发展状况很好地诠释了这个道理。

第六节　对外合作促研发

一、发展生态

"专精特新"发展之路并不轻松。作为一个民营中小企业，因资源的限制，实施"专精特新"战略，需要付出比其他企业更多的努力。而通过战略合作，可有效助力公司向"专精特新"发展。

进入21世纪后，企业的竞争环境发生了巨大变化，企业面临的挑战越来越多。大量事实再次表明，一个底子薄、基础弱的民营企业不可能仅通过竞争取得绝对成功，企业间开展合作，促成优势互补，实现共同发展，就成了企业增强竞争优势的重要方式。

其实，为规避经营风险，提升竞争力，实现跨越式发展，公司已在2010年及时启动了战略合作。

二、合作理念

1. 通过资本合作推进战略合作

通过资本合作推进战略合作，可以及时补齐公司短板，释放更大活力，快速实现既定目标。公司历经三年的转型准备，已站在新的发展起点上，能否尽早创造辉煌，关键在于战略合作。公司董事、监事、两级领导团队成员要牢记使命，奋发有为，努力推动战略合作。按照立足"精选层"、瞄准"创业板"的目标定位，利用2～3年时间发力冲刺，实现更高层次的发展目标。

——摘自董事长在与第四届领导团队成员对话会上的讲话

2. 合作应是优势互补，强强联合

很多人以为，只有在企业经营遇到困难时才寻求合作，一谈合作就是谁吃谁的问题。其实并非如此，如索爱公司就是索尼和爱立信公司各占50%股权成立的全球著名企业，是强强联手获得更大发展的典范。当前，在国家淡化行政许可、客户内在要求提升、竞争激烈的形势下，不进行业务创新、不培育产品新技术、不实施合作共赢，就难以破解发展中的根本性矛盾，更高

层次的发展愿望终将成为虚幻的梦境。我们开展企业间的合作，要通过优势互补，强强联手，最终实现共同发展为目标。

——摘自总经理在 2016 年年会上的工作报告

3. 开展合作需要有良好心态

企业开展对外合作必须了解缺什么、需要什么、对方能给什么，我们的心态必须要开放。

（1）千方百计增加合作各方的收益，这是合作的基础。要通过合作，利用合作整体优势把蛋糕做大，实现互利双赢。只考虑自己的合作谈不成，即使谈成了也走不远。

（2）合作方式很多，可以灵活运用多种方式联手利用各自的优势，共同开拓一个市场、一个产品或一项业务。

（3）借力发展，有偿利用对方资源加快现有产品开发进程，也是一种合作。

（4）通过合作还可以在一定程度上分散风险。

——摘自总经理在 2017 年年会上的工作报告

4. 何为合作的"协同效应"

当今社会是一个竞争特别激烈的社会，市场变化也非常迅速。一个市场机会出现，很快就会有许多企业来争夺。要抓住机遇，除了企业本身努力外，还要积极开展合作。企业间的合作原因多样化，但最终目的都是为了获取单凭一方无法企及的利益，这就是企业发展的"协同效应"。如我们曾经的合作伙伴队伍力量较强，但缺少平台，而我们公司人手不足，但有平台，事实证明通过合作可以达到共赢：平台（甲方）+ 队伍（乙方）= 成功（双赢）。

——摘自董事长在 2018 年年会上的工作报告

5. 通过合资合作形成核心竞争力

我们要通过合资合作，利用公司安全环保软件、算法与外部感知和高清智慧产品有机融合的优势，共同打造立足"五大集团"[①]，面向全国企业的安全环保智能化解决方案。通过自研与并购，快速形成核心技术产品，打造核心

---

① 特指与石油天然气行业上下游相关的中石化、中石油、中海油、国家管网、中化等国家集团企业。

竞争力，支撑公司市场与业务大幅增长，实现合作各方共赢。

——摘自董事长在 2022 年 4 月在对外合作座谈交流会上的发言

6. 招募合作伙伴，打造立体化市场

通过招募合作伙伴，公司由原来的石油石化企业的条状市场扩展到各省、自治区、直辖市与行业市场相结合的立体化市场。合伙人与公司签订协议，授权共享使用商标，共享油田科技的品牌、业务信息、产品技术等资源，享受授权市场区域保护。技术合伙人独立核算、自主经营、自负盈亏，公司提供技术及有关资源支持。

——摘自董事长 2022 年 4 月在对外合作座谈交流会上的发言

三、合作成果

通过合资合作，实现了公司安全环保软件、算法与外部感知和高清智慧产品的有机融合。合作各方共同打造了立足石油石化行业，面向全国企业的安全环保智能化解决方案。

1. 资产并购

2022 年 5 月，河南油田工程咨询股份有限公司与汉威科技集团股份有限公司在郑州签约，汉威科技集团股份有限公司向我公司出让其旗下的郑州德析检测技术有限公司（以下简称德析检测）控股权，公司完成并购并启动对德析检测的技术升级改造，培育郑州市石油天然气清洁生产与大数据分析工程技术研究中心，快速形成产品技术核心能力，支撑市场与业务大幅增长。在补齐公司产品技术短板的同时，为业务创新、扩大规模奠定了基础。

2. 共建实验室

为打造研发平台，公司与高校合作共建污水处理实验室。目前项目立项已完成，课题已启动，各项试验研究工作有序推进。

3. 联合攻关

针对油田边远站场存在的运行成本高、工艺流程长、设备占地大等问题，公司以一体化预分水设备技术产品优化提升为契机，促进技术转化，培育公司环保业务的新增长点，先后与多所高校合作，对技术难题进行联合攻关。

4. 项目合作

2018年，公司与合作单位就重大安全生产现场监管项目开展业务合作，完成公司发展史上合同额最大的一个合作项目。在开展业务合作的同时，公司超额完成两项自立项科研课题，并在国内核心期刊发表专业论文两篇。

四、感触与思考

1. 合作也要做好前期研究

开展合作是公司做大做强的有效途径，也是公司的发展战略。但合作涉及很多复杂的程序性、事务性问题和法律问题，而且后期管理工作难度也很大。为推进公司战略合作，提高合作成功率和合作双方的满意度，公司当前应成立由专业人员参加的工作专班，明确职责，研究政策要求，熟悉法律法规，制订工作方案，做好前期工作，全力规避合作带来的风险。

2. 谈合作，需求是基础，利益是前提

美国心理学家弗里德曼提出的"弗里德曼定律"告诉我们：有"利益与利益"的相互补充，才会有"需要与需要"的相互满足。在选择合作伙伴的时候，不仅要看我们的需求，也要了解对方的迫切需求，知己知彼方能深入合作。在大战略背景下，公司可以有原则、有底线地释放一些利益，以确保合作项目的顺利推进。

3. 合作要追求双赢效果

当今，面对经济全球化及日益严重的环境问题，人们开始认识到"利己"绝对不能建立在"损人"的基础上，要通过有效合作走向双赢。如何实现双赢目标？那就要靠各方真诚合作的精神和勇气。在合作中不能总是想着能得到什么，要遵守规则，信守承诺，否则双赢的局面就不可能出现。

我们经常遇到合作方对如何合作漠不关心，仅在利益分配方面纠缠不休。这绝不是优质的合作伙伴，即使暂时达成合作，终将难以长久。

第八章　企业文化

先进的企业文化[①]是企业成功发展的重要体现，也是企业走向持续成功的关键因素，更是企业提高环境管理能力的重要媒介。油田科技成立之初就高度重视企业文化建设，不断从企业文化中汲取发展力量，并在企业环境管理中持续提升企业文化的作用。企业文化为油田科技未来的持续成功提供了重要支撑。

第一节　文化导入

一、企业文化的特性

优秀的企业文化是企业经营战略获得成功的重要条件。要实现公司战略目标，必须用优秀的企业文化来引领和支撑。具体来讲，要用企业文化凝聚队伍、树立信誉、传播形象、打造品牌，实现公司核心竞争力的提升，这也是公司改制以来的一贯追求。

1. 企业文化具有相对独立性

企业文化是由公司生产经营管理特色、传统、目标、员工素质以及内外环境所决定的。每个企业都有其独特的文化积淀，具有鲜明的个性和特色，具有相对独立性，照搬照抄无法完成企业文化构建。

2. 企业文化具有层次性

在初创期，企业文化更多地表现为表层、浅层（文字表述）；随着企业

[①] 企业文化是企业发展到一定阶段形成的企业价值观，按组成要素应包括五个方面的内容：环境（扎根的土壤）、价值观（企业发展的基石和核心）、楷模（塑造典范和榜样）、行为（行动规范和惯例）、传递（传播渠道），简称"五要素"。

战略的推进和文化积淀,形成企业文化的里层、核心层(行为规范),企业文化的作用逐步显现。如何构建优秀的企业文化?关键在于企业文化的导入,以及逐步完成企业文化"表层""浅层""里层"和"核心层"四个层次的构建。只有这样,才能发挥企业文化的导向、激励、凝聚、约束、辐射五大功能。如果企业文化长期停留在"表层"或"浅层",其发挥的作用将极其有限。

3. 企业文化服务于企业战略

企业文化决定着企业战略,同时也服务于企业战略。优秀的企业文化是制定企业经营战略的重要条件,当企业发展战略确定之后,企业文化建设必须及时跟上,从而保障企业战略的实施。

二、公司背景

在我国约有 80% 的初创公司都经历过迷茫和焦虑,油田科技也一样。在初创期,由于公司发展战略的"空心化"和企业文化的"多元化",企业文化建设面临三大难题。

1. 企业发展战略认同度不高

在形成企业发展战略之前,公司决策层需要做出科学的、符合企业实际的战略选择,并需要取得广泛认同。但当时大家(包括领导团队内部)对此认识不足,分歧很大。

2. 员工共同价值观念有待形成

由于是新改制的公司,员工思想认识五花八门、参差不齐。企业文化既需要重新构建,又需要精准导入,过程长且艰难。因员工队伍之前所从事业务类别差异较大,导致企业文化根基薄弱,企业内部没有形成共同的意识理念和价值观念,没有统一的职业道德及行为规范。

3. 对企业文化的作用认识不清

公司的母体企业属于特大型二级法人国有企业,对企业的"发展战略""企业文化"之类的概念、意义和作用关注度不够。公司改制后,大家总以为谈发展战略、企业文化是玩"假大空",是做宣传给别人看的,对企业文化的作用认识不清。

基于以上背景，公司企业文化建设任重道远，公司的战略规划及选择任务十分艰巨。

三、文化建设理念

1. 文化建设是企业行稳致远的保障

原来大家感觉企业文化离我们很远，其实每一个油气田企业也都有自己的企业文化，只是我们的宣传和关注不够而已。任何一个企业的生存和发展，都离不开企业文化，企业文化是公司核心竞争力的重要组成部分，这不是赶时髦，更不是"假大空"。没有自己的企业文化，企业注定走不远。企业文化在很大程度上表现为领导团队的集体认知，从一定意义上说，企业文化是公司领导经营理念的升华。我们要把先进的理念转化为公司的经营方略、体制机制、愿景目标，要最终成为企业持续发展的动力。

——摘自总经理在2007年第一届技术交流座谈会上的谈话

2. 企业文化建设应与时俱进

公司两级领导团队成员在企业文化建设中要先学一步，学深一些，带头思考，带头实践，时时事事给员工做出榜样，要在企业文化建设中有创新、有建树。要明确自己的角色定位，承担起应负的责任，并善于集中群众的智慧，调动起全体员工的积极性、创造性。企业文化建设是一个渐进过程，必须明确总体目标和阶段性目标，必须运用系统论的方法，搞好顶层设计，分步推进落实。作为一项战略性、长期性的工作，企业文化建设是一项庞大的、复杂的系统工程，不能凭空想象，一蹴而就，也不能一成不变，要与时俱进。企业文化建设没有捷径，偷工减料，单纯请老师讲讲课只能解决皮毛问题，根本无法导入文化。导入文化是一个长期培训教育、训练引导的复杂过程，与日常工作结合起来，才能收到最佳效果。

——摘自总经理在2009年年会上的工作报告

3. 充分发挥好企业文化的导向作用

公司人事负责人和人事管理岗要尽快启动公司人事制度改革，高效发挥企业文化的导向作用，依靠制度实现科学公平的正向激励，永葆董、监、高和两级领导团队的领导、管理、创新和发展的蓬勃活力。考评时一定要考虑基数和责任的轻重因素，可以科学引入权重。

——摘自总经理 2021 年 6 月在"企业微信两级班子群"的推文

4. 坚持大局观

每个人都有理想，或工作挣钱，或展示价值，或追逐事业，理想并无高低贵贱之分。付出努力并获取相应回报是每个员工最基本的权利，神圣不可侵犯。公司一直奉行以人为本的理念，坚持走共同富裕之路，无论当期兑现还是股份分红，均要做到最大限度回馈员工。公司积累不足、抗风险能力较弱，身为管理者，我们身披职位荣誉、享受着职位待遇，因身居职位属性的要求，我们的理想必须与公司发展紧密联系在一起。如果始终在狭小盘子里算计个人利益，无视公司发展这一基本要求，我们就把自己等同于一般社会人员，甚至连一般员工的境界也不如。没有境界、格局、站位，即便公司赋予你职位身份，又如何能够自立起角色权威，如何能够履行好领导、执行者的职责与使命？

——摘自董事长与第四届董、监、高成员的谈话资料

5. 公平公正理念

绝对公平不存在，但实现最大限度的公平应该是管理者的追求。有的管理者思想观念比较僵化，比职位不比能力、比收入不比贡献，把职位和待遇视为永久的铁饭碗，宁愿我负公司无穷，不让公司少我一分，谋取职位不过是为了单纯的利益索取，广大员工对此意见很大。还有的管理者不注重学习提升，始终手无良策，一味依赖于自身低端的经历与经验，贻误了发展的良机。外部形势发生着巨变，公司也已转型几年了，如果领导人员的观念举措仍然陈旧不堪，大有堂吉诃德拿着长矛去挑历史风车的滑稽可笑。

——摘自董事长与第四届董、监、高成员的谈话资料

6. 以人为本的发展理念

管理是有温度的，"以人为本"还蕴含着人文关怀。但"以人为本"不能变成以"人情"为本，不讲原则，姑息迁就。业界管理者再三提醒，温情可

以采取其他方式，譬如生活中的友谊与关怀、困难时的帮扶与援助，但一定不要用在公司管理上，否则，企业就会僵化停滞，甚至万劫不复。

——摘自董事长与第四届董、监、高成员的谈话资料

7. 着力打造企业楷模文化

先进集体和个人是广大员工的典型代表，他们认真践行并引领着公司文化，促进着公司发展。为进一步强化楷模文化建设，激发扛旗争先热情，科学全面考评每位员工的绩效与能力，杜绝弄虚作假、降低标准、擅自调整考评条件和内容的恶劣做法，公司要将评先评优上升为公司核心制度，处理好总结、传承与创新的关系，完善评先评优条件、标准、程序，维护该项工作的神圣性和严肃性，着力打造企业楷模文化。一旦评先评优沦为世俗化流程，公司多年积淀的先进文化就会遭受严重破坏，传导和引领作用就无从谈起，甚至会带来混淆好坏的恶劣后果。

——摘自公司《内部管理通讯》〔2021〕第 2 期

8. 员工队伍职业化发展理念

我们要规范管理行为，进一步提高员工职业化素养。职业化就是一种工作状态的标准化、规范化、制度化，职业化的内涵包括工作中应该遵循的职业行为规范、职业素养，以及与之相适应的职业技能。职业化要求从业者在合适的时间、合适的地点，用合适的方式说合适的话、做合适的事，始终坚守职责与职业要求，不受个人因素左右，冷静、客观、专业地处理好工作中的各种疑难问题。

目前公司领导团队存在的主要问题是根据自身好恶开展工作，让自身的情绪左右工作，影响了公司的利益、和谐、稳定和团结。人都有自己的个性，三观不同可以不做朋友，但作为同事，需要相互尊重与配合，这不是你愿不愿意的问题，而是职业化的要求。两级领导成员作为管理者，只有具有职业化的意识，熟悉公司的规章制度，坚持按职责和流程办事，才能够真正统一思想、协同资源、高效运行、把事办好。否则，一定是各唱各调，南辕北辙，一片混乱。

——摘自公司《内部管理通讯》〔2021〕第 4 期

9. 公司和谐发展理念

董事、监事及中高层管理者要积极寻求建立科学的职场人际关系，掌握良好的处事方法，要用"德"立身，用"情"沟通，用"行"示范，正确处理好上下级关系。大家在工作上是良好伙伴，在生活上是知心朋友。上级对下级要关心培养、支持；下级对上级，无论是在组织原则、社会关系上，还是在管理能力上，理应服从与尊重，做到步调一致、同心同德；同级之间应该相互支持、坦诚相待、相互补台。总结起来就是要说老实话，办老实事，做老实人。说老实话就是实事求是、表里如一，不阳奉阴违；办老实事就是严格按制度办法和议事规则行事，一切服务于公司大局以及股东和员工利益；做老实人就是与人为善、光明磊落，不搞小团体、小帮派，更不做有违法律法规的事。

——摘自董事长发表在《执行力培训体会》上的文章

10. 公司文化建设的"五个一工程"

公司要全面做好企业文化建设工作，真真切切地管理好公司官网、微信公众号及内部报刊等文化阵地，纵深推进企业文化建设"五个一工程"（一个网站、一个微信公众号、一份报纸、一本故事集、一面文化墙），激发正能量、传递正形象、展示社会价值，助推实现公司跨越式发展。

——摘自董事长在2020年年会上的工作报告

四、文化导入工程

1. 企业文化导入

改制初期，我们没有多少文化积淀，企业文化基础非常薄弱，文化载体要素不健全（如工作场所）。在2007年前后，公司主要专注于企业文化要素构建，重点是宣贯与引导、培训与训练，核心是充实与完善。由公司领导团队亲手完成了企业文化的顶层设计，形成了企业文化基本雏形，并通过文化导入，在公司上下产生了深远影响，如大家耳熟能详的"两个一流"目标和"四个一"要求等，就是在这一时期形成的。

2. 企业文化总结与提升

2017年，公司结合经营现状，对好的做法和成功经验进行了总结、沉淀和升华，对积极倡导或者需要引起注意的内容进行充实提升。如落实薪酬管理多劳多得理念的"两个比较""三种公平"，营造和谐生态的"四种精神""四种和谐"理念，就是在这一时期形成的。

3. 企业文化培训与训练

公司于2018年请北京著名培训机构就"执行力提升"进行授课和训练；2019年请河南省著名律师事务所专家就"客户管理、合同及法律事务"做专题讲座；2020年由总经理就公司文化重要组成部分"制度、办法和流程"进行辅导。

由人事管理部门出题，两级领导团队全员参加的企业管理知识闭卷考试不定期举行，董事长全程监考。考试公示结果显示，90%的两级领导团队成员成绩为"优秀"。

4. 企业环境建设助力企业文化发展

企业环境对企业文化的形成和发展具有重要的影响，搞好企业环境建设意义重大。公司的环境建设主要包括办公基地两次搬迁：①由河南油田工程院综合楼搬迁至河南油田广西路；②从河南油田广西路搬迁到郑东新区中兴南路。

每次搬迁都使得办公环境、网络环境、人文及社会环境大大改善，同时使"友好、和谐、向上、健康"的经营宗旨逐渐形成并固化。

5. 企业礼仪文化建设

礼仪规范是企业文化的重要内容，是公司具有动态特性的文化。公司高度重视礼仪文化建设，先后多次举办全员礼仪培训，并制定了《公司礼仪规范》。

6. 构建企业文化立体传播渠道

为有效传播企业价值观和经营理念，公司积极构建企业文化传播渠道，作为企业文化建设的重要环节推进。到目前为止，公司进行文化传播的主要途径包括：公司网站（内外网）、公司宣传册、《技术与实践》（期刊）、《跨越》（报纸）、文化墙、《内部管理通讯》（电子期刊）等，初步实现了企业文化的立体传播。

五、感触与思考

1. "一把手"潜心开展文化导入

公司文化需要内化于心、固化于制、外化于形、实化于行。管理部门的老员工都知道，与总经理会面需要做两项准备：一是业务或项目上的事，包括工作进展情况、有无困难等；二是回答企业文化建设方面的提问，如业务工作"十要诀""四个一要求"等。

如果将企业文化束之高阁，不能将理念变成行为习惯，就无法通过企业文化来打造公司的软实力。因此，我们要让企业文化入眼（认知）、入脑（认可）、入心（认同）、入行（践行），使企业文化真正成为公司的核心竞争力。公司总经理潜心开展文化导入，较好地促使公司文化落地生根，开花结果。

2. 公司重视关于企业文化的广泛认同

从公司创建的那天起，就已经有了自己的文化。不论你是否承认企业文化的存在，不论你如何看待企业文化，不论你是否重视企业文化，它都是存在的。所不同的是，企业文化有水平高低、优劣之分。企业文化与企业的经营理念密切相关，打造企业文化首先需要取得关于企业文化广泛认同。

为形成关于企业文化的广泛认同，公司长期坚持凡是涉及公司发展和员工个人利益的任何一个重大决策、任何一项管理制度、任何一项改革方案的导入，都要按程序，在最大限度地达成广泛共识后再组织实施。

第二节 企业文化传播

打造一个符合公司实际的企业文化传播工具或平台，通过有效的方式传播企业文化，将理念转化为认知与行动，让企业文化担负起树立企业形象的重要使命，意义特别重大。企业文化如果不能广泛传播，结果就是只见倡导者的激情，却不见响应者的行动。

一、企业文化传播理念

1. 企业文化传播要与日常经营活动结合起来

企业文化建设的最高境界是让文化理念融入员工思想中、沉淀在管理流程中、落实到每个岗位上、体现在所有人的行动中。要达到这一境界，企业文化传播必不可少。如何传播？在公司层面，企业文化建设要实施"五个一工程"，即一个网络信息平台、一个微信公众号、一份报纸、一本故事集、一面文化墙建设；在员工个人层面，要结合日常工作，努力将公司的企业文化融合入每位员工的一举一动、一言一行、一个报告、一份文件之中。

——摘自总经理在 2020 年年会上的工作报告

2. 搞好自办媒体

现代企业要学会推介自己，让客户了解我们是干什么的、我们干了什么、我们干得怎么样、有无合作的可能等，沟通交流是不可少的。面对面交流存在不足，一是时间有限制，来去匆匆；二是多数情况下无法全面系统地详细展示企业文化。如果客户手头有本期刊、有份小报，登载了我们公司员工的专业研究论文、科研成果介绍、企业管理文章等，效果就不一样了。如果对方发现期刊论文与他们的项目相关，可能会请作者参与到项目中。因此，公司也应创办自己的媒体，为内外交流服务。

——摘自总经理在 2007 年技术交流座谈会上的讲话

3. 办媒体要自觉履行社会责任

公司网站和内部期刊、报纸都有受众，具有传播速度快、影响大的特点。公司所办媒体要有担当，要自觉履行社会责任，要坚持创办初衷，坚持正确的舆论导向，坚持质量第一的原则。公司分管部门相关人员要负起责任来，对采用内容要认真把关，不合时宜的内容不能登载；非原创稿件不能登载；没有创新的不能登载；表述不完整，可能引起歧义的不能登载。

——摘自总经理在 2019 年 3 月《技术与实践》复刊会上的讲话

二、企业文化传播平台

1. 期刊

以技术交流为宗旨的《技术与实践》（内部期刊）于 2007 年 12 月创刊，截至目前，已正式出版十多期，读者普遍反馈良好。

2. 报纸

以反映公司工作、业务和改革为宗旨的内部报纸《跨越》于 2014 年完成内部发行，备受员工欢迎。

3. 电子期刊

以反映公司内部管理动态为宗旨的《内部管理通讯》（电子期刊）于 2021 年 2 月首次在线上内部发行，以导向性为特色。

4. 网站

以弘扬正气，反映公司综合动态信息为主，面向社会的公司官网（www.hnocse.com）于 2011 年完成备案登记，并对外开放，成为公司对外宣传推介的窗口。

5. 宣传册

公司对外宣传推介的手册已于 2021 年 5 月完成第四次升级印刷。

6. 信息（软件）平台

服务公司内部业务管理的 OMP 一体化管理平台在 2018 年上线运行，这不仅是公司业务处理平台，而且已经成了公司的大数据中心。

7. 制度办法汇编

作为企业文化的重要组成部分，能够充分体现公司核心价值观的《公司制度汇编》第三版于 2020 年 8 月完成汇编。

8. 文化墙

2021 年，用于展现优秀员工、特色产品、创新管理的文化墙建设完成。

三、感触与思考

1. 打造优质产品，加强产品（文化）传播

按传播载体可以将文化传播分为产品传播、人员传播和媒体传播三种形

式，公司重视文化传播，特别是媒体传播，并通过多种媒介传播企业文化，收到良好效果。据了解，不少人是通过公司的一本期刊、一张报纸、一份宣传册、一个网站了解公司的，这些媒体平台对促进公司业务建设发挥了重要作用。目前，公司的产品传播有待进一步加强，应以专业领域为单位，以过硬的产品为载体，以品牌建设为抓手，完成产品传播，实现企业文化增值效应。

2. 要持续强化企业文化内化过程

企业文化传播按照受众可以分为对内传播和对外传播，其中面向企业内部员工的对内传播是企业文化的接受、内化过程，也称"企业文化落地"。没有完成内化的企业文化不能叫企业文化，至多就是写在纸上、墙上或者停留在口头上的格言、警句或标语口号。企业文化的内化过程是一个长期持续的过程，特别是对于新入职员工，公司可通过专题培训、规章制度的制定及学习、示范、活动等形式帮助他们迅速熟知企业文化，缩短企业文化内化过程。

第三节　企业文化再造

现代管理学之父德鲁克认为企业要思考三个问题：第一个问题，我们的企业是什么（现在）；第二个问题，我们的企业将是什么（将来）；第三个问题，我们的企业应该是什么（目标）。这三个问题常被称为企业文化的"三个原点"。"三个原点"理论是公司企业文化再造的理论基础。

一、公司企业文化

公司现有企业文化是在公司重组、改制、发展过程中，经过持续沉淀、总结、提升逐步形成的。

1. 公司企业文化的内涵

公司使命：为石油石化行业实现"碧水蓝天、安全发展"贡献智慧。

公司愿景：为员工营造和谐的工作环境，实现与业主共同发展。

经营目标：培育行业一流队伍，打造行业一流公司。

经营宗旨：友好、和谐、向上、健康。

从业理念：比岗位先比能力，比收入先比贡献。

业务要求：每做一个项目，熟悉一项业务，掌握一门技术，巩固一片市场。

人才观：德才兼备、以德为先；让想干事的人有机会、能干事的人有舞台、干成事的人有地位。

三种公平：自己的收入相对于自己的贡献是否公平；自己的收入相对于其他岗位是否公平；自己的收入相对于公司外部水平是否公平。

四种精神：热爱公司的忠诚精神，爱岗敬业的奋斗精神，团结友爱的互助精神，清正廉洁的高尚精神。

四种和谐：各领域之间的和谐；各岗位之间的和谐；新老员工之间的和谐；内外部关系之间和谐。

2. 公司企业文化的作用

公司原有企业文化的特质充分体现了当时的经营与管理理念，较好地适应了员工持股单一的股权结构。实践证明，公司已经形成了能够较好地反映公司主流理念、主流行为方式的特色企业文化，这已成为公司的核心竞争力之一，对促进公司持续快速发展发挥了很好作用。

二、企业文化再造动因

随着公司的发展，企业文化再造的内外部动因已经显现，企业再重组、上市、新产品（业务）推出等新的发展战略正在按计划推进，企业文化再造被提上议事日程。

1. 企业所有者发生变化

为响应国家"双碳"政策，公司布局碳排放、碳核查、甲烷检测等业务的创新及技术研发，完成收购郑州德析检测技术有限公司（以下简称德析检测）。以德析检测现有设备、场地及技术储备为依托，筹建河南省及郑州市石油天然气清洁生产与大数据分析工程技术研究中心，将环保技术、传感技术、智能仪表技术、通信技术、云计算和地理信息等物联网技术紧密结合，形成了"传感器＋监测终端＋主营业务＋数据＋采集空间信息技术＋云应用"的系统解决方案，应用覆盖传感器、物联网、公用事业、家居智能、健康等行业领域。公司实施的并购，既是机制并购、组织结构并购，又是心理并购、文化并购。当企业完成并购后，需要依托公司新的发展战略和产品，适时完成企业文化再造。

随着改革的深化，公司股权结构将进一步优化，全资子公司、控股子公司、员工持股，以及非员工散户个人持股等形式并存，多元化趋势明显。打造具有公司特色的股权文化，实现资源的进一步优化配置，技术及信息的高度共享，业务及产品的提升，满足公司发展战略的需求，势在必行。

2. 经营模式创新和市场优化

公司施行"自营+合作"的新经营模式和立体化市场管理。

3. 持续完善与提升

公司章程修订及企业战略调整、客户及产品方案变更、内部组织及管理流程发生变化。因此，需要从体系管理入手，对企业文化进行再造。

三、企业文化再造理念

1. 企业文化建设要高度契合企业发展战略

企业文化的建设主要通过人们的思想观念和意识形态来反映，是一个潜移默化、长期变化的过程，不可能在短期内完成。另外，企业文化再造是一项复杂的系统工程，涉及企业的软硬件环境、组织结构、内部管理、员工素质、利益分配等一系列问题。因此，企业文化再造要遵守企业文化建设特有的客观规律，充分考虑员工的思想状况，运用系统思维方式循序渐进、分阶段推进，切莫急于求成。公司设专岗管理企业文化，是工作所需，更是企业发展所需。公司的文化建设要高度契合公司的发展战略，要有计划、有标准、有要求。

——摘自董事长在2021年4月文化管理部门成立会上的讲话

2. 主动吸纳被并购方的企业文化，完成公司企业文化再造

公司完成对德析检测的并购后，管理部门要认真研究德析检测的企业管理及企业文化，拿出管理融合和企业文化再造方案，并主动吸纳德析检测原有的优秀价值理念。通过企业文化再造，在赢得被并购企业员工普遍认可的情况下，按照相关法律和惯例，获得并行使相应的管理与控制权，该管的要管好。

——摘自董事长2022年4月的"企业微信"推文

四、企业文化再造行动

1. 企业文化再造长效机制建立

2021年9月，公司设立专职企业文化岗，主要负责公司的企业文化建设规划、组织实施及其他相关配套工作，对公司发展的不同阶段进行总结与沉淀、提炼与升华，同时负责企业文化的再导入。

2. 规范管理企业文化再造

2022年4月，为加强公司企业文化管理，塑造公司企业文化并推动其发展，规范企业文化建设管理工作，培育良好的企业文化氛围，促进企业文化建设工作健康有序发展，使企业文化切实发挥导向、规范和约束作用，适应公司跨越式发展，公司出台了《企业文化管理制度》。文件在企业文化管理机构及职责方面进行明确，并对企业文化建设内容及方法进行了规范。

3. 启动了企业文化再造"三个一工程"

（1）每年一本的记录全体员工在各自岗位上凝心聚力、辛勤耕耘、努力奋斗的身影和事件，讲述身边"爱岗敬业、责任担当、客户为先、追求卓越"故事的企业文化《故事集》完成汇编和印刷。

（2）一面能够动态反映企业形象、传达企业文化、展示企业实力、提升团队凝聚力和执行力、激励员工积极性和创造性、推动品牌建设、提升品牌形象的文化墙投运。

（3）一部反映企业发展及企业文化建设成就的图书完稿，即将正式出版发行。

五、感触与思考

1. 要把企业文化建设与企业党建结合起来

公司重视党建，且具有良好的党建基础；公司重视企业文化建设，并有丰富的企业文化积淀。为助力公司取得更大发展，需要升级企业文化，可以将企业文化建设与党的思想建设结合起来。从思想认识高度来思考企业文化建设与党的思想建设的一体化问题，可以打造出层次较高的、特殊的企业文化。

2. 打造开放式企业文化

企业发展初期的企业文化多为约束型，属于被动思维模式，适应市场变化的能力较弱。随着市场环境的变化、内部人员的更替及公司高管的变化，公司核心价值观的内涵得到了不断的丰富和发展，构建具有开放性、阶段性和发展性的企业文化就显得非常重要。现有的企业文化需要与时俱进，并以此为契机打造可以自我约束、积极创新、能够较好适应市场环境变化的开放式企业文化。

第四节　企业文化发展

企业文化发展的基本方式是文化创新，文化创新的关键是理念创新，理念创新常常带动方法及措施创新。对于我们公司来讲，创新是公司文化的核心特征，尤其是理念创新、管理创新和方法方式创新，决定并影响着公司的创新发展。

一、理念创新

1. 何为领导

对"领导"一词的理解，传统解释一是领，二是导，领是带领，导是指导。但我个人认为"领导"一词还蕴含着克服困难、勇往直前的坚强意志。顺风顺水时工作容易做，成绩容易显现；逆水行舟的情况下，就需要超凡的信心和勇气。如果顺其自然、听其任之、好坏如常、心安理得，那么领导的尊严和权威就丧失了。所以，领导一职还意味着要具有攻坚克难的意志和素质，具有勇于负责和敢于担当的态度与气度。

——摘自董事长在 2017 年与行政领导团队成员交流会上的讲话

2. 何为责任

所谓"责任",就是分内之事,就是与职责、岗位对应的基本要求。所谓"尽责",就是按照岗位的职责要求把各项工作做好。规定很明确,道理也非常简单,但是在现实工作中存在着在其位不谋其政,或者行为与岗位职责要求相去甚远的情况。如果我们每一位同志都把分内之事做好,尽到自己的责任,就能够推动事业健康发展。

——摘自董事长在 2017 年新聘干部就职会议上的讲话

3. 何为格局

格局是责任的更高一个层次,是要求的升华。将"格局"两个字分开来讲,"格"就是程度,"局"就是面。一个是讲深度,另一个是讲广度,从两个维度来衡量一个人看待问题的方式和方法。所以我们说,"格"是纵向的,"局"是横向的,"格局"是立体的,纵横交错立体反映一个人的胸怀、看待问题的方式及分析问题的深度。看问题不仅要全面,还要有深度,只有格局提升了,才能全面、深刻地看待和处理问题。

——摘自董事长在 2017 年新聘干部就职会议上的讲话

4. 何为境界

责任—格局—境界,在逻辑上是递进关系,从认识事物的高度上来讲,是逐步螺旋式上升的一个关系。"境界"这个词更多的是一个哲学概念,说到底就是一个人认识事物的水平以及处理事务的职业素养。一个人的境界很高,就是指他认识事物的能力很强,处理人事关系的水平很高,看问题很透彻。作为管理者,一定要是一个善于思考的人,一定是用辩证哲学来指导工作实践、解决人事矛盾的人。现在社会瞬息万变,我们面对的市场、业务、技术都是如此,可是我们有些管理者总认为传统的业务永远都能做下去,传统做法一直奏效管用,所以一直不变,结果市场实践和客户检验证明这样是不可行的。

——摘自董事长在 2017 年新聘干部就职会议上的讲话

5. 何为困难

困难可以包含很多方面,如果说把公司比喻成一辆长途跋涉中的汽车,途中遇到的道路，或坎坷、或平坦、或崎岖、或涉水，只要驾驶员坚韧不拔、永不放弃，就能到达目的地。我始终认为世上没有克服不了的困难，困难之所以没有克服，要么是你不够努力，工作没有做到位；要么是时机还不成熟，暂没有找到解决的办法。世上的困难就像一把锁，总有开启它的钥匙。面对困难是退却还是奋进，两种境界折射出两种不同的职业素养和敬业精神。

——摘自董事长在2017年新聘干部就职会议上的讲话

6. 中层管理人员的"两个表率"

中层管理人员要立足岗位，以身作则，以上率下。公司实施看板管理，按周检查，月度汇总，季度考核，年度考评，就是在促进"两个表率"发挥作用。人不率则不从，身不先则不信，中层管理人员务必做好"两个表率"：一是做忠于公司、爱岗敬业、思想先进的表率；二是做勇挑重担、勤勉敬业、业绩先进的表率。

——摘自公司领导在2021年4月周例会上的讲话

7. 董、监、高"十个约定"

（1）爱党爱国、言行一致、光明磊落。

（2）遵章守纪、严于律己、令行禁止。

（3）认真履职、团结协作、勇于负责。

（4）忠于公司、顾全大局、维护形象。

（5）民主集中、客观公正、科学决策。

（6）清正廉洁、勤俭节约、杜绝浪费。

（7）守土有责、严格保密、防控风险。

（8）努力学习、开拓创新、推进发展。

（9）爱憎分明、坚持原则、风清气正。

（10）尊老爱幼、关心员工、营造和谐。

——摘自总经理在2020年年会上的工作报告

8. 何为优秀员工

《成功，从优秀员工做起》一书，从"富有使命感的员工""善于及时提出合理化建议的员工""有吃苦耐劳精神的员工""胜任本职工作、能够独当一面的员工""勤于思考、善于用智慧解决问题的员工""做事能做到位的员工""把公司利益放在第一位的员工""用业绩说话的员工"等方面详细阐述了何为优秀员工，其中不乏感人事例。

我认为优秀员工的基本素质包括富有使命感、有吃苦耐劳精神、勤于思考、胜任本职工作。把公司利益放在第一位、做事做到位、用业绩说话、善于提出合理化建议四个方面则是对员工素质的更高次的要求。

胸无大志、拈轻怕重、工作浮躁的人难以胜任高层次的工作，这已经是不争的事实。纵有满身才气，如果自我意识太强、工作标准不高、盲目进行攀比、不注意工作方式方法等，往往容易给人造成误解，影响个人的成长与进步。

——摘自董事长《成功，从优秀员工做起》读后感

二、方法创新

1. 学用哲学思想促使思想更加成熟

在日常工作中，要想使自己的思维更加严谨，必须运用哲学思想来指导我们的工作实践。哲学对于思维的作用类似于食物对人身体的影响，食物构建我们的身体，那么哲学可以构建人的思维或者思想世界。人体是物质的，而哲学是非物质，只有相互融合才能更好地发挥能量。哲学思想给我们的思维提供养分，使我们的思想更加成熟，使我们制订的制度办法、撰写的研究报告、实施的方案与工作计划、研究成果等更加成熟。

——摘自公司领导在2007年年会经营管理组研讨会上的谈话

2. 运用矛盾分析法

运用矛盾分析法，把握主要矛盾与次要矛盾、矛盾的主要方面和次要方面、内外因的辩证关系、事物都在发展变化并有规律可循等哲学原理，并用其来指导我们的工作实践意义深远。一是面对繁杂的工作，要区分主次和轻重缓急，匹配相应的措施和力量；二是面对困难，深入剖析原因并主攻主要矛盾；三是面对市场与业务，要用发展变化的眼光去看待和分析。把哲学思想融入我们的工作和生活，会让我们看问题更全面，处事更得体，解决问题

的方法更有效，曾经看不开的问题也会豁然开朗。

——摘自董事长在 2017 年新聘干部就职会上的讲话

3. "员工+专家"工作模式

在开展业务的力量不足的时候，公司要充分依托各油田各类型人才资源优势，大量吸收在职、非在职员工专家参与到我们具体项目工作中来，弥补我们在专业和技术力量方面的不足，切实做到他人资源为我所用。积极研究探讨"员工+专家"工作模式。

——摘自董事长在 2017 年新聘干部就职会上的讲话

4. 何为"B 计划"

所谓"B 计划"，就是备选计划或方案。布局要早，同时行动要快，首鼠两端会错失良机，成不了大事。六分把握就可决策，但要做好备选的"B 计划"，制订好应对风险的方案。因为仅拥有 A 方案是不够的，哪怕方案再完美，也得防备意外情况发生。大量失败案例的原因就是没有"B 计划"。倘若他们在选择中加上较低一档的备选目标，也许失败就可以避免。在任何事情前面，我们除了做好 A 和 B 两种计划外，还需要在 A 计划失败之时，懂得转过头看看身后的人。慢慢你会发现，其实自己并没有那么惨，只是没有达到自己的 A 计划而已，如果你拥有退一步海阔天空的胸怀，那么寻找"B 计划"便不是难事。

我们在任何时候做任何事，要定最好计划，尽最大的努力，力争最好的结果，还要做最坏的打算。

——摘自董事长发表在《执行力培训体会》上的文章

5. 业务工作"十要诀"

一是技术服务要求高；二是前期谋划不可少；三是思路大纲或调研；四是集思广益是关键；五是力量不足缺专业；六是不必犹豫和烦恼；七是各行各业专家多；八是请求指导效果好；九是公司信誉要牢记；十是保证质量是法宝。

——摘自总经理在 2011 年年会小组讨论会上的讲话

6. 管理工作"十要诀"

一是管理工作很重要；二是上传下达不可少；三是牢记职责与标准；四

是主动工作要认真；五是制订计划抓落实；六是日清日结是根本；七是分析问题与矛盾；八是提出办法和建议；九是加强学习与研究；十是开阔视野与思路。

——摘自总经理在 2011 年年会小组讨论会上的讲话

7. 市场工作"十要诀"

一是市场人员是先锋；二是过硬素质是保障；三是勤勉敬业要忠诚；四是熟悉业务练本领；五是工作处处有政治；六是洞察时事不盲从；七是方式方法多论证；八是规避风险需清醒；九是与人为善赢尊重；十是保密意识筑心中。

——摘自分管领导在 2018 年市场工作座谈会上的讲话

三、管理创新

1. 何为执行力

一位管理学家把执行力概括为：执行力 = 责任心 × 工作能力。

其中，责任心是前提，工作能力是基础。

责任心是一切成功的前提，没有强烈的责任心，纵然满腹经纶，也终将一事无成。现实社会中，有些人自恃才高、怨声载道，不愿扑下身子脚踏实地认真工作，其结果往往是一无所获。但如果没有过硬的能力，即便责任心强于烈火、高于蓝天，最终除了满身汗水之外，无法取得令人满意的结果。因此，要提高工作执行力必须从提高工作责任心和工作能力两方面入手，坚持两手同时抓。

——摘自董事长《成功，从优秀员工做起》读后感

2. 工作能力评价"三要素"

工作思路、组织协调能力和业务能力是构成工作能力的三要素。良好的思路是成功的一半，没有好的思路，不注重谋划，势必劳民伤财、事倍功半。工作性质决定了我们要以公司为平台，善于组织利用外部智慧资源，这就要求我们必须具备较强的组织协调能力。业务能力是完成工作的基础，是工作思路与组织协调能力的支撑，是工作能力最基本的体现，也是公司对员工最

起码的要求。

——摘自董事长在"如何提升执行力"培训开班会上的讲话

3. 工作能力评价的"三个层次"

（1）基本能力：过硬的业务能力。

（2）提升能力：较强的组织协调能力及过硬的业务能力。

（3）综合能力：良好的工作思路、较强的组织协调能力、过硬的业务能力。

——摘自董事长在"如何提升执行力"培训开班会上的讲话

4. 工作能力差的"四种表现"

（1）工作中得过且过、不求进取、浅尝辄止。

（2）习惯说"不清楚""不明白""可能""差不多""大概""也许""上下""左右"……

（3）谋划能力、独立工作能力和组织协调能力差。

（4）缺乏严细认真、精益求精、止于至善的精神。

——摘自董事长在"如何提升执行力"培训开班会上的讲话

四、感触与思考

1. 经营模式创新呼唤企业文化建设

公司为顺应国家发展战略，积极创建碳排放控制数据技术中心。对运营方式进行创新，通过招募合伙人的方式，按照资源及信息共享、业务技术及品牌共建、共谋发展的自主经营理念推动公司发展。这是公司发展史上首次招募合作伙伴，也是公司经营理念的重大创新，必将对公司的发展产生重大影响。1998年1月4日，美国通用电气集团CEO韦尔奇在全球前500名经理人大会上讲道：我们把所有的赌注都压在我们的雇员身上，我们授权给他们经营理念，给他们资源。公司招募合作伙伴就是经营模式创新，需要相应的企业文化做支撑。

2. 绩效考核方式变革召唤企业文化建设

《海尔转型：人人都是CEO》一书中的"人单合一"双赢管理模式，是海尔创始人张瑞敏在海尔内部推动的具有震撼性的一次组织变革。该理论已经在全球范围内引起了学术界和企业界的广泛关注。其核心为"我的用户我创造,我的增值我分享"。也就是说,员工有权根据市场的变化自主决策,员工有权根据为用户创造的价值自己决定收入。《海尔转型:人人都是CEO》一书已作为公司的推荐图书建议员工阅读,其背后的寓意深远。下一步公司在项目运营模式方面将有大的改革,同时也会变革绩效考核方式。为顺应发展,公司企业文化建设须先行。

第九章　愿景管理

企业愿景是企业宏观环境管理的直接反映，是企业战略目标的集中体现，也是企业发展战略的重要组成部分，具有统领企业发展的重要作用。

第一节　愿景需要管理

企业发展要有愿景。同一企业处在不同阶段、面临不同内外部环境时，其愿景也不尽相同，因此企业发展愿景具有时效性。愿景是企业文化构成的关键要素之一，需要进行超前谋划，要重视构建愿景的引导性理念，即愿景管理。

公司愿景管理的基本任务是根据公司发展目标，结合员工个人价值观，通过愿景再造、目标锁定与更新、措施制定与落实（愿景管理的"三部曲"），实施周期性管理。

第二节　发展催生新愿景

一、员工期盼

我在闲暇之余曾与几位员工一起聊天，在谈到个人未来发展愿景时，他们都不约而同地讲出对公司寄予厚望，希望未来公司好好发展。其实，大家的想法非常朴素而实在。

1. 我想换辆新车

过去公司发展不错，我买了新房，希望公司未来发展得更好，再助我还上房贷，然后换一辆新车。

2. 我想读博士

我在公司工作已有几个年头了，业绩不错，对自己的表现还满意，但总觉得知识不够用，想读博士，希望能成为公司独当一面的专业技术领军人才。

3. 我想带队伍

我来公司工作的时间不算太长，业务能力虽然还算不上得心应手，但学到不少知识、技能，希望公司未来能好好发展，把业务做得再好一些，把平台做得再大一些，留给我们年轻人发展成长的机会再多一些。

这不正是个人愿景吗？个人的小愿景决定了公司的大愿景，两个愿景必须高度吻合。员工愿景充分彰显了公司必须发展的硬道理。

二、理念创新

1. 公司发展理念、方式要大胆创新

愿景作为公司发展的预期，受决策者管理理念、价值取向的影响较大。因此，公司领导团队每位成员必须解放思想、更新观念，公司在发展方式上必须大胆创新，对传统发展方式进行调整，更好地满足公司持续发展的要求。如开展业务合作、资本运作市场化等，是时候行动了。

——摘自董事长在第四届董、监、高换届会上的谈话

2. 只有创新才能发展

公司在大力布局重大创新专项，主推安全环保及其信息业务跨越式发展的同时，今年在咨询设计板块与业内石油天然气知名专家开展投资辅助决策系统研究，用创新驱动发展。利用社会资源共建专业设计院，拓展业务，补齐短板，构建完整产业链条，促进该板块乃至公司整体业务协同发展，共融致远。

——摘自董事长2022年4月24日的"企业微信"推文

3. 高起点实施"重大专项"

在推进重大业务创新专项及对传统业务赋能的同时，安全评价分公司正在筹建的监理业务，要区别于传统意义上的监理模式，坚持各种资源的高

起点配置。在坚守人员高素质与执业资格要求的同时，一开始就整合匹配信息化、智能化手段，切实做到全过程、全天候、可视化、可记载、可追溯的"智慧监理"。改变传统业务模式，使传统的老业务焕发出青春，探索引导行业发展新未来，在取得相关成果的基础上，尝试形成行业管理的新标准、新规范。

——摘自董事长2022年5月19日的"企业微信"推文

三、兑现的承诺

一个企业能够持续快速发展，前面一定有一幅激动人心的、无比美好的未来发展愿景；其背后也一定有一个时期内实现特定目标的庄严承诺。回顾过往，公司曾有数次愿景规划及重大承诺，并均已兑现：①改制时的大幅提高员工收入承诺；②建立独立办公区，改善办公环境承诺；③从河南油田基地搬迁至中心城市承诺；④打造一流公司，实施跨越式发展承诺。

公司发展轨迹非常清晰地表明，公司愿景规划正在不断地激励着公司全体员工奋勇向前，拼搏向上。

四、感触与思考

1. 公司需要不断变革，以适应环境的变化

麦肯锡[①]堪称全球业界楷模，从麦肯锡大中华区完成的800多个项目看，涉及公司战略、企业金融、营销、组织架构、制造及供应链、技术及产品研发等领域，发展非常好。麦肯锡的关键经验是：让企业高层及股东能够认识到公司必须不断变革，以适应环境变化。行业行政许可制度逐步被淡化已是大势所趋，我们公司早有准备，并于几年前布局到位，通过安全环保及信息化、智能化技术创新和技术研发推动公司业务转型发展，公司新近推行的一系列改革发展举措再次证明，看准的事要敢立潮头，勇于革新。

---

① 麦肯锡公司是全球领先的管理咨询公司，于1926年创建。成立以来，麦肯锡采取"公司一体"的合作伙伴关系制度，在全球44个国家有80多个分公司，共拥有7000多名咨询顾问。麦肯锡大中华分公司包括北京、香港、上海与台北的四家分公司。

2. 愿自心出，景需人设

公司每个时期都有愿景。十多年的发展实践证明，愿景是员工的期盼和向往，愿景是公司发展的动力源泉，也是公司对员工、对社会的一种庄严承诺。承诺能激发较强的感召力，能凝聚众人的创造活力。愿景像灯塔，是企业的灵魂，始终为公司发展指明前进的方向，指导着公司的经营、产品技术研发、薪酬体系完善与创新。因此，依据公司发展战略和规划，及时布局好公司每个发展阶段的愿景目标非常重要。

第三节　愿景规划

一、愿景再造

愿景的再造时机是否成熟取决于三个因素：

一是单位原来的愿景已经变成现实，大部分承诺已经兑现，激励鼓舞作用在逐步消失。

二是内外环境变化较大，领导团队及员工有强烈的变革愿望，企业已经形成对相关价值和行为的高度倾向性。

三是单位处在发展的关键时期，愿景规划目标、方向具体明确，主要技术经济指标确定。

二、规划理念

1. 站位要准，格局要大

愿景是梦想，是被追逐的目标。当愿景成为公司全体成员的一种执着追求和强烈信念时，它就将迸发出强大的凝聚力，形成推动企业发展的动力和创造力。因此，在描绘公司发展愿景时既要站位准、格局大，聚焦公司发展战略，又要脚踏实地，紧密联系公司实际。

——摘自董事长在 2019 年 2 月公司发展规划编制会上的讲话

2. 以培育新增长点为出发点

公司愿景规划要以培育新增长点为工作重点，在队伍专业化、业务技术化、资本市场化、管理科学化方面加大投入。争取在业务倍增计划实施方面取得新突破，见到新成效，实现新预期，为下一个规划期的发展打基础、定目标、找措施。

——摘自董事长 2019 年在第四个三年发展规划编制会上的讲话

3. 统筹好内外两种资源，布局好立体化发展模式

公司愿景规划要实施"多管齐下、立体发展、通江达海"策略。其中，"多管齐下"是措施，"立体发展"是模式，"通江达海"是目标。在大力推进业务创新、战略合作的同时，深挖公司内部资源。董、监、高与两级领导团队要树立逆向思维，坚持目标导向，统筹好内外两种资源，绝不能保守不前。本板块业务要与行业平均先进水平对标，追求创新与卓越。

——摘自董事长 2022 年 3 月 22 日的"微博"推文

4. 围绕着"专精特新"实现跨越式发展

公司布局的跨越式发展，也正在围绕着"专精特新"徐徐展开。一是不断提升内部条件要素优势，持续深耕石油石化行业；二是突出安全环保业务特色，聚焦解决行业痛点问题；三是以信息化、智能化、数字化深度赋能，提升服务品质与价值；四是内外融合，纵深推进技术研发，培育核心动能驱动机制；五是打造立体市场与优质"双创"平台，快速形成广大员工及合作伙伴为自己创业、为公司创业的和谐局面。

——摘自董事长 2022 年 6 月 10 日的"微博"推文

5. "双轮"驱动纵深转型发展

围绕安全管理数字化，碳排放与甲烷咨询、检测、设计、产品一体化完整产业链两条业务创新主线，以信息化、智能化赋能安全第三方监管、安全环保管家等传统业务，培育智慧安全环保监理等延伸业务，以科技和创新"双轮"驱动公司纵深转型发展。

——摘自董事长 2022 年 6 月 22 日的"微博"推文

6. 着力打造好"三个平台"

在今后一个时期内，公司要着力打造"三个平台"：污水处理省级重点实验室、清洁生产与大数据工程技术中心、安全环保数字化研究所。并通过深入开展技术合作、加大技术研发投入、兜底技术研发人员待遇来培育核心竞争能力，强力支撑好公司业务转型与实现跨越式发展。

——摘自董事长2022年6月22日的"微博"推文

三、愿景目标

1. 股权改革

结合公司业务倍增计划，通过业务创新、管理创新、模式创新及股权激励机制，让"有恒产者有恒心"，形成公司股权结构及类型的多元化，筑牢公司持续发展根基。

2. 北京证券交易所上市

公司升级为"新三板创新层"后，通过引入社会资金，形成良性循环势态，奠定了实现更大发展的基础。

3. 管理改革

公司以项目管理改革为切入点，推动分配制度改革，塑造出优质的"双创"平台，激发员工创业发展新动能。

4. 队伍建设

以构建公司学术高地为目标，打造一支20人的专业骨干人才队伍，其中每个业务领域要有2~3名学术带头人，术业有专攻，切实构筑起公司业务学术高地。

5. 业务创新

（1）围绕石油石化安全环保数字化、碳排放与甲烷检测及治理两条创新主线，深化产品技术研发，实现内外部要素深度融合。

（2）携手高校培育河南省清洁生产与大数据工程中心重点实验室。

（3）协同高校共建水处理重点实验室。

（4）联合高校开展土壤污染调查与治理、安全环保大数据计算技术研究等。

6. 经济效益

在未来三年内，公司年营业收入翻番，员工收入持续增长，工资收入年平均增幅达 10% 以上。

四、感触与思考

凡是知名的企业，一定是理想主义和现实主义完美结合的企业，一定是企业发展目标与员工个人愿望有机结合的企业。我们的员工来自五湖四海，大家带着自己的梦想走到一起，虽然每个人的愿景与梦想不尽相同，但所有人的奋斗都是为了实现个人价值。公司作为一个组织，要将公司愿景规划与员工实现其个人价值充分结合起来。过去我们一直在做这件事，但仍有很多理论和方法需要思考、总结和升华，应该做得更好。

第四节　发展举措

公司将围绕愿景规划目标，实施六大发展举措，促进公司跨越式发展。

一、做实存量

为落实公司整体发展战略，在做好既有业务的同时，积极响应国家"双碳"政策，以兼并后的德析检测为重点，以现有设备、场地及技术储备为依托，筹建河南省及郑州市碳排放与环境信息技术工程研究中心，布局碳排放管理、碳核查、甲烷检测等业务创新及技术研发工作，全面提升技术研发水平，增强公司的核心竞争力。

作为提供环保检测业务的技术服务机构，德析检测资质齐全、技术过硬、管理规范、口碑良好，综合实力在河南本土环保检测机构中位居前列。要通过技术改造和业务培育，形成公司环保业务创新发展的强力支撑。

二、吸纳增量

公司要根据重大业务创新及塑造纵深服务产业链战略部署，择机优选、兼并一家技术和市场互补型公司。用先进技术和良好的业绩打通资本市场，实现跨越式发展。

三、业务合作

1. 平台合作

为扩大业务市场及发展空间，实现公司经营规模叠加增长，公司以各省、自治区、直辖市为单元招募石油石化、管道及其他行业的合作单位或市场业务经理，除"三评"①业务外，在做好全过程质量管控的前提下，将其他业务或产品技术推广全面开放，交由合作方自主管理，公司搞好质量监控。对于规模及以上的合作伙伴或经理人，待公司在北京证券交易所定增时考虑与本公司员工一并采取激励措施。

2. 项目合作

为更好地相互学习，拓宽业务模式与战略思路，促进优势互补，不断提升竞争力，公司通过与第三方开展项目合作，按照"互利双赢"原则，实施一事一议的项目合作模式。

四、内部改革

1. 优化市场布局，实行精细化管理

要区分新老市场及其规模和重要程度，科学测算各市场区域应该匹配的人员数量及职位等级，确保工作适配，避免工作职责及工作量不对等。严格按照华中大区、天分及东北大区、西北分公司、北京区域、陕西区域、西南区域、河南及华东大区进行区域化管理，并通过分析与运用大数据，对规划目标指标进行分解，形成《区域市场人员定岗定编方案》，并正式颁布实施。

公司实施优化市场布局和精细化管理措施，不仅能为今后的目标管理提供更加科学的依据，而且有利于区域市场管理人员主观能动性的发挥。

---

① 是指安全评价、建设项目环境影响评价、消防设施评估传统业务。

2. 实行"人单合一"的项目管理

项目经理负责制的实施，把分（子）公司管理者从烦琐的一般事务中解放出来，让他们切实抓好质量、技术、队伍、创新，并在各市场区域谋划重大项目，解决好本板块业务发展中的主要矛盾。公司结合项目经理负责制，以推行海尔创始人张瑞敏提出的"人单合一"共创共赢管理模式为核心，争取实现"我的用户我创造，我的增值我分享"。

3. 分（子）公司超产激励新模式

参考一些企业的"超产自留"成功做法，公司通过设立分（子）公司活动基金，增强团队凝聚力，激发团队内生动力，提升价值链、打造产业链、完善利益链。经费主要从完成年度目标产值的超额部分按照一定的比例提取，在公司监督下由分（子）公司支配使用。

五、推进研发

1. "重大专项"落地及场景孵化

《业务创新重大专项方案》已经落地孵化，加之公司激励政策及时配套跟进，可望取得丰硕成果。同时，通过承包商信息系统、AR、VR、传感等信息化、智能化、数字化赋能，公司传统业务也一定会焕发强大生命力。

2. 开展院校联合攻关

坚持"从市场中来到市场中去"的原则，选择一批研发项目与院校开展联合攻关，解决发展过程中的瓶颈问题。

六、业务建设

未来公司发展靠产业，产业优势靠链条。要通过业务引领、大项目推动、基地化承载，以通堵点、连断点、破难点实现公司业务的新突破。采用多种形式，打通产业链、拉长产业链、提升价值链、完善利益链。

公司要围绕"专精特新"发展要求，提供具有竞争力的薪酬待遇，强势引进领军人才；围绕业务质量提升，实施人才培育战略；围绕总工负责制，培养一批专业能力突出、责任感强的技术带头人。

第五节　劳动创造未来

蓝图已绘就，奋进正当时。公司广大员工要聚焦发展目标和重点工作，结合岗位职责，找准切入点、结合点、发力点，研究政策、系统谋划、改革创新，坚持外塑形象、内强素质的"双修"理念，满怀信心，主动创为、协同共为、奋发有为，通过劳动使蓝图变为现实。

一、工匠风采

1. 技术追求精益求精，成果力争尽善尽美

何为工匠？"工"为形，可解读为工巧、擅长，技术追求精益求精，成果力争尽善尽美；"匠"由心，意为欲成"匠"，必尽心，认真履职尽责，全身心投入，才能成长为行业翘楚。公司处在快速发展期，全员认真学习并发扬工匠精神，把各项工作做扎实，为公司、社会奉献自己的一分力量，意义重大。

——摘自环保分公司总工"五一"国际劳动节"微博"推文

2. 牢记重托和使命，努力工作创佳绩

公司员工必须践行"奋斗为本，奉献为荣"的理念，用心做好各项工作，努力做到该做的事雷厉风行，在做的事精益求精，未做的事胸有成竹，已做的事开拓进取。前线管理人员，一要牢记公司的重托和使命，始终坚持"稳固既有业务，巩固核心业务，开拓新兴业务"的理念；二要通过学习和业务培训，使自己成长为复合型人才，用自己的双手为公司、为个人书写出更加美好的未来。

——摘自西北大区经理2022年5月1日的"微博"推文

3. 努力做好人才支撑工作

公司发展离不开人才支撑。未来人事工作的重点是打造一支专业造诣深、能打硬仗的专业人才队伍。主要做法是依据公司战略规划和人才需求，提前布局，通过创新工作方法、优化招聘流程，构建人才队伍建设体系，建立符合公司实际的人才评价模型，制订人才梯队培养方案。用工匠精神强化服务意识，努力做好人才队伍建设工作，为公司的跨越式发展提供支撑和保障。

——摘自 2022 年 4 月 28 日访谈人事管理部门负责人笔录

4. 专注发展，着力培育新增长点

要明确工作重点，以公司发展规划为依据，以培育公司的新增长点为目标，专注公司发展，主动作为，精准发力，跟踪研究国家产业政策。通过周密筹划、辛勤耕耘，全面做好公司发展的支撑和保障工作，创造性地落实好公司安排的各项重点工作和保障措施。

——摘自 2022 年 4 月 28 日访谈规划科技管理部门负责人笔录

二、赞美劳动

1. 尊重劳动，传递信仰

劳动的人，最辛苦；劳动的人，最快乐；劳动的人，最富有；劳动的人，最伟大……劳动精神自古以来就受到人民群众的赞美和传扬。中华民族热爱劳动，尊重劳动，中国人民传承了劳动精神，传递了信仰的力量。

——摘自公司党支部书记 2022 年"五一"国际劳动节"微博"推文

2. 创业最辛苦，劳动最光荣

在油田科技的每一个岗位上，都有挥洒汗水、忘我拼搏的劳动者，到处都留下了奋斗者披荆斩棘的光辉足迹。创业最辛苦，劳动最光荣，心中有远方，携手最幸福！

——摘自公司总经理 2022 年"五一"国际劳动节"微博"推文

3. 劳动赢得未来，拼搏铸就梦想

一直以来，公司全体员工不懈努力，为油田科技的发展壮大积极贡献力量。我们要始终牢记习近平总书记"幸福都是奋斗出来的"九字箴言，凝聚一切有利于公司发展的智慧，让每一位员工共享公司发展的成果。要团结引领广大员工同心同德、同向同力，助力石油石化行业在保护碧水蓝天的前提下快速、安全发展！

只有劳动才能赢得未来，只有拼搏才能实现梦想。

——摘自董事长在 2022 年"五一"国际劳动节"微博"推文

附　录

附录 A　机构重组时间节点

1. 重组前，单位名称为河南石油勘探局咨询中心[①]（简称咨询中心），油田机关编制，正处级单位，主要为河南油田投资决策服务。

2. 2000 年 3 月，《关于组建河南油田石油工程技术研究院的实施方案》（中国石化〔2000〕劳字 92 号）发布，文件明确将"咨询中心划入石油工程技术研究院"。

3. 2000 年 6 月 16 日，河南油田劳动工资处批复《河南油田工程技术研究院机构设置及人员编制方案》（豫油〔2000〕劳处字 036 号），方案明确咨询中心为工程技术研究院下设的 8 个单位之一。

4. 2000 年 8 月 8 日，河南油田石油工程技术研究院成立大会召开，咨询中心正式成为石油工程技术研究院的下属机构，即日咨询中心完成了从勘探局机关综合楼到工程院综合楼的搬迁。

5. 2000 年 10 月，河南油田石油工程技术研究院工程咨询中心完成内部机构组建及定员设置，下设工程咨询一部、工程咨询二部和综合办公室。

6. 2005 年 7 月，河南油田分公司《关于石油工程技术研究院调整机构设置请示的批复》（豫油分公司〔2005〕人处字 11 号）下发，咨询中心内设机

[①] 河南石油勘探局咨询中心于 1993 年创立，当时机构名称为"投资咨询公司"，隶属于河南油田科技开发公司；1996 年升为正处级单位，隶属于河南石油勘探局机关；2000 年单位重组，并入河南油田石油工程技术研究院，主要服务于河南油田投资决策，业务范围包括项目可行性研究报告评估和建设项目后评估。

构调整为"五部一室":评估一部、评估二部、技术经济部、中后评估部、安全评价部、综合办公室。

7. 2005年10月,领导团队调整,史传坤同志任咨询中心主任(副处级),全面主持咨询中心的工作。

附录B 公司改制路线

1. 2003年,《中国石油化工集团公司改制分流实施意见》(中国石化企〔2003〕174号)和《中国石油化工股份有限公司改制分流实施意见》(石化股份企〔2003〕357号)相继出台。

2. 2004年,中石化上报国有资产管理委员会的《关于报批中国石油化工集团公司主辅分离改制分流第三批实施方案的请示》(中国石化企〔2004〕901号)得到批复。纳入中国石油化工集团公司第三批改制分流的单位共149家(涉及人员31447人),河南油田有11家,其中包括河南油田投资咨询中心[①],要求全部改革为非国有法人控股企业。

3. 2006年3月20日,为配合改制分流,在河南油田石油工程技术研究院工程咨询中心基础上完成河南油田工程咨询有限公司法人工商登记,并取得公司发展史上第一个营业执照。

4. 2006年9月,河南油田石油工程技术研究院上报河南油田《关于咨询中心改制分流初步方案及急需解决相关问题的请示》(工程院请〔2006〕47号)。

5. 2006年11月1日,中联会计师事务所有限公司完成咨询中心全部资产审计,上海东洲资产评估有限公司完成咨询中心全部资产评估,南阳市晨光评估咨询有限公司完成咨询中心土地使用权评估。

6. 2006年11月,河南油田上报中国石油化工股份有限公司《关于上报

[①] 河南油田投资咨询中心、河南石油勘探局咨询中心、工程院工程咨询中心、油田咨询、河南油田工程咨询中心、咨询中心等,均系河南油田工程咨询股份有限公司的前身。为还原历史,避免造成误解,本书均引用原件中的名称表述。

河南油田石油工程技术研究院工程咨询中心改制分流实施方案》(豫油分公司企〔2006〕135号);2006年12月11日,中国石油化工股份有限公司下发《批复》(石化股份油〔2006〕490号),改制工作正式启动。

7. 2006年12月28日,河南油田石油工程技术研究院工程咨询中心改制分流解除劳动合同签订活动在工程院会议室举行,28名工程咨询中心员工在《协解书》上签字。

附录C 公司大事记

1. 2006年12月26日,河南油田工程咨询中心从母体单位河南油田石油工程技术研究院剥离并完成改制,登记注册了河南油田工程咨询有限公司,成为独立法人企业。

2. 2007年12月10日,完成国家发展和改革委员会颁发的工程咨询单位资质证书[①]甲级资质换证和业务范围增项,具备了承接市政工程等项目的相关资质能力。

3. 2007年11月12日,完成由国家原安全生产监督管理总局审批颁发的安全评价机构资质证书[②]的复证申请,资质等级为甲级,具备了在全国范围内开展安全评价业务的资格。

4. 2008年7月30日,首次取得国家环境保护部颁发的建设项目环境影响评价资质证书(乙级资质),具备了编制建设项目环境影响评价报告书及报告表的资格。

5. 2008年12月,公司内部期刊《技术与实践》创刊,并完成首刊编辑印刷。

6. 2009年1月6日,首版《公司基本制度》发布。

7. 2009年1月6日,公司组织研究并发布了《基本业务系列标准模板》,这是公司最原始的技术积累,对新创立的公司而言,在业务建设方面发挥了

---

① 首次取得工程咨询单位资质证书的时间是1996年8月。
② 首次取得安全评价机构资质证书的时间是2003年12月。

重要作用。

8. 2009年4月，圆满完成了公司河南（南阳）油田广西路独立工矿区建设及搬迁工作，这里成为公司的首个基地。

9. 2009年12月15日，通过专家现场审验，获得河南省科技厅、河南省财政厅、河南省国家税务局、河南省地方税务局四部门联合授予的高新技术企业证书。

10. 2010年3月1日，根据公司"蓝海"业务布局，郑州分公司成立，地址在郑州市大学路。初期主要负责中石化华北分公司业务联系、协调与管理，后期作为公司对外业务的桥头堡，逐步辐射全国多地。

11. 2010年3月1日，根据公司"蓝海"业务布局，经济技术研究所成立。初期主要负责投资管理相关课题研究，后期兼顾工程咨询方法及技术经济理论研究。

12. 2010年3月22日，根据公司"蓝海"业务布局，公司取得污水处理工程设计专项资质，并成立了工程设计研究所，负责污水处理设备、装置研发及工程设计、工程总承包等业务。

13. 2012年5月11日，根据业务发展布局，公司成立了安全环保技术研究所，负责安全生产技术及环境保护技术研发与应用业务。

14. 2013年1月22日，工程设计建筑行业资质完成增项，并开展业务。

15. 2013年2月28日，成立了信息工程研究所。负责安全生产、环境保护相关软件开发，业务定位是利用现有成果，实现技术（产品）迭代升级。

16. 2014年4月，新疆办事处成立，主要负责西北油田业务联系、协调与管理。

17. 2015年3月，完成公司内部传统业务重组，成立了工程咨询分公司、安全评价分公司、设计与环评分公司，主营业务形成"三足鼎立"之势。

18. 2015年3月，公司完成新型业务构建，创立了东方蓝深信息技术有限公司、河南创派信息科技有限公司、郑州东方蓝奥石油科技有限公司、河南东方家和健康管理有限公司。

19. 2016年7月，完成郑州市郑东新区中兴南路90号基地建设与搬迁。

20. 2016 年 7 月 21 日，取得电力行业供电工程、变电工程专业设计（丙级）资质，对于补上业务短板，促进公司业务建设具有一定现实意义。

21. 2017 年 11 月 24 日，公司完成股份制改造并更名为"河南油田工程咨询股份有限公司"，筹备"新三板"挂牌。

22. 2018 年 7 月 31 日，公司依照相关规定完成全国中小企业股份转让系统登记注册；2018 年 8 月 27 日，公司在"新三板"挂牌，证券简称"油田咨询"，证券代码为 872991。这是公司发展史上的一个里程碑事件。

23. 2019 年 4 月，重大输气管道工程施工现场安全监管业务项目签约实施，首个与第三方合作的特大业务项目取得重大进展，成为公司发展史上开展合作的成功案例。

24. 2019 年 5 月 24 日，公司与河南理工大学联合实验室签约揭牌，并开展试验研究工作。

25. 2020 年 12 月 24 日，公司一体化管理平台（简称 OMP 系统）在第二十七届全国企业管理现代化创新成果评选中荣获国家管理创新成果二等奖。

26. 2021 年 5 月 14 日，河南油田工程咨询股份有限公司由"新三板基础层"升级"创新层"，意义重大。

27. 2021 年 5 月 19 日，被河南省工业和信息化厅认定为 2021 年度河南省"专精特新"科技型中小企业。

28. 2021 年 11 月，公司注册地改为郑州高新区。

29. 2021 年 12 月，被认定为郑州高新区 2021 年度"瞪羚企业"，同时对接高新区优质上市融资渠道，助力北京证券交易所上市。

30. 2022 年 2 月 10 日，公司部分员工从郑东新区搬迁至郑州高新技术产业开发区梧桐园区办公。

31. 2022 年 4 月 15 日，通过对现业务范围的充实与调整，经郑州市市场监督管理局批准，完成了公司名称的变更，将"咨询"改为"科技"，公司新名称为"河南油田工程科技股份有限公司"。

32. 2022 年 4 月 19 日，河南油田工程科技股份有限公司收购控股汉威科技集团股份有限公司旗下的郑州德析检测技术有限公司，全面布局"专精特新"

发展，并以此为基础打造碳排放与甲烷检测省级技术中心，促进产品技术创新。

附录 D　绩效考核与薪酬管理（摘要）

一、考评指标

（1）经营指标。包括营业收入奋斗目标、营业利润奋斗目标、营业收入考核指标、营业利润考核指标、成本费用控制指标、合同额考核指标、合同额奋斗目标、产值贡献量指标等。

（2）管理指标。包括科研工作（产品与技术研发工作）完成情况、重点工作完成情况、部门及岗位履职情况、业绩贡献量、工作责任心、积极性和胜任能力等指标。

二、考核依据

当年的《经营管理考核办法》[①]。

三、考评程序

1. 打分考核（百分制）

（1）经营指标完成情况量化考评由经营管理中心依据财务结算结果实施考评。

（2）管理指标考评采取现场述职打分方式。

（3）对受到公司处分的员工，按处分等级扣减：诫勉谈话一次扣 3 分、警告扣 5 分、通报批评扣 8 分、停职待岗扣 12 分。处分实行累积处罚。

2. 确定考核等级及职位胜任得分

在本业务领域内，对实得分由高到低进行排序，并按得分多少分别确定考评等级。

[①] 公司《经营管理考核办法》按照管理创新及持续改进的要求，结合公司新的经营形势，每年初进行修订和颁布，考核结果为百分制。

（1）95分（含）以上为"优秀"；职位胜任计3分。

（2）85分（含）至95分（不含）为"良好"；职位胜任计2分。

（3）70分（含）至85分（不含）为"合格"；职位胜任计1分。

（4）70分（不含）以下为"不合格"；职位胜任计0分。

3. 考核结果审核

由人事部门初审，薪酬委员会复审，董事长审定后实施。

四、考评结果运用

（1）职位胜任得分逐年累加。

（2）职位胜任得分累计满3分时，上调一个基薪等级；连续3年职位胜任能力为3分，且满足任职条件，晋升一个职位等级。

（3）职位胜任当年为0分的，向下调整一个基薪等级；连续2年计0分的，降级或解除劳动合同。

五、其他规定

（1）对于有特殊贡献的员工，不受考评期限制，经领导团队研究可直接予以提拔重用，并给予相应待遇。

（2）对于转岗员工，实施易岗易薪、按岗取薪、岗变薪变政策。

（3）对于当年度休产假、病假等超过半年（含）的，不参加年度考评，职位胜任按照合格计。

（4）对固定工资制员工，连续3年考评良好以上，经领导团队研究同意，可转为等级工资制。

附录E 看板管理成果简介

一、项目简介

基于信息化赋能的计划看板管理与考核机制是以发展战略和经营目标为

指导，以看板管理为依托，利用信息化手段，实现油田咨询各项管理工作从事前计划、事中控制、事后考核到能力提升的全过程、自动化、标准化的管理模式。其功能主要体现在六个方面：可视化、可量化、可提醒、可检查、可考核、可提升。短期来说，该机制便利了各级管理者的工作，提高了工作效率及考核的公平性；长期来说，该机制提高了油田咨询的管理水平，增强了油田咨询在市场中的竞争力，为推进发展战略和实现经营目标提供了新的动力。

二、主要创新点

1. 扩充了看板管理理论

基于信息化赋能的计划看板管理与考核机制根据看板管理理论 PDCA 的四项要求（制订计划、行动执行、过程监控、绩效考核）形成看板的主要内容，并在此基础上，扩充（持续提升）环节。绩效考核之后以图形化的形式清楚展示每位管理者的工作强项和短板。公司根据每个人的能力分析结果，制订下一年的培训计划，提高培训的针对性。一方面有针对性地提升了低能力者的能力，提高了培训效率；另一方面也节约了公司的培训成本，创造了培训效益，提高了公司的整体管理水平。此外，人事部门可以根据每位管理者的能力测评结果进行岗位调整，可以更合理、更有针对性地对每位管理人员匹配工作。对个人来说，可以从事更擅长的工作；对油田咨询来说，可以充分发挥每位管理者的优势，最大限度地挖掘团队的管理优势。

2. 创新了考核机制

基于信息化赋能的计划看板管理与考核机制打破了原有的每年一次的考核模式，根据需要可以将考核周期缩短为一个季度或者一个月，甚至实现实时考核。OMP 系统根据每位管理人员的实际工作进度及计划安排进行比对，针对每位管理人员自动生成各自的考核得分。财务部门根据每位管理人员的考核结果及上一季度已发放的绩效调整发放本季度的绩效工资，将每位管理人员的工作成绩及时地反映在其收入中，增强了考核的及时性、客观性及公平性。创新的考核机制真正做到了责、权、利对等。通过调整考核频次，不但增强了每位管理者按时完成计划工作的动力及积极性,同时也降低了考核成本,包括时间成本,也包括因人的主观因素引起的考核结果"虚高"增加的绩效支出成本。总而言之,创新的考核机制,大幅提升了油田咨询的考核效率及考核效益。

3. 实现了全过程标准化管理

利用信息化手段打破管理瓶颈,实现了全过程标准化管理。通过计划看板管理,可以将战略任务和年度经营目标细分为具体的工作任务,并将不同的工作任务进行分类,区分重点工作与一般工作、紧急工作与非紧急工作,相关负责人可以一目了然地掌握当年需要完成的工作内容,并可根据工作的轻重缓急科学匹配时间。同时,可对各项计划的关键时间节点进行控制,当某项工作未按照计划进行时,计划看板管理系统可及时进行提醒,便于计划负责人及时发现并解决问题。计划看板管理将不同的工作进行赋值,对所有的工作进行量化,可自动对一定期间的工作生成考核结果,上级管理人员可随时检查下级管理人员的工作进度,不仅可以对工作结果进行考核,还可以对工作的过程进行监控,真正做到随查随考。总之,通过基于信息化赋能的计划看板管理与考核机制,我们做到了从事前计划、事中控制、事后考核到总结提升的全流程、自动化控制管理。

三、获奖情况

2020年12月,经全国企业管理现代化创新成果审定委员会审定,河南油田工程咨询股份有限公司"基于信息化赋能的计划看板管理与考核机制"项目荣获第二十七届全国企业管理现代化创新成果二等奖。

附录F 科研项目管理办法(摘要)

一、研发计划管理

(1)编制依据。根据公司发展战略和各业务领域发展方向,由各直属单位根据实际需要提出项目，由项目负责人深入调研后形成立项报告。

（2）立项审查。规划科技部初审后提交科技委员会审查，审查重点项目立项依据、开发内容和目标、技术路线、项目组人员、进度计划、效益分析和研发费用预算等。

（3）计划编制。规划科技部根据已经审查通过的项目编制年度科研项目计划。

二、研发项目管理

（1）项目组织。各分（子）公司成立项目组负责本业务领域承担的科研项目的实施，跨领域的项目，由公司协调项目组人员。

（2）项目档案。项目组在研发过程中建立技术档案，收集整理必要的技术资料。一般应包括：①立项报告书及审批意见；②协作协议书（外协内容）；③方案、试验设计报告，试验数据记录；④项目会议记录、技术讨论记录；⑤研发过程的照片、录音等音像资料。

（3）科研设备。科研项目所需仪器设备，由项目负责人根据具体情况提出租赁、外协、购置或建设申请，经审批后实施。

（4）研发外协。科研项目需与外部单位进行科技协作的，由公司分管科技的领导审核，依照合同审批流程与协作方签订技术合同。

三、研发经费管理

（1）经费来源。除公司直接投资外，还包括甲方资金、风险投资、政府科技类项目补贴等。

（2）费用范围。科研项目在研究与开发过程中支出的费用包括：①差旅费，指与研发有关的交通费、住宿费等；②材料费，指原材料、试验耗材等消耗品的购置费；③仪器设备费，指科研所需的仪器设备购置、运输、安装费，仪器设备租赁费等；④资料费，指与科研项目有关的图书资料费、印刷费、论著出版费、文献检索费等；⑤外协劳务费，指专家咨询费、外聘人员工资，本科生、研究生助研津贴等；⑥试验费，用于中间试验和产品试制的模具、工艺装备开发及制造费等；⑦成果申报费，指科研成果论证、鉴定、评审、验收费，以及软件著作权、专利申请等所发生的费用；⑧其他费用，指与项目研究、开发直接有关的印刷费、招待费等其他支出。

（3）费用核销：①在政府部门备案、符合高新企业申报要求的项目列入研发费用核算管理，未满足以上条件的项目无法核算研发费用，由项目实施单位承担；②研发费用按项目专款专用，经营管理中心实行专账管理，按项目分明细核算报销；③报销时须由项目负责人、规划科技部和分管科研的领导在报销票据上签字，按公司现行报销审批流程审批后，经营管理中心给予报销；④科研项目如因故终止，公司应当组织经营管理中心和承担项目的部门及时清理账目与资产，报公司审核。

四、项目验收

（1）中期验收。项目组按照科研项目计划确定中期验收日期，提交中期验收汇报材料。规划科技部负责组织中期验收会议，评审后由评审组组长签字确认中期验收评价报告。

（2）结题验收。项目组提出验收申请，同时提交结题验收报告和技术总结报告。规划科技部负责组织结题验收会议，重点审查立项报告书所确定的任务完成情况，研发费用使用情况。

（3）不合格认定。项目未能依照立项报告书确定的要求如期完成，具有下列情况之一的为验收不合格：①未完成立项任务；②超过任务书（合同）规定期限未完成任务，事先未申请调整计划或申请调整计划未获批准的。

（4）可视同验收合格的情况。指研究开发任务已完成，但因客观原因暂不具备工业应用条件或工业试验不具备验收条件的项目。

五、变更管理

项目组要严格按照计划安排完成项目，确需变更和调整（包括期限延长、中止、终止等），必须进行认真论证，提交变更理由。由项目负责人提出书面申请，经分（子）公司审核后，向规划科技部报送项目变更或调整报告，经公司研究同意后予以变更和调整。在政府科技部门备案、符合高新企业申报要求的科研项目，需按照要求完成结题报告。

六、成果管理

（1）知识产权保护。项目组协助规划科技部完成专利、软件著作权及其他奖项的申请。

（2）运用评估。科研项目成果得到推广应用后，项目组对科研项目成果进行评估。在科研奖项申报前，项目组根据需要申请使用单位提供用户使用证明及经济、社会效益证明等。

七、研发激励

（1）研发人员待遇。专职研发人员的聘期内待遇包括基本工资和联动绩效工资，联动绩效工资为同岗位平均先进水平，具体数额在研发职位认定时予以明确。

（2）工资预发。员工从事研发工作期间按月依据考勤发放基本工资，联动绩效工资按月预发70%，年底完成计划工作任务，经考核后兑现剩余部分。

（3）成果推广激励。科研项目研发形成的技术（产品），在后续市场开拓中得到推广。除按项目考核发放绩效工资外，按照项目净利润的6%给予项目组绩效奖励，由项目组自行分配。

（4）科技标兵奖励。积极承担科研项目、资料管理规范、保密工作扎实的人员，优先评选年度科技标兵。

（5）其他奖励情况。对于员工自行申报获得或引进人才带来的专利技术，由规划科技部依据项目预期效益，提出奖励申请并报科技委员会认定。

参考资料

一、政策文件

［1］中国石化：《关于组建河南油田石油工程技术研究院的方案》，2000年3月。

［2］河南油田：《关于石油工程技术研究院调整机构设置请示的批复》，2005年7月。

［3］河南油田石油工程技术研究院：《关于咨询中心改制分流初步方案》，2006年9月。

［4］河南油田：《关于上报〈河南油田石油工程技术研究院工程咨询中心改制分流实施方案〉的报告》，2006年11月28日。

［5］中国石化，《关于河南油田石油工程技术研究院工程咨询中心改制分流实施方案的批复》，2006年12月11日。

二、引用材料

［1］油田咨询：公司文件，2006年12月至2022年5月。

［2］油田科技：技术交流座谈会材料（共15届），2007年1月至2022年2月。

［3］油田科技：企业微信群谈话记录，2016—2022年。

［4］油田科技：会议纪要，2006年12月至2022年6月。

［5］油田咨询：体系管理文件（多个版本），2013年3月至2022年6月。

［6］油田咨询：管理制度汇报（多个版本），2013年6月至2022年3月。

［7］油田咨询：资质、成果及其他证书原件（扫描件），2006年12月至2022年5月。

［8］油田科技：门户网站后台资料数据库，2017年3月至2022年5月。

［9］油田科技：信息化电子档案资料（知识库、案例库、参数与方法库、技术标准规范库、常用法律法规库、项目过程资料库等），2017年3月至2022年6月。

三、参考文献

［1］薛兆丰. 薛兆丰经济学讲义［M］. 北京：中信出版社，2018.

［2］吴晓波. 华为管理变革［M］. 北京：中信出版社，2017.

后 记

评价一个企业的发展不仅要看其取得了哪些成就、结果如何，还要关注其发展过程、已经做了什么。要全面地考察油田科技的发展，应从公司的"出身""家底""能力"与"潜力"四个方面入手。

一、"出身"与战略选择

企业"出身"好与不好不能简单地看所处的行业，还要看所从事的业务及运营方式。只有从行业—业务—运营方式三个层次联动考察，才能得出正确结论。身处崭新行业固然可喜，但在传统行业同样可以转变身份。关键之一是绝不能从事国家负面清单行业，如果选择国家明令禁止的行业，企业绝无价值可言。关键之二是要吃透国家政策，摸透行业情况，找准行业痛点及企业业务切入点，同时匹配科学的手段与模式。

油田科技来自传统的石油石化行业，但通过战略选择，适时调整并聚焦安全环保业务，同时开展信息化、智能化、数字化赋能，升华了业务价值，提升了服务品质，摆脱了"出身"限制。国家鼓励中小企业首选新兴行业，如果企业更熟悉传统行业及要素，那就要立足于解决痛点问题，并在创新经营模式与工作方式方面做出战略性选择。否则，一个不好的"出身"会制约企业一辈子。

二、"家底"与资源优化

对中小企业而言，"家底"主要表现在企业战略、拥有的核心技术及其先进性、队伍结构及素质、管理团队耦合及能力四个方面。管理团队是否耦合，主营能力是否突出，这是关键。所谓管理团队耦合，是指团队成员的专业、知识、能力、阅历、性格、年龄等搭配合理，管理能够协同互补，从而价值趋同、决策高效、推进有力。企业"一把手"又是管理核心，需要从视野、格局、能力、品德方面同时进行考察。

"政治路线确定以后，干部就是决定的因素"，有什么素质的队伍就会有什么水平的工作。员工队伍的专业结构、知识结构、年龄结构合理，队伍整体素质与核心人员素质较高，这是企业发展的保障。拥有核心技术且保持技术先进性，决定着企业解决关键问题的能力以及市场的认可程度，这是企业发展的基础。此外，业务定位是否合理、发展思路是否清晰、措施办法是否匹配等，也是要重点关注的。战略合理清晰是企业健康发展的前提，也是考察"家底"不可或缺的因素。

虽然"家底"很薄，内部条件较差，但油田科技十分重视规划研究及其与年度计划的科学协同，并根据环境变化及时调整优化，努力做到方向正确、目标明确、措施具体。公司通过内外两个融合及深度合作开发，快速整合升级技术，形成了一定的行业竞争优势。同时，研究清除体制机制障碍，发挥人员素质较高的优势，充分释放广大员工的潜能。通过教育培训、交流学习、推进"四本计划"、实施看板管理以及年度技能评估考核，多维度促进管理团队能力提升，使有限资源得到最大限度的开发利用。

三、"能力"与模式创新

"能力"是中小企业价值最直观的表现，是企业最先吸引人眼球的因素。市场增长率、利润增长率代表着企业现实的经营"能力"。对于中小企业发展的考察，不能唯现状论，要同时关注近期市场成长性及细分市场最终可能的占有率。如果说市场占有率是横向考察维度，那么利润增长率则从纵向维度考察企业的能力，增长速度的快慢折射出企业内外部要素价值以及企业整合优化它们的能力。之所以没有把组织机构及制度办法等纳入重点考察范围，因为它们都是从属性样本，优劣最终都要通过市场增长率、利润增长率体现出来。如果撇开结果单独评价发展能力，很难定性孰优孰劣。高质量发展的本质是企业能力的持续再造。

1. 业务能力

油田科技业务能力再造的核心是前瞻性地判断和把握成功要素，如政策与法规、平台与数据、技术与装备、研发与创新等。立足于持续解决好业主关注的痛点和难题，构建具有核心竞争力的业务与商业模式，选择投入产出比较高的成长模式。通过模式创新，促进技术创新和市场占有率与利润复合式增长，打造企业的创效能力。

2. 管理能力

油田科技重视管理能力建设，将管理能力视作企业能力体系最底层的支撑，认为好的业务需要高效的管理体系、先进的管理手段作为支撑和保障。从理念和模式创新入手，以"弱化层级，强化赋能"为目标，把战略管理、流程再造、机制重塑、内控管理、作业标准、企业文化等作为重点，对现有体系进行持续适配性完善与提升。

3. 队伍能力

人才是企业发展的第一要素。油田科技的人才队伍能力建设始终以高质量发展为指引。以人才培养与人才引进"双轮"驱动，通过政策激励和体制创新完成人才队伍能力建设。

四、"潜力"与发展举措

创新与整合资源是中小企业发展的灵魂。以创新人员素质及占比、研发持续投入强度为代表的研发能力，以整合环境资源的能力、优化内部要素的能力为代表的科学经营模式和积极向上的企业文化，决定着企业能否持续发展，是评价企业发展"潜力"的主要依据。油田科技经过多年的发展，具有一定的发展基础，形成了向"专精特新"发展的战略布局，并取得了阶段性成果。但发展不充分的问题依然存在，发展潜力巨大。

为加快发展，油田科技从融入业务生态圈、成为产业链上的关键环节入手，以提升基础支撑能力、运营服务能力及研发与创新能力为目标，开展多种形式的业务合作，通过"四项基础工程"的全面实施，使内外部两种资源得以充分优化整合，实现新业务快速融合发展。"四项基础工程"包括：①锚定石油石化安全环保数字化、碳排放与甲烷检测及治理,深化产品技术研发,初步形成了核心业务技术产品;②创建河南省清洁生产与大数据工程中心重点实验室;③与高校共建污水处理省级重点实验室;④与高校共建安全环保数字化研究中心。

当前,随着"国家大数据战略""建设数字中国"的实施步伐不断提速,以及"互联网+"行动的深度推进,发展良机显现。油田科技充分运用现代信息技术打造智慧产品,针对"人、机、环、管"安全环保痛点问题的"蓝深云翼"智慧技术正在彰显成效,必将在石油石化行业推进"碧水蓝天、安全发展"的过程中焕发勃勃生机!

"路虽远,行则将至;事虽难,做则可成"。油田科技正在通过技术创新、经营创新和战略合作,完成向价值链中高端快速迈进,向"专精特新"更高发展目标快速迈进。